FINANCIAL INSTITUTION GOVERNANCE HANDBOOK

金融机构治理手册

郝 臣 著

清華大學出版社
北 京

内 容 简 介

首先，本书追溯了治理的起源与发展脉络，尝试构建一个多维度的现代治理体系。其次，本书在界定金融治理和金融业治理本质的基础上，明确了金融机构治理的内涵并绘制了我国金融机构治理谱系图，提出了金融机构治理研究框架。最后，本书梳理了各类金融机构在我国的发展状况及其治理相关的法律法规文件，并重点论述了六十余种金融机构治理的定义。

本书是我国金融机构治理研究领域首部系统的集学术性与工具性为一体的著作，适用于关注我国金融发展的各界人士。

图书在版编目（CIP）数据

金融机构治理手册/郝臣著. —北京：清华大学出版社, 2023.2
ISBN 978-7-302-62719-7

Ⅰ. ①金…　Ⅱ. ①郝…　Ⅲ. ①金融机构－研究－中国　Ⅳ. ①F832.3

中国国家版本馆 CIP 数据核字(2023)第 026824 号

责任编辑：陆浥晨
封面设计：常雪影
责任校对：宋玉莲
责任印制：杨　艳
出版发行：清华大学出版社
网　址：http://www.tup.com.cn，http://www.wqbook.com
地　址：北京清华大学学研大厦 A 座　**邮　编：**100084
社 总 机：010-83470000　**邮　购：**010-62786544
投稿与读者服务：010-62776969，c-service@tup.tsinghua.edu.cn
质 量 反 馈：010-62772015，zhiliang@tup.tsinghua.edu.cn
印 装 者：三河市东方印刷有限公司
经　销：全国新华书店
开　本：170mm×240mm　**印张：**19.5　**插页：**1　**字　数：**305 千字
版　次：2023 年 3 月第 1 版　**印　次：**2023 年 3 月第 1 次印刷
定　价：129.00 元

产品编号：086882-01

作 者 简 介

郝臣，管理学博士，副教授，研究生导师。2007 年获南开大学企业管理专业博士学位，之后在南开大学商学院财务管理系和中国公司治理研究院任教至今，主要研究方向为保险公司治理。先后主持 3 项国家社科基金项目，也是国家社科基金重大招标项目和国家自然科学基金重点项目子课题负责人。在《管理世界》《南开管理评论》《保险研究》《管理科学》等期刊发表 100 余篇学术论文，出版《公司治理手册》《治理的微观、中观与宏观——基于中国保险业的研究》《中国保险公司治理研究》《中国保险公司治理发展报告》《保险公司治理对绩效影响实证研究——基于公司治理评价视角》《我国中小型保险机构治理研究》《我国保险机构监督机制有效性研究》《保险公司治理、投资效率与投保人利益保护》等著作,《现代企业学》《保险公司治理》等教材，以及《公司治理》《董事会秘书手册》等译著。作为第一作者完成的报告《我国中小型保险机构治理质量研究》获第四届中国企业改革发展优秀成果二等奖。作为第二作者完成的著作《国有控股金融机构治理研究》入选《国家哲学社会科学成果文库》并获第十六届天津市社会科学优秀成果一等奖。作为第三作者完成的著作《中国上市公司治理评价研究报告（2015）》获第八届高等学校科学研究优秀成果奖（人文社会科学）二等奖。担任《中国大百科全书·工商管理卷》公司治理分支副主编。指导各类研究生 170 人，先后 3 次获南开大学“良师益友”荣誉称号。

推荐序

习近平总书记在2017年4月中共中央政治局第四十次集体学习时强调："金融活，经济活；金融稳，经济稳。必须充分认识金融在经济发展和社会生活中的重要地位和作用，切实把维护金融安全作为治国理政的一件大事，扎扎实实把金融工作做好。"习近平总书记在2017年7月召开的全国金融工作会议上也强调："金融是国家重要的核心竞争力，金融安全是国家安全的重要组成部分，金融制度是经济社会发展中重要的基础性制度。"习近平总书记在2019年2月中共中央政治局就完善金融服务、防范金融风险举行第十三次集体学习时再次强调："金融活，经济活；金融稳，经济稳。经济兴，金融兴；经济强，金融强。经济是肌体，金融是血脉，两者共生共荣。"上述重要讲话精辟地说明了金融在现代经济生活中的重要地位。

中国特色社会主义进入新时代以来，公司治理作为国家治理水平和治理能力现代化的重要抓手越来越受到重视。而在从事方方面面业务的各类市场主体中，金融机构具有举足轻重的地位，是社会资金周转的承担者、社会经济的"润滑剂"和社会风险的管理者。金融机构治理得好，金融业就兴旺发达，社会经济就能够顺畅有序地运行，社会风险就能控制在合理区间内。可以说，金融机构治理是国家治理至关重要的一环。然而，在公司治理领域，一直以来对上市公司、国有企业等主体的研究较多，而围绕金融机构展开的治理研究则较少，目前还未有学者成体系地建立我国金融机构治理的框架，理论界和实务界都迫切需要一本能够全面呈现我国金融机构治理体系的著作。

在这样的背景下，郝臣老师撰写的《金融机构治理手册》一书由清华大学出版社正式出版。此书从治理的起源着手，从金融治理、金融业治理深入金融机构治理，勾画出我国金融机构治理的体系框架，也构建了一套相对完善的金融机构治理的研究框架；同时在对我国金融机构类型进行创新性划分的基础上，系统梳理了各类金融机构治理的法律法规，明确给出了各类具体类型金融机构治理的定义。该书可以称得上是我国金融机构治理的“百科全书”，也是建构中国金融机构治理自主知识体系的重要成果。

南开大学中国公司治理研究院（以下简称中治院）一直非常重视金融机构治理研究。在公司治理评价上，中治院公司治理评价课题组在 2008 年就开始专门设立上市金融机构板块，利用中国上市公司治理指数（$CCGI^{NK}$）对上市金融机构治理状况展开分析。在学术论文上，中治院团队在《经济研究》《金融研究》《保险研究》等期刊发表了大量金融机构治理领域的论文，我和郝臣在 2009 年发表了以“金融机构治理及一般框架研究”为题的论文，该文尝试构建了一个包括治理特殊性、治理理论、治理原则以及治理评价的金融机构治理一般框架体系。这次他在《金融机构治理手册》中进一步完善了该体系框架，并明确提出了金融机构治理研究框架。在科研项目上，早在 2002 年，我就主持了金融机构治理领域较早的国家社科基金项目，即“我国金融机构风险控制与治理结构改革的研究”（项目号：02BJY127），该项目提出公司治理是我国金融机构改革的主线，治理风险是金融机构最大、最根本的风险。2010 年我主持了国家社科基金重大招标项目“完善国有控股金融机构公司治理研究”（项目号：10ZD&035），专门聚焦国有控股金融机构的公司治理问题，郝臣老师是该项目的协调人，同时也是子课题“完善国有控股保险公司治理研究”的负责人；我们在结项成果的基础上进一步总结提炼并出版著作《国有控股金融机构治理研究》，该著作入选国家哲学社会科学成果文库，并获第十六届天津市社会科学优秀成果一等奖，郝臣老师是该书的第二作者。在机构设置上，中治院在 2019 年新设金融机构治理研究室，郝臣老师担任研究室主任，为研究生开设“金融机构治理研究”等相关方向课程。所以，从一定意义上来说，《金融机构治理手册》也是团队对金融机构治理问题研究的深入和创新。

郝臣老师长期从事金融机构治理领域的研究，尤其关注保险公司治理方向，《金融机构治理手册》是其又一重要的阶段性力作。因此，推荐所有从事金融行业、负责金融监管以及想要研究公司治理、了解金融行业发展、更加深入地理解国家治理体系和治理能力现代化的人员阅读此书，相信一定会获益良多！

李维安

2022 年 9 月 1 日

于南开园

前言

2017年7月14日至15日，第五次全国金融工作会议在北京召开，中共中央总书记、国家主席、中央军委主席习近平出席会议并发表重要讲话。他强调："金融是国家重要的核心竞争力，金融安全是国家安全的重要组成部分，金融制度是经济社会发展中重要的基础性制度。"服务实体经济、防控金融风险、深化金融改革是我国金融工作的三项任务。在深化金融改革方面，要完善现代金融企业制度，完善公司法人治理结构，优化股权结构，建立有效的激励约束机制，强化风险内控机制建设，加强外部市场约束。2020年7月3日，《经济日报》刊发中国人民银行党委书记、中国银保监会主席郭树清的文章《完善公司治理是金融企业改革的重中之重》。该文认为，金融机构多数具有外部性强、财务杠杆率高、信息不对称严重的特征。该文指出，只有规范的公司治理结构，才能使之形成有效自我约束，进而树立良好市场形象，获得社会公众信任，实现健康可持续发展。该文还强调，公司治理没有最好，只有更好。对现代化的银行保险机构而言，完善公司治理永远在路上。

金融机构治理是我国金融机构改革发展的主线，也是我国国家治理体系的重要组成部分。那么，什么是金融机构治理？金融机构治理体系如何构成？金融机构治理相关的法律法规文件有哪些？金融机构治理研究的进展如何？不同类型的金融机构治理各有何特点？为回答上述问题，迫切需要撰写一本《金融机构治理手册》。正是基于此初衷和背景，作者从2018年首次为南开大学商学院研究生开设"金融机构治理研究"课程开始，就尝试撰写这本手册。作者首先从解读最基本的概念"治理"开始，给出了金融治理以及金融业治理的定义，进而揭开金融机构治理的神秘面纱。本手册完成的过程经历了思路设计、框架构建、资料检索与整理、机构名录梳理、各部分初稿撰写与润色修改、书稿合成与校对、专家学者意见征求等环节。

当然，撰写这本手册的前提是描绘或者识别出我国金融机构的具体类型，这是作者面临的比较棘手的一项工作。我国监管机构为了加强监管，先后出台相关文件对金融机构的种类进行划分。中国人民银行发布的《关于印发〈金融机构编码规范〉的通知》（银发〔2009〕363号）中的《金融机构编码规范》将我国金融机构分为：A货币当局（包括1中国人民银行，2国家外汇管理局）；B监管当局（包括1中国银行业监督管理委员会，2中国证券监督管理委员会，3中国保险监督管理委员会）；C银行业存款类金融机构（包括1银行，2城市信用合作社（含联社），3农村信用合作社（含联社），4农村资金互助社，5财务公司）；D银行业非存款类金融机构（包括1信托公司，2金融资产管理公司，3金融租赁公司，4汽车金融公司，5贷款公司，6货币经纪公司）；E证券业金融机构（包括1证券公司，2证券投资基金管理公司，3期货公司，4投资咨询公司）；F保险业金融机构（包括1财产保险公司，2人身保险公司，3再保险公司，4保险资产管理公司，5保险经纪公司，6保险代理公司，7保险公估公司，8企业年金）；G交易及结算类金融机构（包括1交易所，2登记结算类机构）；H金融控股公司（包括1中央金融控股公司，2其他金融控股公司）和Z其他（包括1小额贷款公司），共9种33类具体类型。

为贯彻实施《关于印发〈金融机构编码规范〉的通知》（银发〔2009〕363号），加强金融业机构信息管理，中国人民银行制定了《金融业机构信息管理规定》（银发〔2010〕175号）。按照该文件，金融机构的编码和码段管理应当严格执行《金融机构编码规范》，金融机构分类是指按《金融机构编码规范》对金融机构所作的一级、二级和三级分类。相较于《关于印发〈金融机构编码规范〉的通知》（银发〔2009〕363号），2014年中国人民银行出台的《关于发布〈金融机构编码规范〉行业标准的通知》（银发〔2014〕277号）中金融行业标准《金融机构编码规范》（JR/T0124-2014）将我国金融机构类别从9种扩充为10种，增加了J境外金融机构；具体类型从33类发展为42类，其中D银行业非存款类金融机构增加了7消费金融公司，G交易及结算类金融机构增加了3银行卡组织和4资金清算中心，J境外金融机构增加了1境外银行，Z其他增加了2非金融支付机构、3珠宝行、4拍卖行、5典当行和6融资性担保公司。但上述文件没有把金融资产投资公司、银行理财子公司、证券公司资管子公司、基金子公司等纳入，亦未将私募基金管理人纳入。

在我国金融机构体系中，还有一部分被称为类金融机构或准金融机构，主要是各类地方金融组织，但一直以来我国对这类金融机构的范围界定不是很明确。2017 年第五次全国金融工作会议后，中共中央、国务院《关于服务实体经济防控金融风险深化金融改革若干意见》（中发〔2017〕23 号）提出完善中央与地方金融监管职责分工，赋予地方政府金融监管职责；小额贷款公司、融资担保公司、区域性股权市场、典当行、融资租赁公司、商业保理公司、地方资产管理公司等，由地方金融监管部门实施监管；强化地方金融监管部门对辖区内地方各类交易场所、开展信用互助的农民专业合作社、投资公司、社会众筹机构等的监管。该文件首次明确将地方金融组织的监管职能划给地方金融监管部门，并提出 11 类地方金融组织。

2017 年之后，全国各地纷纷制定并发布了地方金融监督管理条例，对辖区内的地方金融组织进行监管，但每个地区所界定的监管对象存在一定的差别。2021 年 12 月 31 日，中国人民银行发布《地方金融监督管理条例（草案征求意见稿）》，该条例所称地方金融组织是指依法设立的小额贷款公司、融资担保公司、区域性股权市场、典当行、融资租赁公司、商业保理公司、地方资产管理公司以及法律、行政法规和国务院授权省级人民政府监督管理的从事地方金融业务的其他机构；地方各类交易场所、开展信用互助的农民专业合作社、投资公司和社会众筹机构的风险防范、处置和处罚，参照该条例的有关规定执行。通过上述文件可以看出，我国地方金融组织主要包括“7+4”总计 11 类。本手册考虑到部分文件提及第三方财富管理公司即第三方理财机构，因此将第三方财富管理公司也纳入类金融机构当中。

结合我国金融业发展的实际情况，本手册在上述相关文件基础上，剔除和新增了部分金融机构，如考虑到我国珠宝行的实际业务性质并非为资金融通相关，以及大多数珠宝行相关法律法规未把珠宝行纳入金融机构，因此本手册没有将珠宝行纳入金融机构范畴。鉴于金融服务类机构的特殊性和重要性，本手册特别将金融服务类机构纳入研究范畴。

本手册最终把我国金融机构分为 5 种、33 个门类、81 个大类、52 个中类、

27个小类和7个细类并进行了编码设计。第一种为A金融监管机构，包括A1国务院金融稳定发展委员会、A2中国人民银行、A3中国银保监会、A4中国证监会、A5国家外汇管理局和A6地方金融监督管理局总计6个门类。第二种为B金融业务机构，包括B1金融控股公司、B2银行业存款类金融机构、B3银行业非存款类金融机构、B4保险业金融机构、B5证券业金融机构和B6期货业金融机构总计6个门类。第三种为C金融服务机构，包括C1金融业自律性组织、C2金融业学会组织、C3金融科技机构、C4征信机构、C5信用评级机构、C6交易类金融机构、C7登记结算类金融机构、C8第三方支付机构、C9印钞与造币机构、C10三保类基金公司、C11金融指数机构、C12金融媒体机构、C13金融博物馆类机构、C14金融培训机构和C15其他金融服务机构总计15个门类。第四种为D类金融机构或准金融机构，包括D1地方金融组织（细分为D1-1小额贷款公司、D1-2融资担保公司、D1-3区域性股权市场、D1-4典当行、D1-5融资租赁公司、D1-6商业保理公司、D1-7地方资产管理公司、D1-8地方交易场所、D1-9农民专业合作社、D1-10投资公司以及D1-11社会众筹机构11类）、D2其他地方金融组织和D3其他类金融机构（细分为D3-1第三方财富管理公司与D3-2拍卖企业）总计3个门类。第五种为E境外金融机构，包括E1境外中央银行类金融机构、E2我国境外金融机构和E3其他境外金融机构总计3个门类。更详细的分类详见附录1-4-5。需要补充说明的是，考虑法律法规、监管制度等所导致的治理环境的差异性，本手册分析的金融机构暂未包括我国香港与澳门特别行政区以及台湾省的金融机构。与金融机构分类相对应，本手册搭建了由金融监管机构治理、金融业务机构治理、金融服务机构治理、类金融机构或准金融机构治理和境外金融机构治理构成的我国金融机构治理体系，并尝试绘制了我国金融机构治理谱系图（包括精要版和详细版）。

本手册包括10章、58节内容，篇幅总计30余万字。为了方便读者了解更多金融机构治理的相关信息，本手册提供了总计264个附录文件，具体有121个金融机构名录附录文件（包括近190万条金融机构基础信息）、50个金融机构简介附录文件（包括200余家金融机构简介信息）、49个金融机构治理法律法规文件列表附录文件（包括1100余条金融机构治理法律法规文件信息）和44个其他相关内容附录文件（包括25次重要会议简介、15个治理研究文献目录、9个类金融机构历年设立情况统计表等），同时在正文呈现了 31 个图表和 87 个脚注。为了便于读者使用本手册，作者对手册篇幅进行了精简，所有附录均以电子稿形式呈现，读者关注“治理大百科”公众号便可在线浏览相关信息或下载所有附录文件。此外，本手册参考文献也是金融机构治理领域的经典文献，可供关注该领域的专家学者或者业内人士参考使用。

本手册在写作过程中得到了“金融机构治理研究”课程各年级选课研究生的大力支持，尤其是 2019 级、2020 级和 2021 级的研究生，他们均参与了部分章节内容的初稿写作或者修改。我们就每类金融机构治理问题沟通数次，甚至重新起草部分章节。按照姓氏音序排列，这些研究生有 2019 级的陈珂、程漫漫、耿一平、郭冉、郝海秀、黄思佳、黎志杰、李依然、李云卓、刘睿澳、刘偌彤、刘祥宁、刘欣、罗翊菲、米静文、裴晨曦、齐竹君、秦阳、曲正艺、瞿春珲、单瑞、石浩楠、王昊幸、王萍、王鑫、王秀兰、王雨婷、星连玉、岳丽琳、运明娇、张天媛、张娴姝、张依凡、张梓琳和赵秀缘，2020 级的成宗俊、初宏伟、郭肖肖、黄佳宁、黄妍、贾硕、李萃、李嘉美、李然、李哲滔、刘红、刘琦、刘云、刘智淼、罗诗苑、马小玉、孙志毅、唐钰林、王会永、王佳琦、温雅芝、谢晨瑶、邢嘉庆、余书杰、袁巧霞、张荻、张洁、张晶燕、张倩、郑辰琛、周艺丹和周钰莹，2021 级的郭方奇、韩佳轩、胡俊楠、贾祎凡、姜露、焦祥森、李季瑾、刘舒芳、龙小、罗虹辰、彭沁缘、石懿、孙小蒲、陶晓彤、田璐瑶、王佳慧、王泽宇、王振、卫艺伟、伍璐婷、肖锐、尹雅琪、岳子健、张姝、赵怡雯和赵颖珊。在本手册的最后定稿阶段，我的研究生石懿和准研究生刘逸恬承担了文字润色修改、格式排版、重要数据校对、参考文献整理、附录材料准备等工作，石懿和刘逸恬是本手册名副其实的第二和第三作者；赵怡雯承担了所有金融机构最终名录的筛选和整理工作。我的研究生郑钰镜、经管法班的陈婧、黄渲雯、张冰和方子睿还对本手册初稿进行了初次试读并反馈了若干宝贵的意见。在本手册电子版正式提交出版社前，由高校老师、金融业从业人员、在读学生等 20 余人组成的试读小组进行了第二次试读，小组成员包括李慧聪、官天阳、杨乐渊、于涛、贾舒涵、王若帆、杨汧萌、刘进、李锦楠、王鑫钰、李健、虎晓明、季泽新、朱昱玲、蒙语萱、赵茜茜、傅泽尉、耿一平、陈玉轩、王宏义、段宇哲等，他们提供了很多有益的建议。在此一并感谢他们对本手册的贡献！

为了普及和推广公司治理知识，2015 年作者与李维安教授合作在清华大学出版社出版了《公司治理手册》。今年出版的《金融机构治理手册》可以说是《公司治理手册》的分册，是针对特定类型样本的深入。本手册具有如下特点。第一，研究背景上，紧紧依托我国治理能力现代化和强化金融机构公司治理监管的大背景来展开各类金融机构治理的研究。第二，研究思路上，从宏观层面金融治理入手，然后到中观层面的金融业治理，再到微观层面的金融机构治理，实现治理的层层深入。第三，研究内容上，详细描绘了我国金融机构的具体类型，构建了我国金融机构治理体系并尝试给出了每类金融机构治理的定义，提出了包括理论基础、概念体系、治理原则、治理实践和治理质量五个层次的金融机构治理研究框架。第四，研究导向上，既有经典文献梳理，又有法律法规文件的分析，坚持金融治理理论研究与金融治理实践的有机结合。作者期待本手册的出版能够为金融机构治理领域研究的深入提供借鉴，为我国金融机构治理水平的提升提供参考。

感谢国家社科基金项目“我国中小型保险机构治理研究”（项目号：20FGLB037）和天津市哲学社会科学规划基金项目“我国保险公司治理质量研究”（项目号：TJGL22-002）对本著作出版的支持！上述项目也是作者主持的第三项国家社科基金项目和第三项天津市哲学社会科学规划基金项目，本手册是上述项目的阶段性成果。也感谢中央高校基本科研业务费专项资金项目以及南开大学商学院和南开大学中国公司治理研究院著作出版专项计划的支持！最后感谢清华大学出版社陆浥晨编辑！我们之前多次合作，作者出版的保险公司治理领域学术著作《中国保险公司治理研究》、保险公司治理领域教材《保险公司治理》、公司治理领域工具书《公司治理手册》、公司治理领域基础教材《现代企业学》均是在陆编辑专业、严谨和细致的审校后才与读者见面的。《金融机构治理手册》是我们第五次合作，期待本书能够早日与读者见面！

本书观点如有不妥之处，敬请各位读者批评指正。同时欢迎各位读者就金融机构治理有关问题与作者一道探讨和交流。

郝臣

2022 年 8 月 15 日

于南开园

目录

第一章
治理的发展

"治理"一词对于大家来说并不陌生，但是回答治理是从哪里来的、治理的本质是什么和治理是如何发展的三个基础性问题可能有一定的难度。本章首先介绍治理的起源、本质与发展，然后聚焦于治理内容维度中的金融治理，从宏观到中观再到微观层层展开，详细分析金融治理、金融业治理和金融机构治理的内容，最后对作为金融业务机构母公司的金融控股公司这一重要金融机构的治理定义做出界定。

第一节 治 理

一、"治理"的起源

通过检索中外数据库、各类信息网站中有关"治理"的信息，借助早期文献与机构[①]登记信息，获得对早期"治理"概念的初步了解。

截至 2022 年 5 月 25 日，在 JSTOR 数据库（https://www.jstor.org）题名检索"governance"一词，较早的文献有 Anson、Cezilly 和 Macevoy（1896）发表的《对省级医院更好地治理的探讨》（*A Discussion on the Better Governance of A Provincial Infirmary*）、《英国医学杂志》（*The British Medical Journal*）（1902）发

① 机构有两层含义，一是指机关、团体或其他工作单位，二是指机关、团体或其他工作单位的内部组织。根据上述含义分析不难看出，机构包括了公司，公司是法人机构中的一种类型。因此，机构治理的内涵比公司治理的内涵更为宽泛，例如保险机构治理就包括了保险公司治理，本手册行文中也遵循这样的逻辑。

表的《苏格兰公共卫生部门的治理》（*The Governance of Public Health Departments In Scotland*）、Reed（1927）发表的《印度的治理》（*The Governance of India*）、Manning（1930）发表的《田纳西州县的治理》（*Governance in Tennessee Counties*）、Yoder（1962）发表的《大学治理中的教师角色》（*The Faculty Role in University Governance*）、Barrett（1963）发表的《大学治理：几个被忽视的方面》（*University Governance: Some Omitted Aspects*）等。

截至2022年5月25日，在中国知网数据库（https://www.cnki.net）以“治理”一词进行全文检索，检索到6158730篇文献，较早的有1915年发表的《法令摘要——学生在学禁令》。以“治理”一词进行篇名检索，一共检索到364809篇文献，其中学术期刊有257578篇，学位论文有31781篇，报纸发表文章有44180篇，会议论文有11954篇。较早的文献有1949年发表的《治理黄河初步意见》、董必武（1949）发表的《华北人民政府董主席对于“治理黄河初步意见”的指示信》、江衍坤（1951）发表的《在人民治理下的山东黄河》、彭晓林（1952）发表的《河南省淮河流域内涝区治理工程的初步意见》等。题名中含有“治理”一词的文献1949年有2篇，之后几年也仅有几篇，1980年之前每年均不超过100篇，1979年及以前年份的文献数量总计476篇。在20世纪80年代之后，文献数量出现了井喷式的增长。

在企查查网站（https://www.qcc.com）检索机构名称中含“治理”字样的机构，截至2022年3月31日，我国登记状态为存续、在业或正常的且机构名称含“治理”字样的机构共有13426家[①]，我国治理相关机构名录详见附录1-1-1。这些机构名称里的“治理”大多是指生态和环境层面的治理，在这些机构中成立较早且目前登记状态为存续、在业或正常的是1978年10月8日成立的黄河上中游管理局工会天水治理监督局委员会。

二、国际组织对治理的定义

20世纪90年代之后，一些重要的国际组织开始对“治理”的概念进行界定，治理主体的范围不断拓宽。

---

① 需要补充说明的是，企查查网站数据更新需要一定时间，因此检索得到的结果不一定是截至检索时间全样本的和完全准确的。同时，为得到准确的机构名录，本手册基于企查查网站检索的结果均经过作者的数据清洗过程，包括删除重复值、剔除异常样本等。

世界银行集团（World Bank Group），简称世界银行，关于“治理”主要有三版定义。在 1989 年的《撒哈拉以南非洲：从危机到可持续发展》（*Sub-Saharan Africa: From Crisis to Sustainable Growth*）报告中世界银行提出了“治理危机”（crisis of governance）这一概念，并认为治理就是行使政治权力来管理一个国家的事务。这是世界银行关于“治理”的第一版定义，此时的治理主要局限于国家层面。

世界银行 1991 年的《管理发展：治理的视角》（*Managing Development: The Governance Dimension*）报告认为，治理是一个国家为了促进经济和社会资源的发展而运用的一种管理方式。这是世界银行关于“治理”的第二版定义，这里的治理同样聚焦于国家层面。世界银行在 1992 年的《治理与发展》（*Governance and Development*）报告和 1994 年的《治理：世界银行的经验》（*Governance: The World Bank's Experience*）报告中均沿用了上述定义。

世界银行从 1978 年开始每年发布不同主题的《世界发展报告》（*World Development Report*），2017 年的主题为“治理与法律”（governance and the law），该报告进一步解释了治理的含义，认为治理是国家和非国家行为主体在一组受权力影响的正式或非正式规则中，通过相互作用设计和履行政策的过程。这是世界银行关于“治理”的第三版定义，此时对于治理的理解已从国家治理拓展到其他主体治理。

1992 年，在德国前总理勃兰特（Willy Brandt）倡议下，瑞典前首相卡尔森（Ingvar Carlsson）等 28 位国际知名人士共同发起成立了“全球治理委员会”（The Commission on Global Governance），一份名为《全球治理》（*Global Governance*）的期刊随之出版。1995 年全球治理委员会提出了治理的定义：治理是指个人和机构、公共和私人部门管理其公共事务的诸多方式的总和，是使相互冲突或不同的利益得以调和并且采取联合行动的持续过程，包括人们必须服从的正式制度和体制以及人们和机构已经同意或认为符合其利益的非正式安排。可见，这里对治理主体的界定更加丰富了。

三、各领域不断拓展的治理

2022 年 4 月 10 日，《中共中央、国务院关于加快建设全国统一大市场的意见》发布，文件中多次提及“治理”，如“提升在国际经济治理中的话语权”“推动制定智能社会治理相关标准”“形成政府监管、平台自律、行业自治、社会监督的多元治理新模式”“治理新型网络不正当竞争行为”等。可见，随着治理实践的发展以及对治理认识的深入，治理的概念与应用逐步拓展到了其他领域，其中较为常见的有经济领域、企业管理领域和公共管理领域等。

在经济领域，2009 年的诺贝尔经济学奖得主奥利弗·威廉姆森（Oliver Williamson）较早提出了“经济治理”（economic governance）的概念。在经济发展实践当中相继出现了全球经济治理、区域经济治理、地区经济治理、全球金融治理、全球货币治理、全球税收治理、通货膨胀治理、产业链治理、数字经济治理、分享经济治理、金融治理、银行业治理、保险业治理和证券业治理等科学问题。

在企业管理领域，治理又延伸为公司治理，指公司等组织中的重要或者治理制度安排等。在奥利弗·威廉姆森看来，公司治理实际上是经济治理大框架下的重要内容之一。治理领域出现的上市公司治理、跨国公司治理、中小企业治理、国有企业治理、民营企业治理、外资企业治理、企业分支机构治理、企业集团治理、集团控股公司治理、保险公司治理、网络治理、虚拟联盟治理、供应链治理、数据治理、网络平台治理、绿色治理等都是公司治理领域的具体分支和拓展应用。

在公共管理领域，治理通常是指国家治理，即政府如何运用国家权力来管理国家。党的十八届三中全会提出了全面深化改革的总目标，国家治理体系和治理能力现代化是我国新时期的第五个现代化目标，这反映了党和政府从“管理”国家到“治理”国家思维上的跨越（李维安，2013）。党的十九届四中全会通过了推进国家治理体系和治理能力现代化的纲领性文件《中共中央关于坚持和完善中国特色社会主义制度、推进国家治理体系和治理能力现代化若干重大问题的决定》。国家治理涵盖内容极其丰富，政府治理是其中一项重要内容，城市治理、社区治理、县域治理、财政治理、预算治理、扶贫治理、食品安全治理、安全生产治理、疫情治理等均属于政府治理的范畴，其中疫情治理是指为了实现疫情的有效防控而对相关决策、应对措施和配套保障政策等重大问题做出的前瞻性和应急性的制度安排，是健全国家公共卫生应急管理体系的重中之重（郝臣等，2020）。中国特色社会主义进入新时代，党中央更加强调和重视基层治理，党的十九届五中全会通过的《中共中央关于制定国民经济和社会发展第十四个五年规划和二〇三五年远景目标的建议》所部署的“加强和创新社会治理”任务中，绝大多数都与基层治理有关（郝臣和李元祯，2021）。

治理在其他领域的应用也很多。例如在环境科学领域，环境治理、全球气候治理、全球生态环境治理、灾害治理、固体废弃物治理和雾霾治理等治理内容近年来受到了广泛的重视。

四、管理中“自立门户”的治理

值得一提的是，企业管理和公共管理领域中的治理与管理存在明显的区别，且随着社会经济的发展，治理重要性越发凸显，“治理”逐步从“管理”中“自立门户”。

在企业管理领域，公司治理成为关注焦点。诺贝尔经济学奖得主奥利弗·威廉姆森（Oliver Williamson）在1975年首次提到“治理结构”（governance structure）一词。在他看来，治理的出现主要是为了降低受资产专用性、交易频率等因素影响的交易成本。他在1979年以“现代公司的治理”为题在《哈斯汀法律期刊》（*Hofstra Law Review*）发表论文，在1984年以“公司治理”（corporate governance）为题在《耶鲁法学期刊》（*The Yale Law Journal*）发表论文，并在1985年的巨著《资本主义的经济制度：企业、市场与关系性契约》（*The Economic Institutions of Capitalism: Firms, Markets, Relational Contracting*）中专门安排了一章探讨公司治理问题。

正如Tricker在1984年所讲，公司不但需要管理（managing），也需要治理（governing）。关于公司治理，不同学者理解的视角或者侧重点不同，形成了公司治理的各类“学说”。股东利益保护说的代表人物Shleifer和Vishny（1997）提出公司治理的中心问题是保证资本供给者（股东和债权人）的利益，郎咸平（2004）进一步指出公司治理就是保护中小股东的利益。结构说的代表人物吴敬琏（1994）认为公司治理是指由所有者、董事会和高级执行人员即高级经理人员三者组成的一种组织架构[①]。制度安排说的代表人物钱颖一（1995）将公司治理看作是用以支配若干在公司中有重大利害关系的团体——投资者（股东和贷款

① 需要说明的是，该文献原文中使用的是“组织结构”一词。本手册认为组织结构涉及到公司所有层面内容，更适合于管理学领域。治理学领域强调的是组织结构中最高层相关内容，因此使用“组织架构”（强调概念）或者“组织机构”（强调实践）相较于“组织结构”更为科学和严谨。

人）、经理人和职工[①]之间关系的一套制度安排。产权说的代表人物张维迎（1996）则认为广义的公司治理与企业所有权安排几乎是同一个意思，或者更准确地讲，公司治理只是企业所有权安排的具体化，企业所有权是公司治理的一个抽象概括。利益相关者说的代表人物杨瑞龙（1998）强调企业不仅要重视股东利益，而且要重视其他利益相关者的利益，同时通过一定的机制来保证利益相关者的利益；类似地，李维安（2001）指出，所谓公司治理，是指一套用来协调公司与所有利益相关者之间利益关系的包括正式和非正式的、内部和外部的制度安排，公司治理的目标是决策科学化而非制衡，治理的终极目标是利益相关者的利益最大化。

在公共管理领域，全球治理理论的主要创始人之一 Rosenau（1995）将治理定义为，一系列活动领域里的管理机制，虽未得到正式授权，却能有效发挥作用。我国公共管理领域学者俞可平（2002）也对治理的概念进行了界定，认为治理是一种公共管理活动和公共管理过程，包括必要的公共权威、管理规则、治理机制和治理方式。

如果说管理是经营业务（running business），那么治理则是确保用适当的方式经营（running properly）。治理和管理存在明显的区别。首先，两者的目标不同，治理的目标是协调并最终实现决策科学化而非简单的制衡，而管理的目标是利润最大化。其次，两者的主体不同，治理涉及多方主体，利益相关者理论是其理论基石，而管理往往只有管理者与被管理者。最后，两者的实施基础不同，治理可以通过正式的制度或者非正式的制度来实施，而管理多通过正式的制度授权完成。

无论是在微观的企业管理领域，还是宏观的公共管理领域，治理与管理的边界都愈加清晰，这标志着治理已逐步从管理中自立门户。但需要说明的是，治理和管理不是完全割裂开来的，管理是治理的一种延伸，管理是在有效的治理安排和约束下发挥其职能作用，以高效地实现运行和经营的目标。

---

① 职工是指职员（机关、企业、学校、团体里担任行政或业务工作的人员）和工人，员工是指职员（企业中的管理人员）和工人，因此严格意义上来说，职工包含了员工。目前公司治理领域的法律法规文件既有采纳“职工”一词的，也有使用“员工”一词的，本手册按照相关文件和文献中的原文以及表达习惯来使用，并默认“职工”就是“企业职工”，而“企业职工”与“员工”含义相同。与职工和员工相关的一个概念是雇员，在公司治理文献特别是英文翻译为中文的相关文献中常出现，但雇员多指从事临时性、阶段性工作的人员，因此本手册主要使用“职工”和“员工”两个概念。

五、多维度下的现代治理

（一）现代治理体系的总体说明

在越来越多的理论学科、实践领域关注治理的基础上，现代治理体系的框架也在逐步形成。本章认为，可以从治理边界、治理内容与治理对象三大维度入手，对现代治理进行分类划分，以便更加清晰地呈现各种各样、纷繁复杂的“治理”，现代治理体系框架如图 1-1 所示。需要说明的是，上述三个维度不是独立的，而是一个有机整体。例如，治理对象维度中的金融机构治理是治理内容维度中的经济治理的重要内容，也是治理边界维度中的国家治理的基础（郝臣和李艺华，2020）。

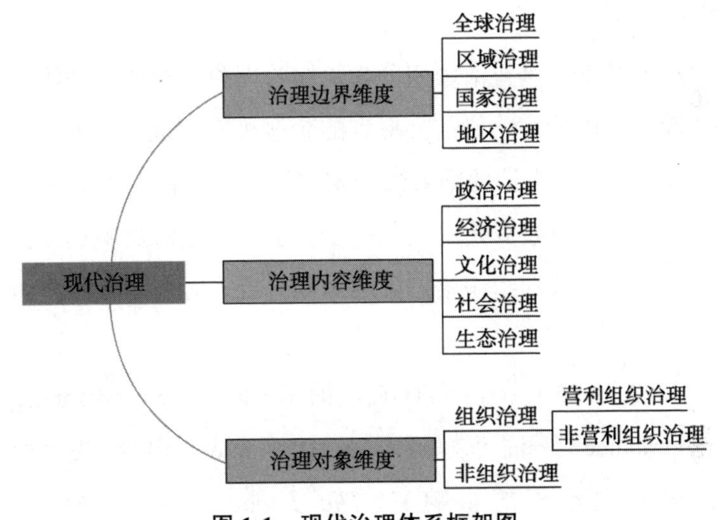

图 1-1　现代治理体系框架图

（二）现代治理体系的具体说明

1. 治理边界维度

基于治理边界维度，可将治理划分为全球治理、区域治理、国家治理和地区治理。全球治理是全球范围内的治理，强调国际分工和协作，如全球经济治理、全球金融治理和全球气候治理等。中国是全球治理变革的中流砥柱。金融是全球治理的关键抓手（张红力、程实和万喆，2016）。区域治理强调国家间的治理协作和多边协调治理，是全球治理的重要组成部分。国家治理是关于一个国家内部的治理，如党的十九届四中全会总结了我国国家制度和国家治理体系所具有的十三个方面的显著优势。地区治理是关于一个国家内某一地区的治理，如京津冀协同发展、长三角一体化发展、粤港澳大湾区建设等重大发展战略均属于地区治理的范畴。

2. 治理内容维度

基于治理内容维度，可以根据中国特色社会主义事业“五位一体”的总体布局[①]将治理划分为政治治理、经济治理、文化治理、社会治理和生态治理等。其中每个方面又可以进一步细分出更多的治理领域。例如，金融治理是经济治理的重要内容，金融发展顶层设计、金融监管、金融与实体经济的关系、金融机构治理等又是金融治理的核心内容。

3. 治理对象维度

基于治理对象维度，可将治理划分为组织治理和非组织治理等。组织治理更多关注的是微观层面的内容，如前文提到的金融机构治理，组织治理研究相关文献详见附录 1-4-1。非组织治理则聚焦于宏观层面，如前文提到的金融治理。对“组织治理”概念进行直接界定的文献较少，更多的是对其中具体类型组织治理的界定。公司治理就是营利组织治理中的重要分支，大量学者对公司治理的含义进行了研究。

截至 2022 年 5 月 25 日，在 JSTOR 数据库（https://www.jstor.org）题名检索“corporate governance”一词，较早的文献有 Sommer（1977）发表的《美国证券交易委员会对公司治理的影响》（*The Impact of the SEC on Corporate Governance*）、Atkeson（1978）发表的《1977 年〈境外腐败行为法〉：美国证券交易委员会公司治理改革的国际应用》（*The Foreign Corrupt Practices Act of 1977: An International Application of SEC's Corporate Governance Reforms*）、Greene 和 Falk（1979）发表的《审计委员会——可被衡量的对公司治理的贡献：对其目标和职能的现实评估》（*The Audit Committee-A Measured Contribution to Corporate Governance: A Realistic Appraisal of Its Objectives and Functions*）、Bowman（1979）发表的《关于公司战略与公司治理的几点思考》（*Some Reflections on Corporate*

---

① 2012 年党的十八大报告对“五位一体”总体布局的阐述是：全面推进经济建设、政治建设、文化建设、社会建设、生态文明建设，实现以人为本、全面协调可持续的科学发展。

Strategy and Corporate Governance）、《耶鲁法学期刊》（*The Yale Law Journal*）（1980）发表的《〈境外腐败行为法〉的会计规定：美国证券交易委员会干预公司治理的另一种视角》（*The Accounting Provisions of the Foreign Corrupt Practices Act: An Alternative Perspective on SEC Intervention in Corporate Governance*）等。

截至2022年5月25日，在中国知网数据库（https://www.cnki.net）题名检索“公司治理”一词，较早的文献有林昌巳（1981）发表的《兰化公司治理“三废”污染初见成效》、银温泉（1994）发表的《美国、日本和德国的公司治理结构制度比较》、卢昌崇（1994）发表的《公司治理机构及新、老三会关系论》、青木昌彦和银温泉（1994）发表的《关于中国公司治理改革的几点思考》、卢昌崇（1994）发表的《从德国的“两会制”论我国公司治理机构设计》等。

随着治理实践的深入，治理领域呈现出围绕治理对象的分支化趋势，例如开始关注组织治理中的金融机构治理问题。金融机构治理按照具体治理对象不同又可以分为银行治理、保险公司治理、证券公司治理、信托公司治理和资产管理公司治理等。当然，保险公司等具体类型金融机构的治理并不是一般治理在保险公司上的简单运用，即“公司治理+保险公司”，而是针对这一特殊行业或类型公司因事制宜的治理，即“保险公司+治理”（郝臣，2020）。

六、现代治理学的展望

通过上述梳理不难看出，“治理”通过其母体“管理”的孕育，从早期的默默无闻、少人问津，不断壮大成熟，进而“自立门户”，并逐渐成为一座吸引无数人前来开采的“金矿”。理论界和实务界对治理与管理的关系已经达成了共识，即治理不同于管理，二者相互区别又相互联系。但究竟何谓治理？不同领域的治理定义在治理主体、治理目标、治理手段和治理过程等方面各有特点。总体而言，治理作为一种持续的过程，通过一系列正式或非正式的重要制度安排，协调各方关切利益，在全球、国家、地区、社会和企业等多类主体的运行、运营过程中，发挥着决定方向的重要作用。

随着治理认识和实践的深入，在实务界已经形成了基于治理边界、治理内容和治理对象等维度的多层次现代治理体系。在理论界，治理在各学科的应用日新月盛，并逐渐从一个研究问题演变成为一个研究领域，形成了相对独立的知识体系，有专门的研究内容和相应的研究方法，甚至还有配套的教材和相应的学会组织等。治理学作为一个新的学科正在快速成长中。伴随多层次现代治理体系的形成，以及治理理论在各个学科领域中的不断深化和细化，我们有理由相信，一个现代治理学的框架将逐步清晰起来，并最终指引治理实践走向深入，为实现我国第五个现代化即“治理体系和治理能力现代化”提供指导和支持。

第二节　金融治理

一、金融

根据《新帕尔格雷夫货币金融大辞典》（*The New Palgrave Dictionary of Money and Finance*）和《新帕尔格雷夫经济学大辞典》（*The New Palgrave Dictionary of Economics*），由斯蒂芬·罗斯（Stephen Ross）撰写的“finance”词条称：“金融以其不同的中心点和方法论而成为经济学的一个分支，其中心点是资本市场的运营、资本资产的供给和定价，其方法论是使用相近的替代物给金融契约和工具定价。”他还指出金融包括有效率的市场、收益和风险、期权定价理论和公司金融四个主要方面。总体来说，海外学者对金融的定义是狭义的，侧重于微观层面。

我国学者对金融进行了广义的概括，例如由黄达、刘鸿儒和张肖（1990）主编的《中国金融百科全书》将金融定义为“货币流通和信用活动以及与之相关的经济活动的总称”，将其内容概括为“金融机构、金融工具以及金融市场等一切与货币信用相关的经济活动”，并指出“诸如货币的发行与回笼、存款的存取、贷款的发放与回收、现金流通和转账结算、信托投资、保险和租赁、票据的买卖、债券和股票的发行和转让、外汇的买卖、贴现市场和同业拆借市场的活动以及金融监管等，都属于金融活动”。

朱武祥、蒋殿春和张新（2005）在《中国公司金融学》一书中则将金融分为微观金融（商学院或者管理学院财务管理系讲授的主要内容）、宏观金融（经济学院金融系等讲授的主要内容）和交叉金融领域（例如法和金融、数理金融、计量金融等）。

二、金融治理的重要性

“金融很重要，是现代经济的核心。金融搞好了，一招棋活，全盘皆活。”（邓小平，1991）[①]2019 年 2 月 22 日，习近平在主持中共中央政治局就完善金融服务、防范金融风险举行的第十三次集体学习时指出："金融活，经济活；金融稳，经济稳。经济兴，金融兴；经济强，金融强。"2021 年 8 月 17 日，习近平在主持召开中央财经委员会第十次会议时再次强调："金融是现代经济的核心，关系发展和安全，要遵循市场化法治化原则，统筹做好重大金融风险防范化解工作。"2022 年 4 月 18 日，中国人民银行、国家外汇管理局印发《关于做好疫情防控和经济社会发展金融服务的通知》（银发〔2022〕92 号），从支持受困主体纾困、畅通国民经济循环、促进外贸出口发展三个方面，提出加强金融服务、加大支持实体经济力度的 23 条政策举措。金融作为资源配置和宏观调控的重要工具，成为推动经济社会发展的重要力量。金融与经济密不可分，共生共荣。

党的十九届四中全会提出，我国国家治理体系和治理能力是中国特色社会主义制度及其执行能力的集中体现，而金融治理是我国国家治理体系的重要组成部分。2022 年 2 月 25 日，中共中央政治局会议召开，会议强调，"要深入推进金融领域改革，不断提高金融治理体系和治理能力现代化水平。"为了更好地使金融服务实体经济，要不断强化金融风险防控、深入金融改革、促进金融治理体系和治理能力现代化。

2017 年 7 月 14 日至 15 日，习近平在第五次全国金融工作会议上指出："要加强金融监管协调、补齐监管短板。设立国务院金融稳定发展委员会，强化人民银行宏观审慎管理和系统性风险防范职责。"2022 年 4 月 6 日，中国人民银行关于《金融稳定法（草案征求意见稿）》公开征求意见。该草案征求意见稿对此前市场关注的金融稳定工作机制、金融稳定保障基金的运作方式等均有明确规定。草案征求意见稿还明确指出，中国人民银行会同有关部门建立覆盖主要金融机构、金融市场、金融基础设施和金融活动的宏观审慎政策框架、治理机制和基本制度，运用宏观审慎政策工具，防范系统性金融风险，形成监管合力。2022 年 4 月 10 日，《中共中央、国务院关于加快建设全国统一大市场的意见》发布，该文件指出要"强化重要金融基础设施建设与统筹监管，统一监管标准，健全准入管理""加大对资本市场的监督力度，健全权责清晰、分工明确、运行顺畅的监管体系，筑牢防范系统性金融风险安全底线"。由此可见，在防范化解金融风险、

① 邓小平. 邓小平文选（第三卷）[M]. 北京：人民出版社，1993.

维护金融稳定的过程中，需要充分发挥中国人民银行和国务院金融稳定发展委员会等机构的监管职能。我国历次全国金融工作会议回顾详见附录 1-4-2。

三、金融治理相关法律法规梳理

本章对我国金融治理法律法规进行了梳理，内容涉及风险控制、数字化等多方面。其中，对金融与实体经济关系做出规定的文件包括《国务院办公厅转发人民银行关于加强金融宏观调控支持经济更好更快发展意见的通知》（国办发〔1992〕35 号）、《关于当前金融促进经济发展的若干意见》（国办发〔2008〕126 号）、《关于积极采取措施应对国际金融危机确保国民经济平稳较快发展情况的报告》《关于应对国际金融危机保持西部地区经济平稳较快发展的意见》（国办发〔2009〕55 号）和《关于金融支持经济结构调整和转型升级的指导意见》（国办发〔2013〕67 号）等。关于金融领域违法行为打击的文件包括 1995 年发布的《关于惩治破坏金融秩序犯罪的决定》（中华人民共和国主席令第 52 号）、《关于坚决打击骗取出口退税严厉惩治金融和财税领域违法乱纪行为的决定》（国发〔1996〕4 号）、《非法金融机构和非法金融业务活动取缔办法（2011 修订）》（中华人民共和国国务院令第 588 号）等。关于金融领域风险控制的文件包括《关于清理整顿各类交易场所切实防范金融风险的决定》（国发〔2011〕38 号）、《关于加强金融监管防范金融风险工作情况的报告》《关于印发互联网金融风险专项整治工作实施方案的通知》（国办发〔2016〕21 号）等。关于应对全球性危机的文件包括《关于应对国际金融危机做好当前执行工作的若干意见》（法发〔2009〕34 号）、《关于应对国际金融危机保持西部地区经济平稳较快发展的意见》（国办发〔2009〕55 号）、《关于做好疫情防控和经济社会发展金融服务的通知》（银发〔2022〕92 号）等；关于金融数字化的文件包括《中国金融业信息技术“十三五”发展规划》（银发〔2017〕140 号）、《关于发布金融行业标准加强金融业数据能力建设的通知》（银发〔2021〕42 号）等。我国金融治理主要法律法规文件列表详见附录 1-3-1。

四、金融治理定义

（一）金融治理定义的提出

近年来，金融治理体系建设、完善金融治理、互联网金融治理、地方金融治理、供应链金融治理、全球金融治理等与金融治理相关的词语多次被提及，也有很多学者对金融治理相关内容展开了研究（金融治理研究相关文献详见附录1-4-3），但对于金融治理的本质和体系框架还需要进一步认识和理解。金融治理（finance governance）是指为了实现金融的健康和可持续发展、更好地服务实体经济的目标而做出的关于金融发展的重大事项和问题的前瞻性和应急性的制度安排（郝臣等，2019；郝臣，2020；郝臣等，2020）。

（二）金融治理体系框架的构建

按照治理边界，金融治理可以划分为全球金融治理（global finance governance）、区域金融治理（regional finance governance）、国家金融治理（national finance governance）和地区金融治理（area finance governance）四个层次，治理体系框架如图1-2所示。从现代治理体系下审视金融治理可以发现，从治理边界维度来说，全球金融治理、区域金融治理、国家金融治理和地区金融治理均是对应的全球治理、区域治理、国家治理和地区治理的重要内容。从治理内容维度来说，金融治理是经济治理的重要内容，同时涉及政治治理、文化治理、社会治理和生态治理。从治理对象维度来说，金融治理既有组织治理即金融机构治理内容，也有非组织治理内容。

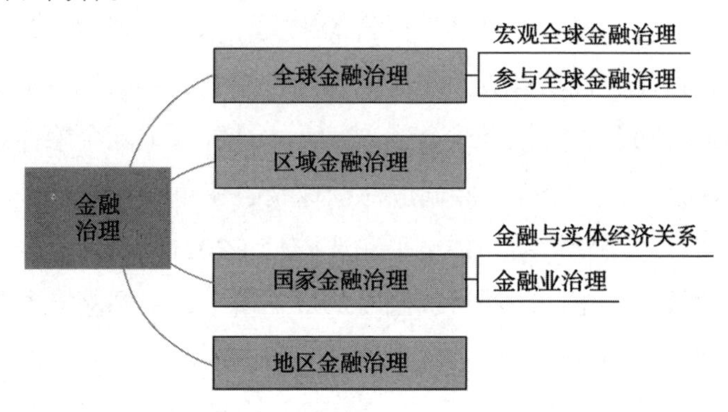

图1-2　金融治理体系框架图

在金融治理体系框架中，全球层次的金融治理即为全球金融治理，国家间协作区域层次的金融治理即为区域金融治理，国家内部层次的金融治理即为国家金融治理，国家某一特定地区的金融治理即为地区金融治理。其中，全球金融治理包括宏观视角的全球金融治理和微观视角的一个国家参与全球金融治理两大部分。国家金融治理包括金融与实体经济关系（relationship between finance and real economy）和金融业治理（financial industry governance）两部分。金融业治理按照内容性质不同可以划分为顶层设计（top-level design）、金融监管（finance regulation）和金融机构治理（financial institution governance）三方面，而按照适用行业不同又可分为银行业治理（bank industry governance）和保险业治理（insurance industry governance）等。

（三）金融治理的具体分析

1. 全球金融治理

在金融治理体系框架中，全球层次的金融治理即为全球金融治理。张礼卿和谭小芬（2016）编写了《全球金融治理报告》。2017 年，二十国集团主席国德国倡议建立一个“全球金融治理名人小组”，邀请全球知名经济和金融专家就全球金融治理方面的问题开展研究、提出独立的政策建议。“全球金融治理名人小组”由时任新加坡副总理尚达曼担任主席，16 位来自不同国家的经济金融专家通过一系列高强度的调研、分析、辩论和起草活动[①]，形成了一份题为《让全球金融体系服务未来全球金融治理》的报告，并在 2018 年国际货币基金组织与世界银行年会期间提交政策报告。2020 年出版的《未来全球金融治理：二十国集团全球金融治理名人小组报告》一书便是这份报告的中文译本。陈四清（2018）指出：如何完善全球金融治理、推动世界实现新的持续性增长，是各国共同关心的话题。廖凡和刘文娟（2020）认为，全球金融治理大体是指在国际金融体系中，通过多元行为体平等对话、协商合作，共同应对全球金融变革和世界经济问题挑战的一系列规则、机制、方法和活动。戴金平和曹方舟（2021）认为，全球金融治理是全球经济治理的核心。王国刚和柳圆圆（2021）指出，中国深度参与全球金融治理的理念、规则和取向分别是：合作共赢、多边主义、多元资本组合。李国安（2021）以全球金融治理为切入点，在剖析现行全球金融治理体制困境及其根源的基础上，尝试从国际政治和国际法律的视角探寻破解和解决全球金融治理困境的可行路径和对策。

习近平多次对全球治理问题进行深入阐述，这其中包括对全球金融治理思想的阐述。2015 年在金砖国家领导人第七次会晤讲话中，习近平指出：“加强新兴

① 曾担任国际货币基金组织副总裁、中国人民银行副行长，现任清华大学国家金融研究院院长朱民应邀加入该专家组。

市场国家和发展中国家在国际经济金融事务中的代表性和话语权，让世界银行、国际货币基金组织等传统国际金融机构取得新进展，焕发新活力。”2016 年在二十国集团工商峰会开幕式主旨演讲中，习近平提出：“共同构建公正高效的全球金融治理格局，维护世界经济稳定大局。”在世界经济论坛 2017 年年会开幕式主旨演讲中，习近平指出：“全球金融治理机制未能适应新的需求，难以有效化解国际金融市场频繁动荡、资产泡沫积聚等问题。”2018 年在亚太经合组织工商领导人峰会上的主旨演讲中，习近平强调：“中国人民立己达人、共谋发展，始终不渝走和平发展道路，积极参与全球经济治理，积极支持广大发展中国家发展，实施负责任的宏观经济政策，保持对世界经济增长的较高贡献率，为应对亚洲金融危机、国际金融危机做出了自己的贡献。”2019 年在二十国集团领导人峰会上，习近平指出：“不但要确保金融安全网资源充足，也要让国际金融架构的代表性更加合理，更好反映世界经济现实格局。”2020 年在二十国集团领导人第十五次峰会第一阶段会议上，习近平提出：“要继续改革国际金融体系，按期完成国际货币基金组织第十六轮份额检查，扩大特别提款权作用，筑牢全球金融安全网。”2021 年在二十国集团领导人第十六次峰会第一阶段会议上，习近平提出：“应该着眼长远，完善全球经济治理体系和规则，弥补相关治理赤字。”2021 年在世界经济论坛“达沃斯议程”对话会上，习近平指出：“要巩固二十国集团作为全球经济治理主要平台的地位，密切宏观经济政策协调，维护全球产业链供应链稳定顺畅，维护全球金融体系稳健运行，推进结构性改革，扩大全球总需求，推动世界经济实现更高质量、更有韧性的发展。”

2. 区域金融治理

在金融治理体系框架中，国家间协作区域层次的金融治理即为区域金融治理。区域金融治理强调国家间的金融治理协作和多边金融协调治理，是全球金融治理的重要组成部分。王丽华（2016）认为，对于区域金融治理的界定可从两个视角展开：一是新区域主义视角下的区域金融治理；二是全球治理视角下的区域金融治理。郭周明、田云华和王凌峰（2020）认为，中国可主导构建“一带一路”国际金融新体制，引领区域金融治理。房飞和王大树（2021）也认为，我国可发挥自身优势，与“一带一路”沿线各国和地区共同完善区域金融治理，抵御金融风险。

2013 年在亚太经合组织工商领导人峰会演讲中，习近平指出："各种多边和双边金融安排为应对复杂局面提供了机制保障。"2014 年在亚洲相互协作与信任措施会议峰会中，习近平提出："中国同地区国家和国际社会合作应对亚洲金融危机和国际金融危机。"2015 年在新加坡国立大学演讲中，习近平指出："中国和东南亚国家在国家独立和民族解放的进程中彼此激励、相互支持，在经济社会发展的历程中相互启迪、通力合作，在应对亚洲金融危机、国际金融危机和抗击印度洋海啸、中国汶川特大地震中守望相助、和衷共济。"2018 年在博鳌亚洲论坛年会开幕式主旨演讲中，习近平指出："中国在对外开放中展现大国担当，从引进来到走出去，从加入世界贸易组织到共建'一带一路'，为应对亚洲金融危机和国际金融危机做出重大贡献。"2021 年在中国—东盟建立对话关系 30 周年纪念峰会上，习近平强调："我们坚定维护地区和平稳定，始终聚焦发展主题，率先建立自由贸易区，高质量共建'一带一路'，共同推动签署《区域全面经济伙伴关系协定》，促进了地区融合发展和人民福祉。"

3. 国家金融治理

在金融治理体系框架中，国家内部层次的金融治理即为国家金融治理，主要包括金融与实体经济的关系以及金融业治理两方面。陈佳贵、李扬和王国刚（2013）详细描述了中国的货币、金融机构、金融市场、金融开放、金融法制与金融监管的发展历程。宋军（2015；2016）认为，金融治理是国家治理体系的重要组成部分，是在国家治理体系框架下，各类金融活动参与者共同维护金融秩序、推进金融发展的制度安排和相互关系。陈四清（2020）认为，金融治理涵盖金融机构、金融市场、金融监管以及金融制度建设等多方面内容，是一个相互衔接、相互支撑的系统。魏革军（2020）认为，金融业应以疫情应对为契机，深入思考新时期金融治理面临的挑战和短板，不断增强治理体系的适应性和竞争力。兰日旭（2020）按时间顺序对中华人民共和国成立以来的金融变迁进行了系统梳理和归纳，并以此角度解读 70 多年来经济波动的内在原因。董小君和宋玉茹（2021）研究发现，自 2019 年年末以来，我国金融治理水平开始对金融市场稳定程度呈现出显著的正向影响。

关于金融与实体经济的关系，2017 年在党的十九大报告中，习近平指出："深化金融供给侧结构性改革，增强金融服务实体经济能力。"2018 年 7 月 31 日召开的中共中央政治局会议强调："把防范化解金融风险和服务实体经济更好结合起来，坚定做好去杠杆工作，把握好力度和节奏，协调好各项政策出台时机。要通过机制创新，提高金融服务实体经济的能力和意愿。"2019 年在中共中央政治局就完善金融服务、防范金融风险举行的第十三次集体学习中，习近平指出："金融要为实体经济服务，满足经济社会发展和人民群众需要。金融活，经济活；金融稳，经济稳。经济兴，金融兴；经济强，金融强。经济是肌体，金融是血脉，两者共生共荣。我们要深化对金融本质和规律的认识，立足中国实际，走出中国特色金融发展之路。"2020 年 9 月 9 日召开的中央财经委员会第八次会议指出："要强化支付结算等金融基础设施建设，深化金融供给侧结构性改革，提供更多直达各流通环节经营主体的金融产品。"2021 年中国共产党第十九届中央委员会第六次全体会议通过的《中共中央关于党的百年奋斗重大成就和历史经验的决议》中指出："坚持金融为实体经济服务，全面加强金融监管，防范化解经济金融领域风险。"2022 年在中央全面深化改革委员会第二十四次会议中，习近平强调："要始终坚持以人民为中心的发展思想，推进普惠金融高质量发展，健全具有高度适应性、竞争力、普惠性的现代金融体系，更好满足人民群众和实体经济多样化的金融需求。"刘鹤（2021）指出：要深化金融供给侧结构性改革，加强治理结构改革，提高金融体系服务实体经济的能力和水平，促进实体经济与金融协调发展，实现"科技—产业—金融"的高水平循环。金融体制改革与经济体制改革相互依存、相互促进（刘鸿儒，2009）。

在国家金融治理过程中，风险的管控和消化是至关重要的一环。2022 年第 10 期《求是》刊登习近平在 2021 年 12 月中央经济工作会议上的重要讲话，其中指出："前一阶段，我们有效处置了影子银行风险、互联网金融风险。同时，也要看到，新的风险仍在发生，'黑天鹅''灰犀牛'事件不断。分析这些现象，有几个重要原因：一是长期累积的结果。'三期叠加'影响还没有结束，前期风险仍要消化。二是监管能力和制度缺陷。对金融机构公司治理问题严重失察，金融监管能力和水平不适应……三是借债人野蛮行为。一些大企业盲目冲动，非理性多元化扩张，过度依赖金融杠杆产业资本过度进入金融行业……四是官商勾结和腐败行为。一些金融机构负责人和政府官员失职渎职、贪污腐败、中饱私囊……五是经济周期变化。经济增速下行使原本隐藏的各类风险水落石出，局部风险引发系统风险的概率加大，以企业资不抵债为特征的风险突出”。金融治理，任重而道远。中国银保监会党委（2022）指出，要持之以恒防范化解重大风险，就要积极应对发达国家宏观政策与法律的外溢性影响、稳妥防控和化解中小金融机构风险、努力防范杠杆率反弹带来的风险、着力促进国民经济实现良性循环、持续深化银行业保险业改革开放、积极引导金融领域资本健康发展、善于运用法治思维提升依法行政能力和全面加强金融系统党的领导和党的建设。

第三节　金融业治理

一、金融业治理的重要性

金融业（financial industry）是指经营金融商品的特殊行业，包括银行业、保险业、信托业、证券业和租赁业。金融业作为社会资金融通的主要运行者，具有指标性、垄断性、高风险性、效益依赖性和高负债经营性等特点。2019 年 2 月 22 日，习近平在主持中共中央政治局第十三次集体学习时指出：“改革开放以来，我国金融业发展取得了历史性成就。特别是党的十八大以来，我们有序推进金融改革发展、治理金融风险，金融业保持快速发展，金融改革开放有序推进，金融产品日益丰富，金融服务普惠性增强，金融监管得到加强和改进。同时，我国金融业的市场结构、经营理念、创新能力、服务水平还不适应经济高质量发展的要求，诸多矛盾和问题仍然突出。我们要抓住完善金融服务、防范金融风险这个重点，推动金融业高质量发展。”金融业发展惠及经济社会生活的方方面面，为了更好地发挥金融业的作用，需要不断深化金融改革开放、完善金融业治理、引导金融业发展同经济社会发展相协调。

二、金融业治理相关法律法规梳理

本章对我国金融业治理的相关法律法规进行了梳理，这些法律法规对金融业整体及其细分行业均做出相关规定。针对金融业整体做出规定的文件，其发布主体以中国人民银行和国务院或国务院办公厅居多。针对细分行业做出规定的文件，其关注对象包括银行业、保险业、证券业、基金业、期货业和信托业金融机构等，其中银行业和保险业为法律法规的关注重点。

关于监管机构和自律性组织的法律法规文件包括《中国银行业监督管理委员

会主要职责内设机构和人员编制规定》（国办发〔2003〕30 号）、《关于中国证券投资基金业协会成立登记的批复》（民函〔2012〕226 号）等。关于保险业治理的法律法规文件包括《关于保险业改革发展的若干意见》（国发〔2006〕23 号）、《人身保险业务基本服务规定》（中国保监会令 2010 年第 4 号）、《关于保险业履行社会责任的指导意见》（保监发〔2015〕123 号）、《关于开展银行业保险业市场乱象整治“回头看”工作的通知》（银保监发〔2020〕27 号）、《互联网保险业务监管办法》（中国银保监会令 2020 年第 13 号）、《再保险业务管理规定（2021 修订）》（中国银保监会令 2021 年第 8 号）等。关于银行业治理的法律法规文件包括《电子银行业务管理办法》（中国银监会令 2006 年第 5 号）、《银行业监督管理法（2006 修正）》（中华人民共和国主席令第 58 号）、《银行业金融机构衍生产品交易业务管理暂行办法（2011 修订）》（中国银监会令 2011 年第 1 号）、《银行业金融机构董事（理事）和高级管理人员任职资格管理办法》（中国银监会令 2013 年第 3 号）、《关于银行业风险防控工作的指导意见》（银监发〔2017〕6 号）、《银行业保险业突发事件信息报告办法》（银保监发〔2019〕29 号）、《关于银行业保险业支持高水平科技自立自强的指导意见》（银保监发〔2021〕46 号）等。关于证券业治理的法律法规文件包括《关于从事证券业务的审计事务所资格确认有关问题的通知》（审指发〔1993〕81 号）、《关于加强对各地证券期货业财务监管的通知》（财政部财国债字 50 号）、《关于建立中国证券期货业信息系统的通知》（证监办字〔1997〕2 号）、《证券投资基金业从业人员执业守则》《证券期货业反洗钱工作实施办法》（中国证监会令第 68 号）、《关于证券期货业监管费标准等有关问题的通知》（发改价格规〔2018〕917 号）等。我国金融业治理相关主要法律法规文件列表详见附录 1-3-2。

三、金融业治理定义

（一）金融业治理定义的提出

已有学者针对金融业治理问题展开研究，金融业治理研究相关文献详见附录 1-4-4。金融监管是金融业治理的重要内容，周道炯（2000）系统地阐述了现代金融监管体制的理论与实践问题，尝试构建了金融监管的完整框架。周小川（2008）对我国金融体系在改革开放进程中体制的转变做出了系统科学的论述，从对外贸易、企业改革、社保改革、银行改革、住房改革、金融监管及资本市场等方面介绍了金融体制改革的成就及未来发展。吴晓灵（2008）从金融宏观调控、外汇管理与外汇市场、银行业改革与监管、货币市场和金融衍生品市场、资本市场、保险市场、监管协调与金融稳定、金融基础建设八个方面对中国金融体制改革 30 年进行了回顾与展望。王志凯（2010）指出，金融业治理的实质是促进金融的发展与创新，金融监管的目的是稳定金融产业，中国金融业治理改革的关键在于明确金融产业治理和监管的目标及把握金融产业治理与监管的环节与手段。陈雨露和马勇（2013）指出，效率性决定金融体系的“活力”，稳定性决定金融体系的“弹性”，而危机控制能力则决定金融体系的“张力”，三大因素相辅相成，共同构成了现代金融体系竞争力的三大核心支柱。陈丽涛（2014）指出，金融业内部治理存在企业内部治理不完善和金融体系结构不完备两大问题。曹远征（2018）关注了中国金融体制改革的起点、特征与推进方式。郝臣和付金薇（2018）认为保险业在完善国家治理体系以及推进治理能力现代化的进程中具有重要意义，前提是保险业要自身治理好。郝臣等（2018）认为保险业治理是国家金融治理体系的有机组成部分，并给出了保险业治理的定义。李梦宇（2021）在分析欧盟、美国、日本、新加坡和我国在金融业数据治理方面的道路差异的基础上，指明我国金融业数据治理方面可执行、可落地的相关办法仍有待完善、细化。何杰（2021）关注了深圳绿色金融发展。

金融业治理是金融治理体系框架中国家金融治理的重要内容。本章认为金融业治理（financial industry governance）是指针对金融行业的治理，具体来说是指为了实现一个国家金融业又好又快发展而做出的一系列重要治理制度安排。

（二）金融业治理体系框架的构建

金融业治理可以按照内容性质和行业细分不同进一步分类，内容性质视角的分类既适用于我国金融业总体，又适用于我国金融业各个子行业，每个子行业都有顶层设计、金融监管和具体行业类型金融机构治理内容。我国金融业治理体系框架具体如图 1-3 所示。需要说明的有两点。第一，本手册的银行业治理是广义的，既包括了仅针对各类银行的狭义银行业治理，还包括针对非银行存款类金融机构的银行业治理（例如财务公司行业治理、农村金融业治理中的农村资金互助业治理与农村信用合作业治理、城市信用合作业治理等）和针对非银行非存款类银行业金融机构的银行业治理（例如信托业治理、金融租赁业治理、农村金融业治理中的贷款业治理、汽车金融业治理等）。第二，证券市场和期货市场虽然都在一个监管体制下，但交易品种和规则完全不同，因此本手册将期货业与银行业、保险业、证券业等并列作为金融业的子行业。本手册所指的证券业治理不包括期货业治理（futures industry governance），但包括基金业治理（fund industry governance）。

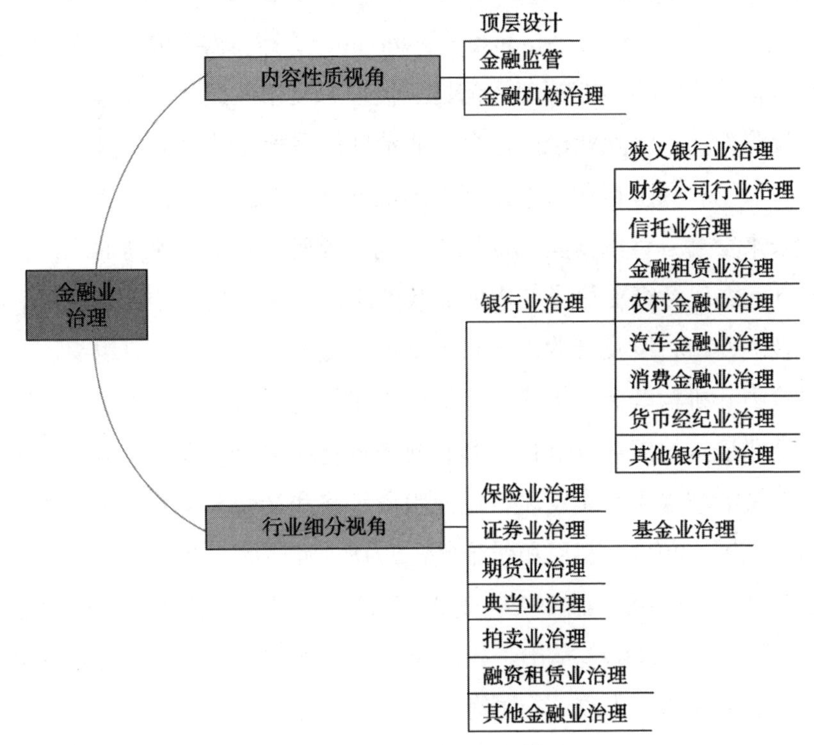

图 1-3 金融业治理体系框架图

（三）金融业治理的具体分析

1. 内容性质视角的金融业治理

金融业治理按照内容性质不同可以划分为顶层设计、金融监管和金融机构治理三个层面内容（郝臣等，2019；郝臣，2020；郝臣等，2020）。顶层设计（top-level design）是指国务院关于金融业发展的重大问题做出的安排和设计，具有全局性和统筹规划性。金融监管（financial regulation）是指监管部门对监管对象做出的某种限制或规定。金融机构治理（financial institution governance）是指针对从事金融业相关活动的机构或部门的治理。

2. 行业细分视角的金融业治理

金融业治理按照适用行业不同又可以分为银行业治理（bank industry governance）、保险业治理（insurance industry governance）、证券业治理（securities industry governance）、期货业治理（futures industry governance）、融资租赁业治理（financing leasing industry governance）、典当业治理（pawn industry governance）、拍卖业治理（auction industry governance）等。需要说明的是，广义的银行业治理包括狭义的银行业治理、信托业治理、货币经纪业治理等。

以保险业为例，保险业治理是金融业治理的重要组成部分，其含义包括如下方面：政府部门对保险行业未来发展的顶层设计，即发展方针的制定；监管机构对保险业未来发展方针的落实和对保险机构的监管，即发展规划的设计和相关监管制度的制定；包括行业协会在内的非政府组织对保险机构的自律引导，即发挥非政府监管的作用；以及行业内各组织（包括监管机构、非政府组织、保险经营机构和保险中介机构等组织）的治理结构构建与治理机制作用的发挥。保险业治理的目标是保证这些组织能够科学和有效地进行决策，最终使保险业在符合国家相关产业政策的前提下健康发展，进而服务经济和社会，参与国家治理（郝臣、李慧聪和崔光耀，2017；郝臣和付金薇，2018；郝臣等，2018）。吴定富（2004）全面概要地介绍我国保险业 1979—2003 年的发展状况并深入分析保险业发展特点和趋势。刘鸿儒（2009）指出，我国保险市场 20 世纪 80 年代发展中遇到了三个困难：一是企业体制未改，非国有企业少，国有企业靠财政保险，不愿意参加商业保险；二是财政体制，央地划分严格，地方投保给中国人民保险公司被地方政府看作是中央财政拿走了一块；三是当时中国人民保险公司全力保护一统天下局面而不想动。周延礼（2020）从理论探讨、论坛访谈、调研报告三个方面总结了近些年对保险业的观察和思考。

第四节　金融机构治理

一、我国金融机构的类型

金融机构（financial institution）是商品经济不断发展的伴生品，是逐步适应社会经济融资投资需求及转移管理风险的必然产物。我国金融机构的定义有三层：第一层是指金融业务机构，即狭义的金融机构；第二层在第一层的基础上还包括类金融机构或准金融机构，即广义的金融业务机构；第三层在第二层的基础上又包括金融监管机构、金融服务机构和境外金融机构，即广义的金融机构。本手册研究的金融机构为第三层次的金融机构，包括金融监管机构、金融业务机构、金融服务机构、类金融机构或准金融机构和境外金融机构。

具体而言，金融监管机构又可以分为监管当局和货币当局。国务院金融稳定发展委员会是统领地位的监管机构，监管当局除国务院金融稳定发展委员会外，还包括中国银保监会、中国证监会和地方金融监督管理局。货币当局包括中国人民银行和国家外汇管理局。

金融业务机构可以分为银行业存款类金融机构、银行业非存款类金融机构、保险业金融机构、证券业金融机构和期货业金融机构。银行业存款类金融机构主要包括银行、财务公司、农村信用合作社、农村资金互助社和城市信用合作社。银行业非存款类金融机构主要包括信托公司、金融租赁公司、贷款公司、汽车金融公司、消费金融公司、金融资产投资公司、金融资产管理公司、银行理财子公司和货币经纪公司。保险业金融机构主要为保险机构，保险机构主要包括保险经营机构和保险中介机构。证券业金融机构主要包括证券公司、证券投资基金管理公司和投资咨询公司。期货业金融机构主要包括期货公司。

金融服务机构主要包括金融业自律性组织、金融业学会组织、金融科技机构、征信机构、信用评级机构、交易类金融机构、登记结算类金融机构、第三方支付机构、印钞与造币机构、保障基金公司、金融指数机构、金融媒体机构、金融博物馆类机构、金融培训机构和其他金融服务机构。其中交易类金融机构又可以细分为证券交易所、期货交易所、上海黄金交易所和外汇交易中心。登记结算类金融机构主要包括登记结算公司。

类金融机构可以分为“7+4”类地方金融组织[①]、其他地方金融组织和其他类金融机构。7 类地方金融组织包括小额贷款公司、融资担保公司、区域性股权市场、典当行、融资租赁公司、商业保理公司和地方资产管理公司。4 类地方金融

① 需要说明的是，“地方金融组织”多出现在各类文件中，而在学术文献中则常使用“地方法人金融机构”。

组织包括地方各类交易场所、农民专业合作社、投资公司和社会众筹机构。其他地方金融组织是指法律、行政法规和国务院授权省级人民政府监督管理的从事地方金融业务的其他机构①。其他类金融机构是指除了“7+4”类地方金融组织和其他地方金融组织之外的所有类金融机构，主要包括第三方财富管理公司、拍卖企业等。

境外金融机构可以分为境外中央银行类金融机构、我国境外金融机构和其他境外金融机构。其中，境外中央银行类金融机构可以分为境外中央银行、货币当局、其他官方储备管理机构、国际金融机构和主权财富基金。其中国际金融机构包括国际清算银行、国际货币基金组织、世界银行集团和亚洲基础设施投资银行与新开发银行等区域性国际金融机构。

我国金融机构的具体类型及其数量详见附录 1-4-5。金融机构按照活动类型或主要功能的不同，可以划分为上述五种。金融机构按照其是否具有法人资格，可以将其划分为法人金融机构和非法人金融机构，非法人金融机构主要是指金融机构分支机构。金融机构按照其是否持牌，可以将其划分为持牌金融机构和非持牌金融机构。金融机构按照其是否受到监管部门的监管，可以将其划分为监管内金融机构和监管外金融机构。持牌金融机构一定是监管内金融机构。

二、金融机构治理的重要性

金融业和实业的发展相互促进（黄宪和范薇，2016），而金融机构是金融业的重要微观主体。2008 年爆发的全球金融危机向世人强调了完善金融机构治理的关键性。由于金融机构当事人在激励与约束上的不匹配、权利与责任上的不对等，以及监管者对金融机构治理风险的识别滞后、防范失当，缺乏公司治理层面制约的金融产品创新最终为各国实体经济带来了巨大的灾难。1997 年亚洲金融危机的根源之一是新兴市场国家的公司治理系统缺陷。2008 年全球金融危机则表明，即使是在法律和监管体系较为完善且执行力较高的发达国家，其金融机构整体的公司治理也潜存着巨大的系统性治理风险。金融产品和金融机构组织的不断变革决定了金融机构的公司治理是一个与时俱进、不断更新的命题，不存在一种公司治

① 例如《山东省民间融资机构监督管理办法》（鲁金监发〔2020〕7 号）中规定的民间融资机构就是其他地方金融组织。民间融资机构是指依法设立，经批准开展民间资本管理业务或民间融资登记服务业务的法人机构，包括民间资本管理公司和民间融资登记服务机构。

理模式可以永久地满足不断演进的金融系统的需要。

目前国际上学术界和实务界都已普遍认识到完善金融机构治理的重要性。有关金融机构治理的理论和实证文献也不断涌现。国际公司治理网络（International Corporate Governance Network，ICGN）[①]、特许公认会计师公会（The Association of Chartered CertifiedAccountants，ACCA）[②]、经济合作与发展组织（Organisation for Economic Cooperation and Development，OECD）[③]等均认为 2008 年金融危机“很大程度根源于公司治理的根本性失效”。各国监管当局和金融机构本身也不断提出新的公司治理改革设想和治理缺陷防范措施。

大国经济需要大国金融，中国经济的强盛离不开中国金融的崛起。如何构建一个具有强大资源配置效率且能有效分散风险并居全球金融中心地位的现代金融体系，以维持中国这样一个全球性大国经济的世纪性增长，是中国面临的最重要的战略难题之一（吴晓求，2010）。从微观层面来说，健康的金融机构是现代高效金融体系的根本基础，良好的公司治理又是金融机构健康发展的根本保障。

三、金融机构治理相关法律法规梳理

本章对我国金融机构治理法律法规进行了梳理，法律法规分别从内部治理和外部治理方面做出规定。内部治理方面主要包括股东与股东（大）会[④]、董事与董事会、监事与监事会、高管层、内部控制、风险管理、内部审计和合规管理。外部治理方面主要包括外部监管与评级、信息披露、外部利益相关者与社会责任。我国金融机构治理主要法律法规文件列表详见附录 1-3-3。需要说明的是，本手册后面各章中具体类型金融机构治理相关法律法规也属于本章金融机构治理相关法律法规范畴，但本章更侧重对大类金融机构治理做出规定的相关法律法规，某一具体类型金融机构治理相关法律法规详见后面相关章节内容。

在金融机构内部治理方面，《关于农村中小金融机构变更组织形式有关问题

① 国际公司治理网络（ICGN）成立于 1995 年，是由投资者主导的全球治理标准制定者。

② 特许公认会计师公会（ACCA）成立于 1904 年，是知名的国际性会计师组织之一。

③ 经济合作与发展组织（OECD）成立于 1961 年，目前成员国总数 38 个，总部设在巴黎，是旨在共同应对全球化带来的经济、社会和政府治理等方面的挑战并把握全球化带来的机遇的经济组织。

④ 在股份制保险公司中，公司最高权力机构被称为股东大会。在有限制保险公司中，公司最高权力机构被称为股东会。因此本手册使用了“股东（大）会”这样的表达方式。

的意见》（银监办发〔2016〕76号）、《中国银保监会非银行金融机构行政许可事项实施办法（2020）》（中国银保监会令2020年第6号）等法律法规对金融机构的设立、变更和撤销做出了规定。《外资金融机构管理条例实施细则（2002）》（中国人民银行令〔2002〕第1号）、《外资银行管理条例实施细则（2019修订）》（中国银保监会令2019年第6号）等文件对股东与股东（大）会做出了规定。《金融机构国有股权董事议案审议操作指引》（财金〔2019〕6号）、《金融机构国有股权董事管理暂行办法》（财金〔2019〕138号）、《金融机构国有股权董事议案审议操作指引（2020年修订版）》（财金〔2020〕110号）、《金融机构国有股权董事履职保障管理办法（试行）》等文件对董事与董事会做出了规定。《国有重点金融机构监事会暂行条例》（中华人民共和国国务院令〔第282号〕）等文件对监事与监事会做出了规定。《关于金融机构高级管理人员任职资格有关问题的函》（银函〔1999〕281号）、《金融机构高级管理人员任职资格管理办法》（中国人民银行令〔2000〕第1号）、《关于银行业金融机构高管人员行政处罚有关事项的批复》（银监办发〔2007〕127号）、《银行业金融机构董事（理事）和高级管理人员任职资格管理办法》（中国银监会令2013年第3号）等文件对高管层做出了规定。《外资银行管理条例实施细则（2019修订）》（中国银保监会令2019年第6号）等文件对内部控制做出了规定。《农村中小金融机构风险管理机制建设指引》（银监发〔2009〕107号）、《银行业金融机构全面风险管理指引》（银监发〔2016〕44号）、《法人金融机构洗钱和恐怖融资风险管理指引（试行）》（银反洗发〔2018〕19号）等文件对风险管理做出了规定。

在金融机构外部治理方面，《关于国家外汇管理局分局对金融机构外汇业务管理工作权限的规定》《国务院批转中国人民银行关于加强金融机构监管工作意见的通知》（国发〔1994〕54号）、《非法金融机构和非法金融业务活动取缔办法》（中华人民共和国国务院令第247号）、《关于加强地方金融机构财务监管的指导意见》（财债字〔1999〕164号）、《关于进一步加强外资金融机构代表处监管工作的通知》（银监办通〔2004〕206号）、《关于整治银行业金融机构不规范经营的通知》（银监发〔2012〕3号）等文件对金融机构监管做出了规定。《关于建立全国金融机构基本情况报告制度的通知》（银发〔1996〕312号）、《关于建立境外中资金融机构重大事项报告制度的通知》（银发〔1997〕第36号）、《关于建立金融机构高级管理人员任职期间重大事项报告制度的通知》(银发〔2000〕380号)、《关于严格执行〈金融机构大额交易和可疑交易报告管理办法〉的通知》(银办发〔2008〕155号)、《关于进一步做好银行业金融机构重大事项报告有关工作的通知》(银发〔2011〕23号)、《关于进一步加强银行业金融机构重大事项报告工作的通知》(银发〔2014〕293号)、《金融机构大额交易和可疑交易报告管理办法(2016修订)》(中国人民银行令〔2016〕第3号)等文件对信息披露做出了规定。

四、金融机构治理定义

(一)金融机构治理定义的提出

李维安等(2019)在《公司治理研究40年:脉络与展望》一文中指出,近年来,除了对上市公司治理问题展开研究以外,越来越多的学者尝试对非上市公司、中央控股企业、地方国有控股公司、中小企业、集团控股公司、跨国公司、各类金融机构进行研究,治理主体更加多元,治理思维不断普及。金融机构高负债、高风险、高回报的特点,以及其较强的外部影响,使得金融机构的公司治理格外引人关注(李剑阁,2005)。国内外学者对于金融机构治理领域进行了大量的研究,尤其是2008年金融危机之后,该领域文献数量激增,金融机构治理研究相关文献详见附录1-4-6。李维安(2005)认为金融机构最大、最根本的风险是治理风险。周道许(2007)关注了商业银行、证券公司和保险公司等具体类型金融机构的治理国际比较。李维安和郝臣(2009)认为金融机构的公司治理格外引人关注。苏卫东和初昌雄(2012)探讨了完善金融机构治理、促进金融机构履行社会责任、维护金融稳定的对策建议。郝臣、李维安和王旭(2015)研究发现,上市金融机构治理水平与风险承担呈现负相关关系。郝臣等(2016)研究发现,上市金融机构的公司治理质量稳步提升且具有一定的有效性。李维安等(2018)专门研究了我国国有控股金融机构治理问题,搭建了一个我国国有控股金融机构的二元治理结构分析框架,同时围绕公司治理风险这一核心概念,构建了囊括超级股东、股东行为、股东相对谈判力、董事会权力配置等重要概念的逻辑体系。夏喆(2018)探究了金融机构治理风险的生成机制与传导机理。李维安、王励翔和孟乾坤(2019)认为公司治理是我国金融机构改革的主线,并进一步指出上市金融机构存在的具体治理风险。王佳(2019)分析了党组织在法人金融机构治理中存在的问题，探讨了党组织的职责定位和管理机制。郑志刚（2021）认为，金融机构治理的目标是从内部治理缺失和治理依赖监管逐步走向股东权威地位的确立、制衡股权结构的形成和独立董事会运作的合规治理。

金融机构治理是金融业治理的重要内容。本章认为金融机构治理（financial institution governance）是指针对从事金融业相关活动的机构的治理，具体来说，是为了有效发挥金融机构的功能和保障金融机构决策的科学所构建的一套来自金融机构内部和外部的治理制度[①]安排体系。金融机构治理的目标是实现以存款人、投保人、基金份额持有人等金融机构客户和股东利益为主导的利益相关者利益最大化。

金融机构治理按照治理力量来源的不同可以分为金融机构内部治理和金融机构外部治理，按照治理制度性质不同可以分为金融机构治理结构和金融机构治理机制。其中金融机构内部治理涉及金融机构内部治理结构（也可简称金融机构治理结构）和金融机构内部治理机制，而金融机构外部治理则只涉及金融机构外部治理机制。金融机构内部治理与外部治理、治理结构与治理机制划分的思路或者原则与一般公司并没有明显的区别，金融机构治理的特殊性主要体现在内部治理结构、内部治理机制和外部治理机制的具体内容上。

在内部治理结构上，例如股东（大）会方面，银保和保险公司等金融机构对于股东的资质往往都有严格的要求，持股比例不同股东类型也不同。董事会方面，即使是非上市的金融机构，董事会也往往要求设立一定比例的独立董事以提高监督的独立性，同时还要求设立董事会专门委员会或专业委员会。监事会方面，银行和保险公司等金融机构除了有股东监事和职工监事，都要求设立外部监事。此外，金融机构高管范畴相对于一般公司更广，合规负责人、风险管理负责人、保险精算师、审计责任人等都是金融机构的高管层重要成员。

在内部治理机制上，在一般公司中不属于治理范畴的风险管理、合规管理、内部审计等均是金融机构重要的内部治理机制。

在外部治理机制上，相对于一般公司来说，金融机构治理的特殊性主要体现

① 治理制度既包括正式的治理制度，例如议事规则、信息披露办法等；也包括非正式的治理制度，例如血缘关系治理、婚缘关系治理等。两种治理制度在治理实践中均存在，但发挥作用的形式、效果等存在一定的差异。需要说明的是，治理制度不同于管理制度。

在外部监管、信息披露、外部利益相关者治理、接管机制、责令关闭与撤销机制、破产机制等方面。

（1）外部监管方面，金融机构的外部监管非常严格，因此外部监管是金融机构最重要的外部治理机制。

（2）信息披露方面，一般公司中只有上市公司才会特别强调信息披露，而对于非上市公司为主的金融机构来说，有一套严格的对公众的信息披露制度和对监管机构的信息报送制度。

（3）外部利益相关者治理方面，金融机构有多重机制来保护存款人、投保人等利益相关者的利益。

（4）接管机制方面，对于可能造成严重危害或者已经危及核心监管内容的，监管机构可以制定接管组接管金融机构，待金融机构没有问题后结束接管。

（5）责令关闭与撤销机制方面，针对金融机构的违法行为，监管机构可以做出停止经营的决定或撤销该机构的设立。

（6）破产机制方面，相对于一般公司来说，金融机构进入破产程序之前一般会先行采取行政性的风险处置措施，进入破产程序时需要监管机构同意和法院的裁定，进入破产程序时还有很多不同于一般公司的利益相关者利益保护机制①。

（二）金融机构治理体系框架的构建

金融机构治理可以按照活动类型和法人资格不同进一步细分，本手册尝试构建了金融机构治理体系框架，具体如图 1-4 所示。需要说明的是，金融机构治理按照金融机构或主要功能和按金融机构法人资格特点划分并不矛盾，往往是相互结合使用。

---

① 例如保险公司的保险保障基金制度，保险公司被依法撤销或者依法实施破产，其清算财产不足以偿付保单利益的，保险保障基金按照下列规则对非人寿保险合同的保单持有人提供救助：（1）保单持有人的损失在人民币 5 万元以内的部分，保险保障基金予以全额救助。（2）保单持有人为个人的，对其损失超过人民币 5 万元的部分，保险保障基金的救助金额为超过部分金额的 90%；保单持有人为机构的，对其损失超过人民币 5 万元的部分，保险保障基金的救助金额为超过部分金额的 80%。例如银行的存款保险制度，吸收存款的银行业金融机构向存款保险基金管理机构交纳保费并形成存款保险基金，当银行业金融机构破产等情景出现时，存款人有权要求使用存款保险基金偿付存款人的被保险存款，存款保险实行限额偿付，最高偿付限额为人民币 50 万元。

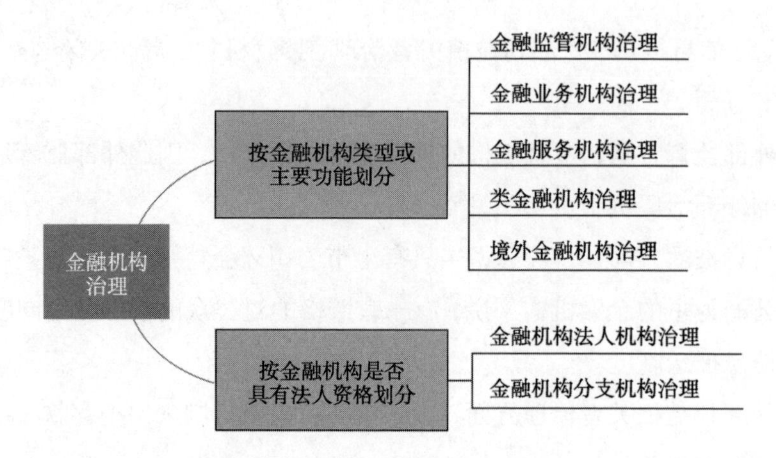

图 1-4　金融机构治理体系框架图

本章按照金融机构活动类型或主要功能和按金融机构法人资格特点不同构建了我国金融机构治理体系，具体如表 1-1 所示。关于我国金融机构治理体系更详细的构成及其逻辑关系请参考附录 1-4-7 和本手册最后的附图即我国金融机构治理谱系图（精要版）。

表 1-1　我国金融机构治理体系

机构编码	金融机构治理具体分类	金融机构治理英文翻译
A	**金融监管机构治理**	**Financial Regulatory Institution Governance**
A1	国务院金融稳定发展委员会治理	Financial Stability and Development Committee under the State Council Governance
A2	中国人民银行治理	The People's Bank of China Governance
A3	中国银保监会治理	China Banking and Insurance Regulatory Commission Governance
A4	中国证监会治理	China's Securities Regulatory Commission Governance
A5	国家外汇管理局治理	State Administration of Foreign Exchange Governance
A6	地方金融监督管理局治理	Local Financial Supervision and Administration Bureau Governance
B	**金融业务机构治理**	**Financial Business Institution Governance**
B1	金融控股公司治理	Financial Holding Company Governance
B2	银行业存款类金融机构治理	Banking Deposit Financial Institution Governance
B2-1	银行治理	Bank Governance
B2-1-1	银行法人机构治理	Bank Legal Person Governance
B2-1-2	银行分支机构治理	Bank Branch Governance
B2-2	财务公司治理	Finance Company Governance
B2-3	农村资金互助社治理	Rural Mutual Cooperative Governance
B2-4	农村信用合作社治理	Rural Credit Cooperative Governance

续表

机构编码	金融机构治理具体分类	金融机构治理英文翻译
B2-5	城市信用合作社治理	Urban Credit Cooperative Governance
B3	银行业非存款类金融机构治理	Banking Non-Deposit Financial Institution Governance
B3-1	信托公司治理	Trust Company Governance
B3-2	金融租赁公司治理	Financial Leasing Company Governance
B3-3	贷款公司治理	Loan Company Governance
B3-4	汽车金融公司治理	Automotive Financial Company Governance
B3-5	消费金融公司治理	Consumer Financial Company Governance
B3-6	金融资产投资公司治理	Financial Asset Investment Company Governance
B3-7	金融资产管理公司治理	Financial Asset Management Company Governance
B3-8	银行理财子公司治理	Wealth Management Subsidiary Company of Commercial Bank Governance
B3-9	货币经纪公司治理	Currency Brokerage Company Governance
B3-10	其他银行业非存款类金融机构治理	Other Banking Non-Deposit Financial Institution Governance
B4	保险业金融机构治理	Insurance Financial Institution Governance
B4-1	保险经营机构治理	Insurance Business Institution Governance
B4-1-1	保险集团（控股）公司治理	Insurance Company Institution Governance
B4-1-2	财产保险机构治理	Property Insurance Institution Governance
B4-1-3	人寿保险机构治理	Life Insurance Institution Governance
B4-1-4	养老保险机构治理	Pension Institution Governance
B4-1-5	健康保险机构治理	Health Insurance Institution Governance
B4-1-6	出口信用保险机构治理	Export & Credit Insurance Institution Governance
B4-1-7	再保险机构治理	Reinsurance Insurance Institution Governance
B4-1-8	保险资产管理机构治理	Insurance Asset Management Institution Governance
B4-1-9	其他保险机构治理	Other Insurance Institution Governance
B4-2	保险中介机构治理	Insurance Intermediary Institution Governance
B4-3	保险机构分支机构治理	Insurance Institution Branch Governance
B5	证券业金融机构治理	Securities Financial Institution Governance
B5-1	证券公司治理	Securities Company Governance
B5-2	证券公司子公司治理	Securities Company Subsidiary Governance
B5-3	基金管理人治理	Fund Manager Governance
B5-3-1	公募基金管理人治理	Public Fund Manager Governance
B5-3-1-1	证券投资基金管理公司治理	Securities Investment Fund Management Company Governance
B5-3-1-2	证券投资基金管理公司子公司治理	Securities Investment Fund Management Company Subsidiary Governance
B5-3-1-2-1	基金管理公司销售子公司治理	Fund Management Company Sales Subsidiary Governance

续表

机构编码	金融机构治理具体分类	金融机构治理英文翻译
B5-3-1-2-2	基金管理公司专户子公司治理	Fund Management Company Special Account Subsidiary Governance
B5-3-1-3	其他公募基金管理人治理	Other Public Fund Manager Governance
B5-3-2	私募基金管理人治理	Private Fund Management Institution Governance
B5-3-2-1	私募证券投资基金管理人治理	Private Securities Investment Fund Management Institution Governance
B5-3-2-2	私募股权、创业投资基金管理人治理	Private Equity and Venture Capital Fund Management Institution Governance
B5-3-2-3	私募资产配置类基金管理人治理	Private Equity Asset Allocation Fund Management Institution Governance
B5-3-2-4	其他私募投资基金管理人治理	Other Private Fund Management Institution Governance
B5-4	证券投资咨询机构治理	Securities Investment Consulting Institution Governance
B6	期货业金融机构治理	Futures Financial Institution Governance
B6-1	期货公司治理	Futures Company Governance
B6-2	期货公司子公司治理	Futures Company Subsidiary Governance
C	**金融服务机构治理**	**Financial Service Institution Governance**
C1	金融业自律性组织治理	Financial Industry Self-discipline Organization Governance
C2	金融业学会组织治理	Financial Industry Society Governance
C3	金融科技机构治理	Fintech Institution Governance
C4	征信机构治理	Credit Investigation Institution Governance
C5	信用评级机构治理	Credit Rating Institution Governance
C6	交易类金融机构治理	Trading Financial Institution Governance
C6-1	证券交易所治理	Stock Exchange Governance
C6-2	期货交易所治理	Futures Exchange Governance
C6-3	上海黄金交易所治理	Shanghai Gold Exchange Governance
C6-4	中国外汇交易中心治理	China Foreign Exchange Trade System Governance
C6-5	其他交易类金融机构治理	Other Trading Financial Institution Governance
C7	登记结算类金融机构治理	Registration and Clearing Financial Institution Governance
C7-1	登记结算公司治理	China Securities Depository and Clearing Corporation Governance
C8	第三方支付机构治理	Third-party Payment Institution Governance
C9	印钞与造币机构治理	Banknote Printing and Minting Institution Governance
C10	保障、保险或保护基金公司治理	Security, Insurance or Protection Fund Company Governance
C11	金融指数机构治理	Financial Index Institution Governance
C12	金融媒体机构治理	Financial Media Institution Governance
C13	金融博物馆类机构治理	Financial Museum Institution Governance
C14	金融培训机构治理	Financial Training Institution Governance

续表

机构编码	金融机构治理具体分类	金融机构治理英文翻译
C15	其他金融服务机构治理	Other Financial Service Institution Governance
D	**类金融机构治理**	**Quasi Financial Institution Governance**
D1	地方金融组织治理	Local Financial Organization Governance
D1-1	7类地方金融组织治理	7 Categories of Local Financial Organization Governance
D1-1-1	小额贷款公司治理	Microfinance Company Governance
D1-1-2	融资担保公司治理	Financing Guarantee Company Governance
D1-1-3	区域性股权市场治理	Regional Equity Market Governance
D1-1-4	典当行治理	Pawnshop Governance
D1-1-5	融资租赁公司治理	Financing Leasing Company Governance
D1-1-6	商业保理公司治理	Commercial Factoring Company Governance
D1-1-7	地方资产管理公司治理	Local Asset Management Company Governance
D1-2	4类地方金融组织治理	4 Categories of Local Financial Organization Governance
D1-2-1	地方交易场所治理	Local Trading Place Governance
D1-2-2	农民专业合作社治理	Specialized Farmers' Cooperative Governance
D1-2-3	投资公司治理	Investment Company Governance
D1-2-4	社会众筹机构治理	Social Crowdfunding Institution Governance
D2	其他地方金融组织治理	Other Local Financial Organization Governance
D3	其他类金融机构治理	Other Quasi Financial Institution Governance
D3-1	第三方财富管理公司治理	Third Party Wealth Management Company Governance
D3-2	拍卖企业治理	Auction Enterprise Governance
E	**境外金融机构治理**	**Overseas Financial Institution Governance**
E1	境外中央银行类金融机构治理	Overseas Central Bank Financial Institution Governance
E1-1	境外中央银行治理	Overseas Central Bank Governance
E1-2	货币当局治理	Monetary Authority Governance
E1-3	其他官方储备管理机构治理	Other Official Reserve Management Organization
E1-4	国际金融机构治理	International Multilateral Financial Institution Governance
E1-4-1	国际清算银行治理	Bank for International Settlements Governance
E1-4-2	国际货币基金组织治理	International Monetary Fund Governance
E1-4-3	世界银行集团治理	World Bank Group Governance
E1-4-4	区域性国际金融机构治理	Regional International Financial Institutions Governance
E1-4-4-1	亚洲基础设施投资银行治理	Asian Infrastructure Investment Bank Governance
E1-4-4-2	新开发银行治理	New Development Bank Governance
E1-5	主权财富基金治理	Sovereign Wealth Fund Governance
E2	我国境外金融机构治理	China's Overseas Financial Institution Governance
E3	其他境外金融机构治理	Other Overseas Financial Institution Governance

（三）金融机构治理的具体分析

1. 活动类型视角的金融机构治理

金融机构治理按照金融机构从事的金融活动类型的不同或发挥的主要功能的不同可以分为金融监管机构治理、金融业务机构治理、金融服务机构治理和类金融机构或准金融机构治理。考虑金融机构注册地的不同，其治理环境与境内金融机构存在较大差异，本章专门划分出境外金融机构治理。

具体而言，金融监管机构治理包括国务院金融稳定发展委员会治理、中国人民银行治理、中国银保监会治理、中国证监会治理、国家外汇管理局治理和地方金融监督管理局治理。

金融业务机构治理包括金融控股公司治理、银行业存款类金融机构治理、银行业非存款类金融机构治理、保险业金融机构治理、证券业金融机构治理和期货业金融机构治理这五大类。银行业存款类金融机构治理又包括银行治理、财务公司治理、农村信用合作社治理、农村资金互助社治理和城市信用合作社治理。银行业非存款类金融机构治理包括信托公司治理、金融租赁公司治理、贷款公司治理、汽车金融公司治理、消费金融公司治理、金融资产投资公司治理、金融资产管理公司治理、银行理财子公司治理和货币经纪公司治理。保险业金融机构治理主要为保险机构治理，保险机构治理主要包括保险经营机构治理和保险中介机构治理。证券业金融机构治理包括证券公司治理、证券公司子公司治理、证券投资咨询公司治理和基金管理人治理。期货业金融机构治理主要是指期货公司治理和期货公司子公司治理。

金融服务机构治理主要包括金融业自律性组织治理、金融业学会组织治理、金融科技机构治理、征信机构治理、信用评级机构治理、交易类金融机构治理、登记结算类金融机构治理、第三方支付机构治理、印钞与造币机构治理、保障基金公司治理、金融指数机构治理、金融媒体机构治理、金融博物馆类机构治理、金融培训机构治理和其他金融服务机构治理。其中，交易类金融机构治理又可以细分为证券交易所治理、期货交易所治理、上海黄金交易所治理和外汇交易中心治理，登记结算类金融机构治理主要指登记结算公司治理。

类金融机构治理可以分为“7+4”类地方金融组织治理、其他地方金融组织治理和其他类金融机构治理。7 类地方金融组织治理包括小额贷款公司治理、融资担保公司治理、区域性股权市场治理、典当行治理、融资租赁公司治理、商业保理公司治理和地方资产管理公司治理。4 类地方金融组织治理包括地方各类交易场所治理、农民专业合作社治理、投资公司治理和社会众筹机构治理。其他类金融机构治理包括第三方财富管理公司治理和拍卖企业治理。

境外金融机构治理可以分为境外中央银行类金融机构治理、我国境外金融机构治理和其他境外金融机构治理。其中，境外中央银行类金融机构治理可以分为境外中央银行治理、货币当局治理、其他官方储备管理机构治理、国际金融机构治理和主权财富基金治理。国际金融机构治理包括国际清算银行治理、国际货币基金组织治理、世界银行集团治理和亚洲基础设施投资银行治理与新开发银行治理等区域性国际金融机构治理。

按照金融机构活动类型或主要功能不同，每一大类金融机构治理有不同层级的治理内容。例如，金融业务机构治理相对于金融机构治理来说属于第二层级的金融机构治理，证券业金融机构治理属于第三层级的金融机构治理，基金管理人治理属于第四层级的金融机构治理，公募基金管理人治理属于第五层级的金融机构治理，证券投资基金管理公司治理属于第六层级的金融机构治理，基金管理公司销售子公司治理则属于第七层级的金融机构治理。

2. 法人资格视角的金融机构治理

金融机构治理按照关注对象法人资格特点不同可以分为金融法人机构治理和金融非法人机构治理两大类。在金融法人机构治理中，按照法人资格的形态不同又可以划分为公司法人金融机构治理和非公司法人金融机构治理。金融非法人机构治理主要是指金融机构分支机构治理，包括外国及港澳台银行分行治理和保险机构分支机构治理，其中外国及港澳台保险机构分支机构治理包括人身保险机构分支机构治理、财产保险机构分支机构治理和再保险机构分支机构治理等。

五、金融机构治理研究框架

（一）金融机构治理研究框架的总体说明

屡次金融危机或治理事件唤醒了理论界对金融机构治理重要性的认识。国内外学者对金融机构治理的相关问题也展开了研究，并指出金融机构治理存在特殊性。李维安和郝臣（2009）研究发现，金融机构在治理主体、治理结构、治理机制、治理目标、治理风险和治理评价六个方面存在特殊性，并结合国内外金融机构治理理论研究与实践发展的情况，提出五个层次的金融机构治理研究框架。

本手册认为，金融机构经营特殊性决定了金融机构治理的特殊性。具体来说，金融机构的高负债经营使得其治理主体不同于一般公司，因而金融机构治理目标（利益相关者利益最大化）也不同于一般公司（股东利益最大化）；而金融机构治理目标的特殊性又导致治理结构与治理机制的特殊性，最终使得治理风险（面向未来）和治理评价（面向历史）也具有一定的特殊性。

遵循李维安和郝臣（2009）的思路，本手册认为一套完整的金融机构治理研究框架包括五个层次：第一层次是理论基础，融合一般公司治理理论和金融机构治理特殊性；第二层次是概念体系，构建一套金融机构治理领域的概念或范畴体系；第三层次是治理原则，提炼和总结出能引导金融机构治理实践的标准；第四层次是治理实践，关注各种具体类型金融机构治理的发展与优化；第五层次是治理质量，开展金融机构公司治理质量的评价与诊断工作。金融机构治理研究框架具体构成如图 1-5 所示。

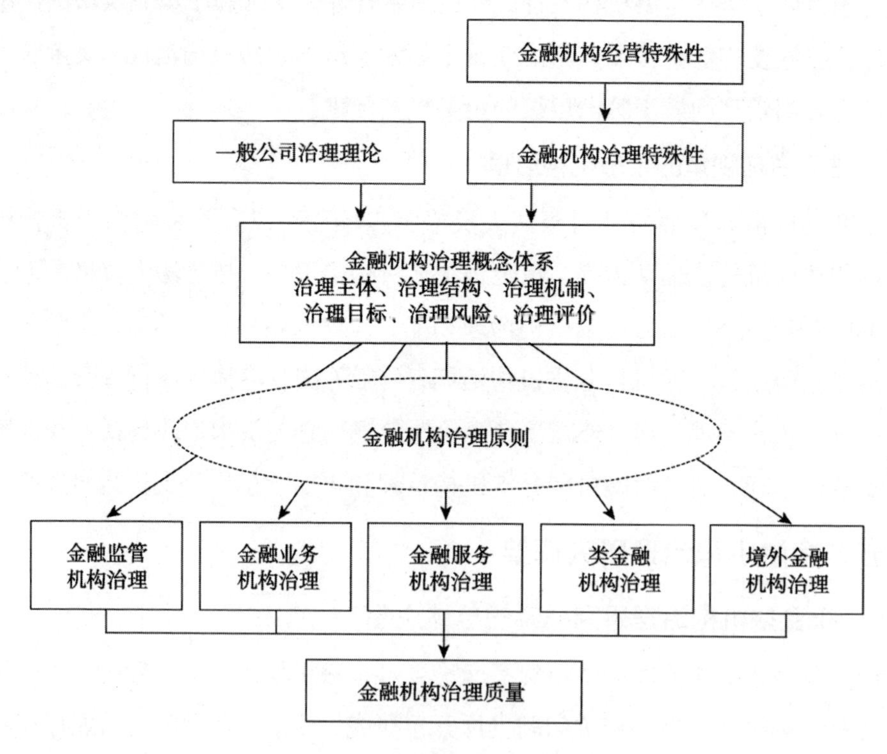

图 1-5　金融机构治理研究框架图

（二）金融机构治理研究框架的具体说明

1. 理论基础

金融机构治理研究的理论基础是一般公司治理理论和金融机构治理特殊性理论。也就是说，金融机构治理的研究，一方面要以一般公司治理理论为基础，可以借鉴一般公司治理的理论体系、核心概念和研究方法等；另一方面还要考虑金融机构治理自身的特殊性，不能直接"套用"一般公司治理理论，即金融机构治理是"金融机构+治理"，而不是"公司治理+金融机构"。否则，金融机构治理研究将是泛化或一般化，或是空洞化。这两个方面是金融机构治理研究的理论基础，是金融机构治理研究框架最上层的部分。

2. 概念体系

基于经典公司治理理论和金融机构治理特殊性分析的理论基础，接下来便是金融机构治理概念体系的构建。金融机构治理研究需要建立一套逻辑自洽的概念或范畴体系。这其中包括治理主体、治理目标、治理结构、治理机制和治理风险等。治理主体回答了金融机构治理中到底哪些人应该参与进来的问题。治理目标是在分析各利益相关者投入专用性的程度和参与治理的可行性基础上，确定通过治理所要达到的目的。治理结构关注的是金融机构要建立什么样的结构安排，为公司治理有效运转提供结构基础。治理机制是在建立治理结构的基础上，讨论如何发挥金融机构的激励、约束等机制的作用。治理风险则是研究如何应对治理主体在达成治理目标的过程中面对的不确定性。

3. 治理原则

金融机构治理原则处于金融机构治理理论与公司治理实务之间。随着理论研究的不断完善，公司治理的研究范围已从一般理论研究拓展到应用研究上，制定各类公司治理原则、准则、指引、标准或指导意见等便是应用研究的重要体现。自 1992 年英国制定出世界第一份公司治理原则《卡德伯利报告》（Cadbury Report）以来，目前全世界的国际组织、政府机构、中介组织、金融机构、企业等已经制定出多份较有影响力的公司治理原则。比如，原中国银监会 2004 年专门出台的《关于中国银行、中国建设银行公司治理改革与监管指引》，原中国银监会 2005 年出台的《股份制商业银行董事会尽职指引》，原中国银监会 2006 年出台的《国有商业银行公司治理及监管指引》，原中国保监会 2006 年出台的《关于规范保险公司治理结构的指导意见(试行)》,中国银保监会 2021 年出台的《银行保险机构公司治理准则》。

4. 治理实践

金融机构治理理论指导金融机构治理实践，同时金融机构治理实践是金融机构治理理论的重要源泉。所以，包括银行、保险公司、证券公司等在内的各类金融机构治理实践是金融机构治理研究的重要内容，要关注各种具体类型金融机构治理的发展与优化。具体来说，相关研究内容包括但不限于各类金融机构治理实践如何发展的、金融机构治理发展状况如何、具体类型金融机构治理发展的短板是什么、哪些因素影响了金融机构治理实践的发展、金融机构治理发展的经验有哪些、如何有效进行金融机构治理的监管、如何提升金融机构治理质量等。

5. 治理质量

金融机构治理质量如何，回答这一问题需要借助公司治理评价这一手段或工具，开展金融机构公司治理质量的评价（大样本）与诊断（小样本）工作。公司治理指数是公司治理评价的结果，是对公司治理状况的量化和科学反映。公司治理评价的关键或核心是要构建一套公司治理评价指标体系。目前，国际上许多著名的机构与组织都建立了自己的公司治理评价体系，如标准普尔、戴米诺、里昂证券等。在我国，南开大学中国公司治理研究院结合中国上市公司的情况构建了中国上市公司治理评价指标体系并发布 2003—2021 年总计 19 年的中国上市公司治理指数（China Corporate Governance Index，CCGI），该指数也被称为南开治理指数（$CCGI^{NK}$），评价样本中包括我国上市金融机构样本。[①]开展金融机构治理评价不能直接采用或“拷贝”已有的一般公司治理评价体系，需要考虑金融机构样本（非上市为主）与金融机构治理的特殊性（即使是金融机构，不同具体类型金融机构治理也有一定的特殊性）。

① 南开大学有着构建指数的传统，从早期的物价指数到新时期的治理指数。南开大学中国公司治理研究院公司治理评价课题组先后累计对 42303 家上市样本公司开展了治理评价。本手册作者也是公司治理评价课题组的核心成员。本手册作者带领课题组也研发出了一套包括六个维度、60 个具体指标的中国保险机构治理评价指标体系，并发布中国保险机构治理指数（China Insurance Institution Governance Index，CIIGI）。该指数是国内首个基于公开信息的保险机构治理指数，也是南开大学新时期指数的重要成员，因此该指数也被称为南开保险机构治理指数（$IIGI^{NK}$）。

第五节　金融控股公司治理

一、金融控股公司简介

（一）金融业经营的转型与金融控股公司的诞生

近代早期的金融业实际上是一种混业经营或综合经营形式。尽管在20世纪30年代之前，金融存在着直接金融（投资银行）和间接金融（商业银行）的市场分工，但这并不是人为分割的结果，其业务活动也并未受到法律制度的约束，商业银行可以在传统业务基础上经营股票、债券和工业投资等业务。

1929—1934年的经济“大萧条”促进了金融业分业经营体制的诞生，分业经营体制对于银行信用恢复、正常金融秩序维护和第二次世界大战后经济恢复发挥了重要作用。

20世纪70年代中后期，在经济滞胀、两次石油危机和金融脱媒[①]的多重冲击下，大量金融机构关门或者被兼并，使得金融体制改革的呼声越来越高。同时，市场监管的力度、信息技术、金融结构和客户结构等方面发生了巨大的变化，参与市场经济的主要国家的金融业开始从分业经营向混业经营转型。

金融业混业经营的载体有两大形式：一是全能银行（即单一法人形态），二是金融控股公司（即多个法人子公司形态）。金融控股公司具有集团母公司控股，各子公司法人分业经营，财务上可以合并会计报表，但需要各负盈亏的特点。这些特点使得金融控股公司能够较好地发挥协调效应与信誉外溢的优势，实现规模与范围经济，分散经营风险，降低税收负担。但由于复杂的组织结构和内部关系网络，金融控股公司除了存在非金融集团所面临的一般风险，还存在一些新的风险。例如：丧失偿付能力的风险，这类风险主要包括风险感染、资本重复计算等；不透明结构风险，不透明结构会给金融监管者和利益相关者对集团真实风险状况的评估造成困难；金融势力集中的风险，中小金融机构被兼并或者退出，不利于自由竞争和保护消费者利益；监管套利的风险，金融控股公司会从集团整体利益出发，通过业务的内部转化选择接受有利于自身利益的监管机构或规则；利益冲

---

① 金融脱媒（financial disintermediation）又称金融非中介化，是指在金融管制的情况下，资金供给绕开商业银行体系，直接输送给需求方和融资者，实际上就是资金融通的去中介化。

突的风险，金融控股公司各子公司的利益目标不同，会引发冲突和矛盾，具体表现为向同一客户提供不同金融产品时产生的冲突，以及向不同客户提供服务时产生的冲突两种情形。

金融业混业经营是一个渐进过程，是在效率和风险之间不断寻求动态平衡的过程。相比较而言，金融控股公司是介于全能银行体制和分业经营体制之间的均衡选择。就效率而言，同分业经营相比，全能银行的优势显而易见。就风险而言，分业经营相对于全能银行又具有很大优势。金融控股公司最早出现在美国，英国和日本等国家金融控股公司的发展也相对比较成熟。伴随我国金融业的进一步发展，部分银行业的资产项目太过集中、证券业的融资渠道不够顺畅、保险业的资金运用收益偏低等是分业经营模式逐渐面临的重要问题（丁俊，2001）。

（二）金融控股公司定义

在界定金融控股公司的定义之前，需要先明确控股公司的含义。控股公司（holding company）是指通过持股控制其他公司的具有独立法人资格的公司，实际上就是法律意义上的母公司。这种持股往往包括绝对控股和相对控股两种形式，控制的形式一般为取得被控股公司的董事、监事多数席位，进而控制被控股公司的经理人选和经营活动。金融控股公司是控股公司在金融行业的一种表现形式。

与金融控股公司极易混淆且关系紧密的概念是金融控股集团（financial holding group），金融控股集团简称金融集团。金融控股公司是不能直接等同于金融集团的，金融集团的概念实际上要比金融控股公司的概念更宏观一些。从法律意义上讲，控股公司就是母公司，金融控股公司实际上就是金融集团的母公司。近年来的实践表明，对金融控股公司的监管需要关注金融集团整体的监管以及各子公司的监管，所以两个概念往往会同时出现。

已有学者尝试对金融控股公司做出界定。郝臣、付金薇和王励翔（2018）结合已有的金融控股公司定义以及我国金融控股公司发展的实际状况，对金融控股公司进行了明确界定，认为："金融控股公司是指通过直接持股或者间接持股或者其他方式控制两家或两家以上持有不同金融牌照的金融子公司的法人。"他们进一步指出：第一，金融牌照范围不局限于其中的几种，而是全部牌照；第二，对整个集团的金融资产或者业务占比没有详细的限制；第三，控制方式多种多样，重在实质控制；第四，对于金融控股公司是纯粹型还是事业型没有加以限制。可见，郝臣、付金薇和王励翔（2018）给出的定义是广义的金融控股公司。

根据中国人民银行 2020 年 9 月发布的《金融控股公司监督管理试行办法》（中国人民银行令〔2020〕第 4 号），金融控股公司是指依法设立，控股或实际控制两个或两个以上不同类型金融机构，自身仅开展股权投资管理、不直接从事商业性经营活动的有限责任公司或股份有限公司。控股或实际控制的金融机构包括：（1）商业银行（不含村镇银行）、金融租赁公司；（2）信托公司；（3）金融资产管理公司；（4）证券公司、公募基金管理公司、期货公司；（5）人身保险公司、财产保险公司、再保险公司、保险资产管理公司；（6）国务院金融管理部门认定的其他机构。总体上来说，我国监管文件所界定的是狭义的金融控股公司。

本章认为我国金融控股公司（financial holding company）可分为三大类：事实金融控股公司、持牌金融控股公司和名义金融控股公司。事实金融控股公司是指满足金融控股公司的定义和设立条件，但尚未取得金融控股公司牌照的金融控股公司。我国事实上的金融控股公司简介详见附录 1-2-1。持牌金融控股公司是指已获得金融控股公司牌照的事实金融控股公司，目前仅有中国中信金融控股有限公司（筹）[①]和北京金融控股集团有限公司 2 家。其中，截至 2022 年 5 月 20 日，北京金融控股集团有限公司登记状态为存续或在业的对外投资公司共有 12 家，其名录详见附录 1-1-2。名义金融控股公司是指不符合金融控股公司的定义和设立条件，实质上并不是金融控股公司，但公司名称中含有“金融控股”或“金控”字样的公司。

根据企查查网站（https://www.qcc.com）检索的数据，截至 2022 年 3 月 31 日，我国登记状态为存续或在业的事实和名义上的金融控股公司共有 3076 家，我国事实和名义上的金融控股公司名录详见附录 1-1-3。下文所述金融控股公司主要是指持牌和事实金融控股公司，不包括名义金融控股公司。

（三）我国金融控股公司发展脉络

参与市场经济的主要国家金融业发展大致经历了从混业经营到分业经营再到混业经营的过程。金融控股公司是介于全能银行体制和分业经营体制之间的均

① 公司名称后面加“（筹）”表示该公司正在筹建，尚未正式投产。中信集团属于“小金控”模式，在集团下新设金融控股公司，即中信金融控股有限公司（筹），未来中信集团所持有的金融机构的股权会划转到这里来进行集中统一管理。

衡选择，是推动中国金融业向综合经营平稳过渡的必然选择（夏斌，2001；吴晓灵，2004；谢平，2004；王国刚，2006）。下文梳理了我国金融业经营模式的转型与金融控股公司发展大事记。

20 世纪 90 年代，我国金融业一度出现“混业”经营状态，但受到当时经济体制、金融机构自控薄弱和监管力量不足等因素限制，这种探索不甚成功。

1993 年 12 月，国务院出台的《关于金融体制改革的决定》（国发〔1993〕91 号）规定：“对保险业、证券业、信托业和银行业实行分业经营。”

1995 年 7 月施行的《商业银行法》（中华人民共和国主席令第 47 号）规定：“商业银行在中华人民共和国境内不得从事信托投资和股票业务，不得向非自用不动产投资或者向非银行金融机构和企业投资。”之后我国金融监管体制开始实行严格的分业经营和分业监管。随着加入世界贸易组织（World Trade Organization，WTO）以及对金融控股机构经营和管理水平的提高，我国开始有条件地建立金融综合化经营试点。

2002 年，国务院尝试进行综合金融控股集团试点工作，中国中信集团公司、中国光大集团有限公司和中国平安保险（集团）股份有限公司三家公司被批准作为试点单位。不过后来政府工作报告中所称的金融控股公司已经不是国务院批准的金融控股集团概念了。

2003 年 9 月，原中国银监会、中国证监会、原中国保监会举行的“金融监管第一次联席会议”签订了《中国银行业监督管理委员会、中国证券监督管理委员会、中国保险监督管理委员会在金融监管方面分工合作的备忘录》，提出对于金融控股公司的监管，集团公司要依据其主要业务性质归属相应的监管机构，按照业务性质对金融控股公司子公司实施分业监管，对于由产业资本投资形成的金融控股集团，在监管的政策、标准和方式等方面的研究仍需进一步加强。该文件首次明确了对金融控股公司的监管，但对金融控股公司与金融集团的概念区分仍不甚明确，且相关规定仍以比较原则为主。

2003 年 12 月修正的《商业银行法》（中华人民共和国主席令第 13 号）将上述规定修改为：“商业银行在中华人民共和国境内不得从事信托投资和证券经营业务，不得向非自用不动产投资或者向非银行金融机构和企业投资，但国家另有规定的除外。”这为混业经营留下了政策空间。

2005 年 10 月发布的《中共中央关于制定国民经济和社会发展第十一个五年规划的建议》提出要“稳步推进金融业综合经营试点”。据中国人民银行的一项调查，2005 年年初我国具有金融控股公司性质的公司数量已达到 300 多家。

2008 年 2 月，在由中国人民银行、原中国银监会、中国证监会、原中国保监会共同制定并公布的《金融业发展和改革“十一五”规划》中，首次明确了监管机构对综合化经营和金融控股公司的态度，提出：“稳步推进金融业综合经营试点。鼓励金融机构通过设立金融控股公司、交叉销售、相互代理等多种形式，开发跨市场、跨机构、跨产品的金融业务，发挥综合经营的协同优势，促进资金在不同金融市场间的有序流动，提高金融市场配置资源的整体效率。”

2009 年 10 月，财政部出台《金融控股公司财务管理若干规定》（财金〔2009〕89 号），金融控股公司[中国中信集团公司、中国光大（集团）总公司、中国光大集团有限公司]应当积极推进股份制改革，坚持以金融业为主，在国家规定的范围内开展多元化经营。

2012 年 9 月，我国“一行三会”和国家外汇管理局共同编制和发布的《金融业发展和改革“十二五”规划》中提出要“继续积极稳妥推进金融业综合经营试点”，可以说我国金融业综合经营一直处于探索的阶段。

2013 年 8 月，国务院批复《中国人民银行关于金融监管协调机制工作方案的请示》（国函〔2013〕91 号），建立了“一行三会一局”金融监管协调部际联席会议制度。

2014 年 12 月，原中国银监会、财政部、中国人民银行、中国证监会和原中国保监会联合发布《金融资产管理公司监管办法》（银监发〔2014〕41 号）中指出，监管框架的基本要素包括公司治理、风险管控、内部交易、资本充足性、财务稳健性、信息资源管理和信息披露等。这是真正意义上针对我国特定类型金融控股公司的监管法规。

2017 年 7 月召开的第五次全国金融工作会议决定设立国务院金融稳定发展委员会，并明确其一项重要的职责就是加强系统重要性金融机构和金融控股公司等的规章制度建设（胥爱欢和李红燕，2018）。

2018 年 3 月 5 日，李克强在政府工作报告中着重强调了金融控股公司的监管问题，引起市场高度关注。报告中提出要强化金融监管统筹协调，健全对影子银行、互联网金融、金融控股公司等监管，进一步完善金融监管。

2018 年 4 月 27 日，为规范非金融企业投资金融机构行为，强化对非金融企业投资金融机构的监管，促进实业和金融业良性互动发展，经党中央、国务院同意，中国人民银行、中国银保监会、中国证监会联合印发《关于加强非金融企业投资金融机构监管的指导意见》（银发〔2018〕107 号），该指导意见规定了监管的六大原则：立足主业，服务实体经济；审慎经营，避免盲目扩张；严格准入，强化股东资质、股权结构和资金来源审查；隔离风险，严禁不当干预金融机构经营；强化监管，有效防范风险；规范市场秩序与激发市场活力并重。

2018 年 6 月 30 日，中共中央、国务院出台了《关于完善国有金融资本管理的指导意见》，文件中明确提到“建立金融控股公司等金融集团和重点金融基础设施财务管理制度”，国有金融机构要“健全公司法人治理结构”。

2020 年 9 月 11 日，国务院发布《国务院关于实施金融控股公司准入管理的决定》（国发〔2020〕12 号），中国人民银行发布《金融控股公司监督管理试行办法》（中国人民银行令〔2020〕第 4 号）。这两部文件均对金融控股公司做出明确定义。

2021 年 3 月 11 日，中国人民银行发布《金融控股公司董事、监事、高级管理人员任职备案管理暂行规定》（中国人民银行令〔2021〕第 2 号），以加强对金融控股公司董事、监事、高级管理人员的任职管理，规范金融控股公司运作，防范经营风险。

二、金融控股公司治理相关法律法规梳理

作为金融混业经营的一种组织形式，金融控股公司以其股权集中、经营分散、具有规模效应和协同效应的优势，越来越受到各国的重视。正因为金融控股公司在业务经营上的多元化趋势，所以其风险复杂性较高和交易透明度较低的特性对治理方面提出了更高的要求。我国金融控股公司治理主要法律法规文件列表详见附录 1-3-4。

在金融控股公司内部治理方面，《金融控股公司财务管理若干规定》（财金〔2009〕89 号）主要的监管对象是当时仅有的三家金融控股公司——中国中信集团公司、中国光大（集团）总公司、中国光大集团有限公司，规定了金融控股公

司国有资本由财政部代表国家持有、金融控股公司应当加强资本管理、要建立健全公司治理结构、要依法履行对子公司的出资人职权、金融控股公司应当积极推进股份制改革等方面内容。《金融控股公司监督管理试行办法》（中国人民银行令〔2020〕第4号）规定了金融控股公司主要股东、控股股东和实际控制人不得以发行、管理或通过其他手段控制的金融产品持有该金融控股公司股份。针对高管的任职和变更等情形，《金融控股公司董事、监事、高级管理人员任职备案管理暂行规定》（中国人民银行令〔2021〕第2号）更加详尽地规定了金融控股公司董事、监事、高级管理人员的任职条件，规范了金融控股公司董事、监事、高级管理人员的任职备案，提出了金融控股公司董事、监事、高级管理人员的监督管理事项。

在金融控股公司外部治理方面，《金融控股公司财务管理若干规定》（财金〔2009〕89号）规定金融控股公司应当及时向财政部报送经审计的年度财务会计报告，经财政部认可后可以适当方式向社会披露。《金融控股公司监督管理试行办法》（中国人民银行令〔2020〕第4号）规定：中国人民银行对金融控股公司主要股东和控股股东进行审查，对其真实股权结构和实际控制人实施穿透监管，中国人民银行可以要求其股东转让股权或限制股东权利；必要时，中国人民银行可以提请国务院反垄断部门启动反垄断调查，依法做出处理决定。

三、金融控股公司治理定义

（一）金融控股公司治理定义的提出

以银行、证券公司、保险公司为代表的各类金融机构的治理是金融业治理的基础，作为这些金融机构控股股东或者母公司——金融控股公司的治理是金融业治理的根本。金融业的可持续健康发展必须牢牢抓住金融控股公司这个“牛鼻子”，而金融控股公司治理就是“牛鼻圈”。

已有学者针对金融控股公司治理问题展开研究，金融控股公司治理研究相关文献详见附录1-4-8。邹福阳和岳意定（2006）认为，中国金融控股公司治理结构存在产权结构单一、母子公司职能定位不明确等七大问题。陈小荣和尹继志（2013）提出，针对我国金融控股公司的发展现状，应参考美国的经验，提出“伞形”监管框架，由政府进行专门监管立法，中国人民银行牵头、协调“三会”，宏观与微观监管相结合，在实践中应明确监管机构，具体划定各机构职责范围，以推动金融市场良好运行。王彬和林晓楠（2014）认为，混业经营趋势下，我国风险隔离制度缺乏，政府引导不足，应基于我国国情和现状合理效仿国外规则，通过多元路径构建法律“防火墙”和自律“防火墙”，以达隔离风险的目标。鲁桐（2017）认为，金融控股公司的发展需要外部监管制度和内部治理结构的平衡来有效地进行风险管理，并指出良好治理的四大要素。卢钊和徐鑫（2018）认为，金融控股集团公司的治理并非各母子公司治理的简单加总，而因控股型集团架构叠加金融业特征具有特殊性。郝臣、付金薇和王励翔（2018）提出我国金融控股公司在治理过程中存在监管体系不完善、治理理念异化、监管对象存在疏漏、股权结构复杂、大额关联交易频发、子公司治理部门化、董事会治理不完善和信息披露不透明八大问题。尹振涛和王甲旭（2020）针对金融控股公司外部监管制度提出六项建议。李维安和王励翔（2020）认为，金融控股集团的股权结构复杂，使得关联交易行为易被掩盖，会导致治理风险累积。温长庆（2020）提出应当构建“伞形+双峰”的外部治理监管主框架，同时从公司治理框架、市场自律机制、自愿性信息披露等方面改进内部风险治理。

本章认为金融控股公司治理（financial holding company governance）是指为管理和控制金融控股公司风险，维护社会资金安全，协调金融控股公司与控股子公司或金融机构以及其他所有利益相关者之间的利益关系而建立的一套正式或非正式、内部或外部的治理制度安排，包括内部治理与外部治理和治理结构与治理机制两个层面。

金融控股公司治理按照治理力量来源不同，可以分为内部治理和外部治理[①]两个方面。

---

① 公司治理按照解决委托代理问题力量来源的不同可分为内部治理和外部治理。内部治理与外部治理既相互区别又相互联系。内部治理与外部治理的主要区别体现在两个方面：第一，内部治理的基本特征是以产权为主线的内在制度安排，其治理载体就是公司本身；第二，外部治理是以监管和竞争为主线的外在制度安排，其治理载体是监管机构和市场体系。内部治理和外部治理不仅互补而且在一定程度上是可以相互替代的。一方面，通过“用手投票”机制替换在位经理的决策常常建立在“用脚投票”机制所反映出来的信息上，“用脚投票”机制所反映出来的股东意愿最终要通过“用手投票”机制来实现；另一方面，一个有效的股票市场使对经理的直接控制变得较不重要，这就如同增加巡逻警察的力量可以减少监狱里的拥挤程度一样（张维迎，1996）。

金融控股公司内部治理是指金融控股公司治理结构和内部治理机制，主要包括“三会一层”的人员配备、基本职权和运作规则、内部控制、风险管理等。在董事、监事、高级管理人员的任职管理方面，金融控股公司的董事、监事和高级管理人员的任职条件由中国人民银行规定；金融控股公司变更董事、监事和高级管理人员，应当符合任职条件，并向中国人民银行备案；金融控股公司的高级管理人员原则上可以兼任所控股子公司或金融机构的董事或监事，但不能兼任所控股子公司或金融机构的高级管理人员，所控股子公司或机构的高级管理人员不得相互兼任。在风险管理方面，金融控股公司应当建立与金融控股集团组织架构、业务规模、复杂程度和声誉影响相适应的全面风险管理体系。

金融控股公司外部治理主要包括外部监管、信息披露和外部利益相关者治理等外部治理机制。在外部监管方面，中国人民银行依法对金融控股公司实施监管，对主要股东和控股股东进行审查，对真实股权结构和实际控制人实施穿透监管；国务院金融管理部门对金融控股公司所控股子公司或金融机构实施监管；财政部负责制定金融控股公司财务制度并组织实施。同时，我国还建立了金融控股公司监管跨部门联合机制，中国人民银行与国务院银行保险监督管理机构、国务院证券监督管理机构、国家外汇管理部门加强对金融控股公司及其所控股子公司或金融机构的监管合作和信息共享，中国人民银行、国务院银行保险监督管理机构、国务院证券监督管理机构、国家外汇管理部门与发展改革部门、财政部门、国有资产管理部门等加强金融控股公司的信息数据共享。在信息披露方面，金融控股公司应当按照法律、行政法规和中国人民银行的要求，遵循真实、准确、完整的原则，及时进行信息披露，并对信息披露中的虚假记载、误导性陈述及重大遗漏等依法承担责任。在外部利益相关者治理方面，客户是重要的外部利益相关者，金融控股公司及其所控股子公司或金融机构在集团内部共享客户信息时，应当确保依法合规、风险可控并经客户书面授权或同意，防止客户信息被不当使用。

金融控股公司治理按照治理制度安排内容不同，可以分为治理结构与治理机制两个层面内容。吴敬琏（1993；1994；1996）认为，所谓公司治理结构是指由所有者、董事会和高级执行人员即高级经理人员三者组成的一种组织架构。在这种结构中，上述三者之间形成一定的制衡关系。通过这一结构，所有者将自己的资产交由公司董事会托管；公司董事会是公司的最高决策机构，拥有对高级经理人员的聘用、奖惩以及解雇权；高级经理人员受雇于董事会，组成在董事会领导下的执行机构，在董事会的授权范围内经营企业。早期对公司治理的认识多局限于公司治理结构层面。随着公司治理理论与实务的推进，公司治理结构这一词语也被经常使用，但是所表达的内容已不仅仅局限于治理的结构层面问题，还包括机制问题，即与公司治理等同，以至于目前部分政策文件仍然使用法人治理结构一词。从科学决策的角度看，治理结构不能解决公司治理的所有问题，更需要若干具体的、超越结构的治理机制（governance mechanisms）（高闯等，2009）。当然，治理实践和治理研究发展到现在，治理结构、治理机制与公司治理各有其确切的含义，不宜混用。

良好的金融控股公司治理应当具有简明、清晰、可穿透的股权结构；实际控制人和最终受益人可识别；法人层级合理，与自身资本规模、经营管理能力和风险管控水平相适应；所控股子公司或金融机构不得反向持有母公司股权；金融控股公司所控股子公司或金融机构之间不得交叉持股。

金融控股公司具有非常鲜明的金融行业属性，具有很高的资产负债率，自有资本在资本结构中占比较少，同时其强外部性使得行业监管成为必要。金融控股公司治理存在如下特殊性。第一，公司治理目标具有独特需求，不单是实现企业利益最大化，还囊括了金融稳定与安全及利益相关者保护等特殊的治理目标。第二，对风险防范的要求更高，金融控股公司在盈利模式上具有较高的风险性，同时其组织形式也极易导致风险的传染和扩散。第三，关联交易更加复杂和多样，金融控股公司可以通过金融产品创新增强旗下子公司间的关联度，或通过子公司间的金融产品相互购买形成事实上的关联交易，银行子公司向金融控股公司内其余子公司或关系企业提供具有优惠条件的贷款是一种常态的关联交易。第四，利益相关者保护更为重要，通过内部治理机制强化对利益相关者的保护也是强化社会信任基础、维护社会安定的重要举措。

（二）概念拓展：金融控股集团治理

在金融集团中，金融控股公司是母公司或集团公司，其他金融企业为集团子公司或成员企业。集团公司与成员企业间通过产权关系或管控关系相互联系。各成员企业虽受集团公司的控制和影响，但因其是独立的法人故而要承担独立的民事责任。因此，从概念范畴上来说，金融控股公司治理是金融控股集团治理或金融集团治理的重要内容。金融控股集团治理（financial holding group governance）

或金融集团治理（financial group governance）是金融控股公司治理、集团子公司治理（即金融控股公司所控股金融机构治理）和母子关系治理的总称。例如，《金融控股公司监督管理试行办法》（中国人民银行令〔2020〕第 4 号）规定，金融控股公司应当对纳入并表管理范围内所控股子公司或金融机构的公司治理、资本和杠杆率等进行全面持续管控，有效识别、计量、监测和控制金融控股集团的总体风险状况。

本章附录

金融机构名录附录[①]

附录 1-1-1：我国治理相关机构名录

附录 1-1-2：北京金融控股集团有限公司对外投资公司名录

附录 1-1-3：我国事实和名义上的金融控股公司名录

金融机构简介附录

附录 1-2-1：我国事实上的金融控股公司简介

法律法规列表附录

附录 1-3-1：我国金融治理主要法律法规文件列表

附录 1-3-2：我国金融业治理主要法律法规文件列表

附录 1-3-3：我国金融机构治理主要法律法规文件列表

附录 1-3-4：我国金融控股公司治理主要法律法规文件列表

其他相关内容附录

附录 1-4-1：组织治理研究文献目录

附录 1-4-2：我国历次全国金融工作会议回顾

附录 1-4-3：金融治理研究文献目录

附录 1-4-4：金融业治理研究文献目录

附录 1-4-5：我国金融机构类型与数量统计表

附录 1-4-6：金融机构治理研究文献目录

附录 1-4-7：我国金融机构治理谱系图（详细版）

附录 1-4-8：金融控股公司治理研究文献目录

① 可通过公众号“治理大百科”阅读本章附录具体内容。

第二章
金融监管机构治理

金融监管机构是其他金融机构的重要外部治理主体，但其自身也存在治理问题。我国现已形成“一委一行两会两局”的央地金融监管体系，其中国务院金融稳定发展委员会、中国银保监会、中国证监会和地方金融监督管理局为我国监管当局，中国人民银行和国家外汇管理局为我国货币当局。本章对上述六类金融监管机构治理的定义进行了界定和分析。

第一节 国务院金融稳定发展委员会治理

一、国务院金融稳定发展委员会简介

（一）国务院金融稳定发展委员会设立

2017 年 7 月 14 日至 15 日，第五次全国金融工作会议在北京召开，会议决定设立国务院金融稳定发展委员会（Financial Stability and Development Committee under the State Council），简称金融委，目的是加强金融监管协调，补齐监管短板。为贯彻党的十九大精神，落实第五次全国金融工作会议要求，经党中央、国务院批准，国务院金融稳定发展委员会于 2017 年 11 月 8 日成立并召开了第一次全体会议，学习贯彻党的十九大精神，研究部署相关工作。国务院金融稳定发展委员会，作为国务院统筹协调金融稳定和改革发展重大问题的议事协调机构，其主要职责是：落实党中央、国务院关于金融工作的决策部署；审议金融业改革发展重大规划；统筹金融改革发展与监管，协调货币政策与金融监管相关事项，统筹协

调金融监管重大事项，协调金融政策与相关财政政策、产业政策等；分析国际国内金融形势，做好国际金融风险应对，研究系统性金融风险防范处置和维护金融稳定重大政策；指导地方金融改革发展与监管，对金融管理部门和地方政府进行业务监督和履职问责等。

2022年4月7日，中国人民银行在其官网发布《金融稳定法（草案征求意见稿）》，该征求意见稿指出，所谓国家金融稳定发展统筹协调机制，是指国务院统筹金融稳定和改革发展重大问题，由国务院金融管理部门、发展改革部门、财政部门等作为成员单位的协调工作机制，该机制不替代各部门职责分工和工作程序；国务院金融管理部门是指中国人民银行、国务院金融监督管理机构和国务院外汇管理部门。因此本章认为，国家金融稳定发展统筹协调机制本质上是关于国务院金融稳定发展委员会及其成员单位履职的制度安排。该征求意见稿还明确了国家金融稳定发展统筹协调机制的职责，国家金融稳定发展统筹协调机制负责统筹金融稳定和改革发展，研究维护金融稳定重大政策，指挥开展重大金融风险防范、化解和处置工作；涉及金融稳定和改革发展的重大问题和事项报党中央、国务院决定；国家金融稳定发展统筹协调机制办公室承担日常工作，成员单位按照职责分工依法履行金融风险防范化解处置责任，落实国家金融稳定发展统筹协调机制议定事项。国家金融稳定发展统筹协调机制成员单位、地方人民政府，存款保险基金管理机构、行业保障基金管理机构应当按照职责分工及时落实应急处置方案。国家建立金融稳定保障基金，由国家金融稳定发展统筹协调机制统筹管理，作为应对重大金融风险的后备资金。

（二）国务院金融稳定发展委员会办公室

国务院金融稳定发展委员会下设国务院金融稳定发展委员会办公室（简称国务院金融委办公室或国家金融办）。

根据《中国人民银行职能配置、内设机构和人员编制规定》（中共中央办公厅、国务院办公厅2019年），国务院金融稳定发展委员会办公室设在中国人民银行，接受国务院金融稳定发展委员会直接领导，承担国务院金融稳定发展委员会日常工作，负责推动落实党中央、国务院关于金融工作的决策部署和国务院金融稳定发展委员会各项工作安排，组织起草金融业改革发展重大规划，提出系统性金融风险防范处置和维护金融稳定重大政策建议，协调建立中央与地方金融监管、风险处置、消费者保护、信息共享等协作机制，承担指导地方金融改革发展与监管具体工作，拟订金融管理部门和地方金融监管问责办法并承担督导问责工作等。设国务院金融稳定发展委员会办公室秘书局，负责处理国务院金融稳定发展委员会办公室日常事务。中国人民银行的内设机构根据工作需要承担国务院金融稳定发展委员会办公室相关工作，接受国务院金融稳定发展委员会办公室统筹协调。

2019 年 7 月 20 日，国务院金融稳定发展委员会办公室对外发布《关于进一步扩大金融业对外开放的有关举措》。该文件指出，为贯彻落实党中央、国务院关于进一步扩大对外开放的决策部署，按照“宜快不宜慢、宜早不宜迟”的原则，在深入研究评估的基础上，推出以下 11 条金融业对外开放措施。

（1）允许外资机构在华开展信用评级业务时，可以对银行间债券市场和交易所债券市场的所有种类债券评级。

（2）鼓励境外金融机构参与设立、投资入股商业银行理财子公司。

（3）允许境外资产管理机构与中资银行或保险公司的子公司合资设立由外方控股的理财公司。

（4）允许境外金融机构投资设立、参股养老金管理公司。

（5）支持外资全资设立或参股货币经纪公司。

（6）人身险公司外资股比限制从 51%提高至 100%的过渡期，由原定 2021 年提前到 2020 年。

（7）取消境内保险公司合计持有保险资产管理公司的股份不得低于 75%的规定，允许境外投资者持有股份超过 25%。

（8）放宽外资保险公司准入条件，取消 30 年经营年限要求。

（9）将原定于 2021 年取消证券公司、基金管理公司和期货公司外资股比限制的时点提前到 2020 年。

（10）允许外资机构获得银行间债券市场 A 类主承销牌照。

（11）进一步便利境外机构投资者投资银行间债券市场。

2020 年 5 月 27 日，国务院金融稳定发展委员会办公室对外发布《国务院金融稳定发展委员会 11 条金融改革措施》。根据国务院金融稳定发展委员会统一部署，国家发展改革委、财政部、中国人民银行、中国银保监会、中国证监会、国家外汇管理局等国务院金融稳定发展委员会成员单位，在深入研究基础上，按照“成熟一项推出一项”原则，将陆续推出以下11条金融改革措施。

（1）出台《商业银行小微企业金融服务监管评价办法》。

（2）出台《中小银行深化改革和补充资本工作方案》，制定《农村信用社深化改革实施意见》。

（3）出台《政府性融资担保、再担保机构行业绩效评价指引》。

（4）出台《创业板首次公开发行股票注册管理办法（试行）》等四部规章。发布《创业板股票上市规则》等八项主要规则。

（5）出台《关于全国中小企业股份转让系统挂牌公司转板上市的指导意见》。

（6）出台《标准化票据管理办法》。

（7）发布《标准化债权类资产认定规则》。

（8）发布《外国政府类机构和国际开发机构债券业务指引》。

（9）推动信用评级行业进一步对内对外开放，允许符合条件的国际评级机构和民营评级机构在我国开展债券信用评级业务，鼓励境内评级机构积极拓宽国际业务。

（10）引导注册会计师行业规范有序发展，督导会计师事务所完善质量控制体系，制定调整会计师事务所执业管理、切实提高审计质量的实施方案，完善会计师事务所管理格局。出台会计师事务所从事证券服务业务备案管理办法，取消会计师事务所从事证券服务业务资质审批。

（11）出台《加强金融违法行为行政处罚的意见》。

（三）国务院金融稳定发展委员会历次主要会议

2017年11月8日，国务院金融稳定发展委员会主任马凯在第一次会议上强调，金融系统要把认真学习和全面贯彻党的十九大精神作为当前和今后一个时期的首要政治任务，有力推动党的路线方针政策在金融领域得到不折不扣地贯彻落实，全面落实党中央、国务院的决策部署。会议讨论通过了国务院金融稳定发展委员会近期工作要点，强调要继续坚持稳中求进的工作总基调，坚持稳健货币政策，强化金融监管协调，提高统筹防范风险能力，更好地促进金融服务实体经济，更好地保障国家金融安全，更好地维护金融消费者合法权益。

2018年7月2日，新一届国务院金融稳定发展委员会成立并召开会议，研究部署打好防范化解重大风险攻坚战等相关工作。国务院副总理、国务院金融稳定发展委员会主任刘鹤主持会议，国务院金融稳定发展委员会副主任兼办公室主任易纲作了汇报，国务院金融稳定发展委员会副主任、国务院金融稳定发展委员会成员以及协作单位成员参会。会议分析了当前经济金融形势和金融运行情况，审议了国务院金融稳定发展委员会办公室提出的打好防范化解重大风险攻坚战三年行动方案，研究了推进金融改革开放、保持货币政策稳健中性、维护金融市场流动性合理充裕、把握好监管工作节奏和力度、发挥好市场机制在资源配置中的决定性作用等重点工作，部署了近期主要任务。

2020 年 10 月 31 日，国务院金融稳定发展委员会召开专题会议，传达学习党的十九届五中全会精神，研究部署金融系统贯彻落实工作。会议由中共中央政治局委员、国务院副总理、国务院金融稳定发展委员会主任刘鹤主持，国务院金融稳定发展委员会有关成员单位负责同志参加会议。会议指出，当前金融科技与金融创新快速发展，必须处理好金融发展、金融稳定和金融安全的关系。要落实五中全会精神，坚持市场化、法治化、国际化原则，尊重国际共识和规则，正确处理好政府与市场的关系。既要鼓励创新、弘扬企业家精神，也要加强监管，依法将金融活动全面纳入监管，有效防范风险。监管部门要认真做好工作，对同类业务、同类主体一视同仁。要监督市场主体依法合规经营，遵守监管规则，完善公司治理，履行社会责任。要增强业务信息披露全面性和透明度，保护金融消费者合法权益，加强投资者教育。要督促上市公司规范使用募集资金，依法披露资金用途。要健全公平竞争审查机制，加强反垄断和反不正当竞争执法司法，提升市场综合监管能力。要建立数据资源产权、交易流通等基础制度和标准规范，加强个人信息保护。

2021 年 4 月 8 日，国务院金融稳定发展委员会召开第五十次会议，研究加强地方金融机构微观治理和金融监管等工作。会议由中共中央政治局委员、国务院副总理、国务院金融稳定发展委员会主任刘鹤主持，国务院金融稳定发展委员会成员单位有关负责同志参加会议。会议要求，以优化金融供给侧体系为目标，坚持问题导向，标本兼治，深化改革，加强监管，促进微观治理机制见效、地区金融生态改善。具体来说：第一，把握定位，优化结构；第二，强化监管，提升质效；第三，健全治理，规范经营；第四，完善法治，增强活力。

本章根据中国政府网（https://www.gov.cn）公布的公开信息，整理了国务院金融稳定发展委员会自设立以来各次主要会议情况，详见附录 2-4-1。

二、国务院金融稳定发展委员会治理定义

国务院金融稳定发展委员会的建立是金融体系法治化的需求，其行政议事惯例是在议事规则和行政惯例基础上发展起来的。国务院金融稳定发展委员会作为议事协调机构，在开展议事的过程中，形成相应的行政议事惯例，使行政议事程序以惯例的形式进入规范化运行轨道。在机遇与挑战并存的新时代，国务院金融稳定发展委员会在形成行政议事惯例的过程中，还需以成文法的形式固定部分核心惯例，实现从惯例到文本的飞跃，从而在实践中不断深入推进国务院金融稳定发展委员会履职，并探索建立地方金融监管协调机构（纪凯钟，2019）。

国务院金融稳定发展委员会治理是指为了更好地统筹协调监管、防范金融风险、促进金融业健康发展，所构建的关于国务院金融稳定发展委员会内外部重要制度安排的总称。国务院金融稳定发展委员会内部治理制度安排包括机构职责确定、人员配置、机构设置、问责机制等，外部治理制度安排包括国务院领导、地方协调机制等。

关于地方协调机制，国务院金融稳定发展委员会办公室 2020 年 1 月印发《国务院金融稳定发展委员会办公室关于建立地方协调机制的意见》（金融委办发〔2020〕1 号），指出将在各省（区、市）建立国务院金融稳定发展委员会办公室地方协调机制，加强中央和地方在金融监管、风险处置、信息共享和消费者权益保护等方面的协作。国务院金融稳定发展委员会办公室地方协调机制设在中国人民银行省级分支机构，由其主要负责同志担任召集人，中国银保监会、中国证监会、国家外汇管理局省级派出机构、省级地方金融监管部门主要负责同志以及省级发展改革部门、财政部门负责同志为成员。国务院金融稳定发展委员会办公室地方协调机制接受国务院金融稳定发展委员会办公室的领导，定位于指导和协调，不改变各部门职责划分，不改变中央和地方事权[①]安排，主要通过加强统筹协调，推动落实党中央、国务院及国务院金融稳定发展委员会有关部署，强化金融监管协调，促进区域金融改革发展和稳定，推动金融信息共享，协调做好金融

---

① 事权一般是指政府或政府机构在公共事务和服务中应承担的任务和职责。

消费者保护工作和金融生态环境建设。2020 年 3 月 12 日，中国人民银行兰州中心支行牵头召开“国务院金融委办公室地方协调机制（甘肃省）”成立大会暨第一次工作例会，中央在甘肃省及地方金融监管部门、省发展改革委、省财政厅负责人参会（边永平，2020）。2021 年，根据党中央、国务院决策部署，在国务院金融稳定发展委员会的统筹指挥下，落实国务院金融稳定发展委员会办公室的具体要求，国务院金融稳定发展委员会办公室地方协调机制在服务实体经济、防控金融风险、支持金融改革等方面发挥了积极作用（刘博，2022）。

按照《金融稳定法（草案征求意见稿）》、国家金融稳定发展统筹协调机制对重大金融风险形成、扩大、蔓延或者处置不当负有直接责任的地方、部门以及有关单位和个人，可以采取约谈、内部通报、责令做出书面检查等措施予以问责。问责办法由国家金融稳定发展统筹协调机制制定。国家金融稳定发展统筹协调机制成员单位、地方人民政府、存款保险基金管理机构、行业保障基金管理机构及其工作人员有下列情形之一的，视具体情形对责任人员依法依规予以处理处分；构成犯罪的，依法追究刑事责任：（1）滥用职权或者玩忽职守，造成重大金融风险或者重大金融风险隐患的；（2）违反规定干预金融机构经营，对重大金融风险形成负有直接责任的；（3）不积极主动化解风险，未及时实施处置措施，贻误时机导致风险蔓延的；（4）在风险处置过程中推诿塞责、不落实处置工作部署或者落实不到位的；（5）违反规定泄露保密信息，或者散布不当言论、误导信息，引发严重负面舆情或者市场风险的；（6）其他失职渎职的情形。

第二节　中国人民银行治理

一、中国人民银行简介

中国人民银行（The People’s Bank of China，PBOC），是中华人民共和国的中央银行，简称我国的中央银行或央行，为国务院组成部门。中国人民银行在国务院领导下，制定和执行货币政策，防范和化解金融风险，维护金融稳定。中国人民银行组织结构详见附录 2-4-2，中国人民银行分支机构名录详见附录 2-1-1。

1948 年 12 月 1 日，在河北省石家庄市，华北银行、北海银行、西北农民银行合并组成中国人民银行。1983 年 9 月，国务院决定由中国人民银行专门行使中国国家中央银行职能。1995 年 3 月 18 日，第八届全国人民代表大会第三次会议通过了《中华人民共和国中国人民银行法》（中华人民共和国主席令第 46 号），至此，中国人民银行作为中央银行以法律形式被确定下来。

根据《中华人民共和国中国人民银行法》（中华人民共和国主席令第 46 号）的规定，中国人民银行在国务院的领导下依法独立执行货币政策，履行职责，开展业务，不受地方政府、社会团体和个人的干涉。

二、中国人民银行治理相关法律法规梳理

关于中国人民银行治理的法律法规主要针对其内部治理和外部治理两个方面进行了细致规定。通过梳理法律法规，可以发现大部分规定集中在内部治理方面，在外部治理方面的规定相对较少。中国人民银行治理的主要法律法规文件列表详见附录 2-3-1。

《中华人民共和国中国人民银行法（2003 年修正）》（中华人民共和国主席令第 12 号）规定：中国人民银行设行长一人。副行长若干人。中国人民银行行长的人选，根据国务院总理的提名，由全国人民代表大会决定；全国人民代表大会闭会期间，由全国人民代表大会常务委员会决定，由中华人民共和国主席任免。中国人民银行副行长由国务院总理任免。中国人民银行的行长、副行长及其他工作人员不得在任何金融机构、企业、基金会兼职。该法规定，中国人民银行根据履行职责的需要设立分支机构，作为中国人民银行的派出机构；中国人民银行对分支机构实行统一领导和管理；中国人民银行的分支机构根据中国人民银行的授权，维护本辖区的金融稳定，承办有关业务。该法还明确了中国人民银行职责和处罚方式。2022 年 6 月 1 日起施行的《中国人民银行行政处罚程序规定》（中国人民银行令〔2022〕第 3 号）规范了中国人民银行及其分支机构的行政处罚行为以及违规处理办法。

三、中国人民银行治理定义

中国人民银行治理问题受到学者的关注。王建国、张安山和高煜（1997）指出，监督中央银行的外部环境主要包括体制环境、专业银行环境、政府环境、财政环境、社会环境几方面。中国人民银行研究局（1999）关注了中国人民银行管理体制的重大改革。周学东（2012）认为，通过内部审计来加强中国人民银行治理的方法主要有建立以治理为导向的审计模式、深化和完善中国人民银行内部审

计的类型、改进审计手段来提高中国人民银行治理效率。林璟（2013）认为，明确识别风险和判断控制有效性的主要事项是促进治理结构形成和有效运行的重要手段，在治理中发挥着重要作用。程福垒（2016）认为，内部审计作为中国人民银行治理的重要机制和手段，能够从中国人民银行治理主体架构的四个方面发挥作用。陈新钱（2017）认为，中国人民银行内部审计对治理存在推动作用。

本章认为中国人民银行治理（The People's Bank of China governance）是基于现有监管格局，为了保证中国人民银行明确其职责，制定和执行货币政策，防范和化解金融风险，维护金融稳定所构建的一系列重要制度安排，主要分为内部治理与外部治理两个方面和治理结构与治理机制两个层面。根据中国人民银行机构组成，中国人民银行治理包括货币政策委员会[①]治理、中国人民银行机关治理、中国人民银行直属机构治理、中国人民银行分支机构治理等。

中国人民银行内部治理主要是指中国人民银行治理结构与相关治理制度安排。中国人民银行治理结构由行长、副行长、中央纪委国家监委驻中国人民银行纪检监察组、内审司等组成。内部治理制度安排主要包括对内设部门和分支机构的职责规定、人员配置、内部审计、监督管理等，以保证中国人民银行有效履行其职责。

中国人民银行外部治理主要包括外部监督、信息披露等。外部监督主要是指来自国务院及其下属机构（如国务院金融稳定发展委员会）和中央纪委国家监委驻中国人民银行纪检监察组等主体的领导、指导和监督，以及来自新闻媒体、社会公众的监督等。信息披露主要是指中国人民银行及其分支机构政府信息公开，包括政府信息公开指南、政府信息公开制度、法定主动公开内容、政府信息公开年报等。

第三节　中国银保监会治理

一、中国银保监会简介

中国银行保险监督管理委员会（China Banking and Insurance Regulatory Commission，CBIRC），简称中国银保监会或银保监会。

---

① 根据《中华人民共和国中国人民银行法》和《中国人民银行货币政策委员会条例》（中华人民共和国国务院令第 215 号），经国务院批准，中国人民银行货币政策委员会于 1997 年 7 月成立。中国人民银行货币政策委员会是中国人民银行制定货币政策的咨询议事机构。

中国银保监会是国务院直属事业单位。2018年4月8日，中国银行业监督管理委员会（简称中国银监会或原中国银监会）和中国保险监督管理委员会（简称中国保监会或原中国保监会）合并，中国银行保险监督管理委员会正式挂牌。其主要职责是依照法律法规统一监督管理银行业和保险业，维护银行业和保险业合法、稳健运行，防范和化解金融风险，保护金融消费者合法权益，维护金融稳定。

中国银保监会设主席1名，副主席4名，司局级领导职数107名（含机关党委专职副书记1名，机关纪委书记1名，首席风险官、首席检察官、首席律师和首席会计师各1名）。

中国银保监会内设机构包括办公厅（党委办公室）、政策研究局、法规部、统计信息与风险监测部、财务会计部（偿付能力监管部）、普惠金融部、公司治理监管部、银行机构检查局、非银行机构检查局、重大风险事件与案件处置局（银行业与保险业安全保卫局）、创新业务监管部、消费者权益保护局、打击非法金融活动局、政策性银行监管部、国有控股大型商业银行监管部、全国性股份制商业银行监管部、城市商业银行监管部、农村中小银行机构监管部、国际合作与外资机构监管部（港澳台办公室）、财产保险监管部（再保险监管部）、人身保险监管部、保险中介监管部、保险资金运用监管部、信托监管部、其他非银行金融机构监管部、人事部（党委组织部）和机关党委（党委宣传部），共27个部门。

截至2022年5月20日，中国银保监会派出机构包括北京监管局、天津监管局、河北监管局等36个。中国银保监会派出机构名录详见附录2-1-2，中国银保监会组织结构详见附录2-4-3。

二、中国银保监会治理相关法律法规梳理

中国银保监会治理的法律法规涉及职责范围、组织结构、监督制度等方面。中国银保监会治理主要法律法规文件列表详见附录2-3-2。

在中国银保监会内部治理方面，《中国银保监会办公厅关于授权派出机构实施部分行政许可事项的通知》（银保监办发〔2019〕69号）对中国银保监会派出机构的职责和监管范围做出了规定。《中国银保监会关于印发派出机构规范性文件备案审查办法的通知》（银保监发〔2021〕40号）对规范性文件备案审查工作原则、备案范围、审查标准、处理方式、报告与监督等方面作了规范，全面提升规范性文件备案审查的科学化、规范化、法治化水平。《中国银保监会行政处罚

办法》(中国银保监会令 2020 年第 8 号),规范了机构改革后银行业和保险业的行政处罚程序。为进一步强化人身保险监管工作,统筹监管资源,提升监管效能,推动简政放权,中国银保监会于 2021 年 1 月 8 日发布了《人身保险公司监管主体职责改革方案》(银保监发〔2021〕1 号)。

在中国银保监会外部治理方面,《中国人民银行、中国银行保险监督管理委员会、中国证券监督管理委员会关于加强非金融企业投资金融机构监管的指导意见》(银发〔2018〕107 号)指出,在国务院金融稳定发展委员会指导和协调下,中国人民银行、金融监督管理部门与发展改革部门、财政部门、企业国有资产管理部门等之间应加强协作与配合,强化信息共享,提高监管实效。《国务院办公厅秘书局关于印发政府网站与政务新媒体检查指标、监管工作年度考核指标的通知》(国办秘函〔2019〕19 号)要求中国银保监会进一步加强网站日常管理和升级维护工作,持续做好网站运行情况跟踪监测。

三、中国银保监会治理定义

有部分学者尝试研究中国银保监会治理问题。石海平(2003)指出,依法立会是中国银监会成立以来贯穿各项工作的一条清晰的线索,体现出依法治理是国务院直属事业单位治理的一大特色。陶娅洁(2018)指出,中国银保监会、原中国银监会和原中国保监会同属国务院直属事业单位,遵循相同的治理模式。《银行家》2019 年第 1 期刊发《郭树清:开创银保监会工作新局面》的文章指出,与此前分业监管时的派出机构体系相比,正在进行中的中国银保监会机构改革的一个重大变化是,除设立省、市两级银保监局外,将在大部分县设置监管办,以弥补监管空白,处置基层金融乱象和整治微观风险。

本章认为中国银保监会治理(China Banking and Insurance Regulatory Commission governance)是指为规范中国银保监会监督行为,持续推进依法监管,优化监管流程,提高监管质效,实现政府职能转变,从而促进我国银行业和保险业健康发展,保护金融消费者的利益而建立的一系列正式或非正式、内部或外部的治理制度安排,包括内部治理与外部治理两个方面和治理结构与治理机制两个层面。根据中国银保监会机构组成,中国银保监会治理包括偿付能力监管专家咨询委员会等委员会治理、中国银保监会机关治理、中国银保监会所属事业单位治理、中国银保监会派出机构治理等。

中国银保监会内部治理主要是指中国银保监会治理结构与相关治理制度安排。中国银保监会的治理结构由主席、副主席、首席风险官、首席会计师、首席检察官、中央纪委国家监委驻中国银保监会纪检监察组[①]等组成。内部治理制度安排主要包括对内设机构、所属事业单位和派出机构的职责规定、人员配置、监督管理等，以保证中国银保监会规范有效地履行其职责。

中国银保监会外部治理主要包括外部监督、信息披露等。外部监督主要是指来自人大、政协、国务院及其下属机构（如国务院金融稳定发展委员会）和中央纪委国家监委驻中国银保监会纪检监察组等主体的领导、指导和监督，以及来自新闻媒体、社会公众的监督，以规范中国银保监会的监管行为。信息披露主要是指中国银保监会及其派出机构政府信息公开，包括政府信息公开指南、政府信息公开制度、法定主动公开内容、政府信息公开年报、依申请公开等。

中国银保监会作为国务院直属事业单位，其治理存在特殊性。中国银保监会受国务院的领导，接受人大、政协监督以及司法监督，严格遵循依法治理，治理层次较分明，治理行为较规范。中国银保监会具备行政型治理的特点，资源配置行政化，人事任命行政化，中国银保监会本部及其派出机构中的工作人员属于机关事业编制。通过政务公开接受群众的监督也是其治理的一大特点。

第四节　中国证监会治理

一、中国证监会简介

中国证券监督管理委员会（China's Securities Regulatory Commission，CSRC），简称中国证监会或证监会，为国务院直属事业单位，成立于1992年10月26日，是全国证券期货市场的主管部门，按照国务院授权履行行政管理职能，依照法律、法规对全国证券、期货业进行集中统一监管，维护证券市场秩序，保障其合法运行。

中国证监会设在北京，现设主席1名，副主席4名，驻中国证监会纪检监察组组长1名；内部设20个职能部门，1个稽查总队，3个中心。根据《中华人民共和国证券法（2019年修订）》（中华人民共和国主席令第37号）规定，中国证

① 纪检监察指的是中国共产党的纪律检察机关和政府的监察部门行使的两种职能。纪检监察组是履行纪检监察相关职能的小组。

监会设有股票发行审核委员会，委员由中国证监会专业人员和所聘请的会外有关专家担任。中国证监会在省、自治区、直辖市和计划单列市设立36个证券监管局，并在上海和深圳设立证券监管专员办事处。截至2022年5月20日，中国证监会派出机构共有38个，派出机构名录详见附录2-1-3，中国证监会组织结构详见附录2-4-4。

二、中国证监会治理相关法律法规梳理

关于中国证监会治理的法律法规主要针对其内部治理和外部治理两个方面进行了细致规定。经过对法律法规的梳理后发现，更多规定内容集中在内部治理结构方面，对内部治理机制以及外部治理方面的规定则相对较少。中国证监会治理主要法律法规文件列表详见附录2-3-3。

在中国证监会内部治理方面，相关法律法规规定涵盖两个方面：一个是内部治理结构，另一个是内部治理制度。《中国证券监督管理委员会关于修改〈中国证券监督管理委员会发行审核委员会办法〉的决定（2009）》（中国证监会令第62号）规定中国证监会设立主板市场发行审核委员会、创业板市场发行审核委员会和上市公司并购重组审核委员会。《行政处罚委员会组织规则（2021修改）》（中国证监会公告〔2021〕6号）规定中国证监会设立行政处罚委员会，对按规定接收的案件提出专业审理意见，对行政处罚决定进行法制审核，由中国证监会做出行政处罚决定。《中国证券监督管理委员会工作人员守则》（证监〔1993〕60号）规定了中国证监会本部和其派出机构中工作的所有正式、非正式工作人员和兼职人员在履行职责过程中所应遵循的准则以及违规处理办法。《证券交易所管理办法（2021年修订）》（中国证监会令第192号）加强了对投资者合法权益的保护。

在中国证监会外部治理方面，《证券法》规定，国家审计机关依法对证券交易场所、证券公司、证券登记结算机构、证券监督管理机构进行审计监督。

三、中国证监会治理定义

有学者针对中国证监会内部治理和外部治理问题展开探讨。周龙、乔引华和韦佳（2001）认为，中国证监会是国务院直属副部级单位，不是国务院部委或总局级单位，加之现行组织结构的限制，监管的权威和效力无法充分发挥。吴越和

马洪雨（2008）认为，中国证监会监管权定位不合理，未将对违法行为的查处定位为其工作的重点。王建文（2009）认为，我国应强化中国证监会的独立地位，使其得以拥有区别于一般行政机关的独立职权及运作方式。缪若冰（2020）认为，要解决中国证监会面临的结构性挑战，必须去行政化，而这又涉及制度环境的改革。

本章认为中国证监会治理（China's Securities Regulatory Commission governance）是指为规范中国证监会监督行为，建立健全证券监管工作制度，从而保护广大投资者的利益，促进我国证券市场健康发展而建立一系列正式或非正式、内部或外部的治理制度安排，包括内部治理与外部治理两个方面和治理结构与治理机制两个层面。根据中国证监会机构组成，中国证监会治理包括股票发行审核委员会[①]治理、中国证监会机关治理、中国证监会直属事业单位治理、中国证监会派出机构治理等。

中国证监会内部治理主要是指中国证监会治理结构与相关治理制度安排。中国证监会治理结构由主席、副主席、中央纪委国家监委驻中国证监会纪检监察组等组成。内部治理制度安排主要包括对内部职能部门、直属事业单位和派出机构的职责规定、人员配置、监督管理等，以有效发挥中国证监会的职能。

中国证监会外部治理主要包括外部监督、信息披露等。外部监督主要是指来自国务院及其下属机构（如国务院金融稳定发展委员会）和中央纪委国家监委驻中国证监会纪检监察组等主体的领导、指导和监督以及来自新闻媒体、社会公众的监督，以规范中国证监会的监管行为。信息披露主要是指中国证监会及其派出机构政府信息公开，包括政府信息公开指南、政府信息公开制度、法定主动公开内容、政府信息公开年报、依申请公开等。

中国证监会治理存在特殊性，属于典型的行政型治理，治理层次较分明，资源配置行政化，人事任命行政化，中国证监会本部和其派出机构中工作的所有正式、非正式工作人员和兼职人员都纳入政府的行政编制。

① 根据《证券法》，国务院证券监督管理机构设发行审核委员会，依法审核股票发行申请。发行审核委员会由国务院证券监督管理机构的专业人员和所聘请的该机构外的有关专家组成，以投票方式对股票发行申请进行表决，提出审核意见。发行审核委员会的具体组成办法、组成人员任期、工作程序，由国务院证券监督管理机构规定。

第五节　国家外汇管理局治理

一、国家外汇管理局简介

国家外汇管理局（State Administration of Foreign Exchange，SAFE），是中国人民银行管理的国家局，对外汇收支、买卖、借贷、转移以及国际间的结算、外汇汇率和外汇市场等实行管制，组建于 1979 年 3 月 13 日，总局设在北京，简称国家外管局或国家外汇局。

国家外汇管理局，内设综合司（政策法规司）、国际收支司、经常项目管理司、资本项目管理司、管理检查司、储备管理司、人事司（内审司）、科技司 8 个职能司（副司局级）和机关党委。设置中央外汇业务中心、外汇业务数据监测中心、机关服务中心和《中国外汇》杂志社（外汇研究中心）4 个事业单位。国家外汇管理局在各省、自治区、直辖市、部分副省级城市设立 36 个分局（其中 2 个外汇管理部），在部分地（市）设立中心支局共 309 家，在部分县（市）设立支局共 517 家。国家外汇管理局分支机构与当地中国人民银行分支机构合署办公。截至 2022 年 5 月 20 日，国家外汇管理局派出机构共有 36 个，国家外汇管理局派出机构名录详见附录 2-1-4，国家外汇管理局组织机构及其职能简介详见附录 2-4-5。

二、国家外汇管理局治理相关法律法规梳理

国家外汇管理局治理的法律法规针对内部治理和外部治理两个方面进行了细致规定。国家外汇管理局治理主要法律法规文件列表详见附录 2-3-4。

国家外汇管理局主要通过内部审计的方式进行内部治理。《国家外汇管理局工作人员履行职责监督暂行办法》（汇人发〔2001〕3 号）规定：国家外汇管理局内审部门，在局长的领导下，依照本办法，独立实施对国家外汇管理局工作人员履行职责的监督；特殊情况，经局长批准，可抽调有关人员或借助社会中介机构力量。《国家外汇管理局内审工作暂行办法》（汇综发〔2001〕71 号）规定：国家外汇管理局内审部门，在局长领导下，负责组织或参与国家外汇管理局系统的内审工作；国家外汇管理局分支机构有关部门协助开展本辖区的内审工作。

在国家外汇管理局外部治理方面，《国家外汇管理局职能配置、内设机构和

人员编制方案》(国办发〔1998〕6号)明确了国家外汇管理局是中国人民银行管理的依法进行外汇管理的行政机构，规定了国家外汇管理局的主要职能、职责、内设机构及其人员编制。《外汇管理条例(2008年修订)》(中华人民共和国国务院令第532号)规定：国务院外汇管理部门为履行外汇管理职责，可以从国务院有关部门、机构获取所必需的信息，国务院有关部门、机构应当提供相应信息。同时国务院外汇管理部门应当向国务院有关部门、机构通报外汇管理工作情况。《国家外汇管理局行政复议程序》(国家外汇管理局公告2020年第2号)规定：对国家外汇管理局做出的具体行政行为不服的，向国家外汇管理局申请行政复议；对国家外汇管理局行政复议决定不服的，可以依法向人民法院提起行政诉讼，也可以向国务院申请最终裁决。

三、国家外汇管理局治理定义

有学者尝试研究国家外汇管理局治理问题。吴涛(2016)认为，外汇局存在的问题包括内部审计独立性不够、内部审计后续工作重视不足、内部审计方法和评价标准有待规范等，并相应提出提高内部审计的独立性和客观性、强化内部审计成果的利用转化等建议。刘赛英(2019)认为，基层外汇局在审计过程中仍存在诸如缺少专门的审计程序制度、缺乏指导性审计计划、审计工作底稿不规范、审计事实确认不严谨、后续审计不到位等问题，并基于这些问题提出了制定专门的外汇局审计操作程序等建议。

本章认为国家外汇管理局治理(State Administration of Foreign Exchange governance)是指为了保证国家外汇管理局合法合规、健康有序地进行外汇管理而设计的一系列治理制度安排，并包括内部治理与外部治理两个方面和治理结构与治理机制两个层面。根据国家外汇管理局机构组成，国家外汇管理局治理包括国家外汇管理局机关治理、国家外汇管理局事业单位治理、国家外汇管理局分支机构治理等。

国家外汇管理局内部治理主要是指国家外汇管理局治理结构与相关内部治理制度安排。国家外汇管理局治理结构主要包括局长、副局长、内审司等。内部治理制度安排主要是指通过设立内部审计制度对国家外汇管理局各职能部门、分支机构、局属事业单位及其工作人员依法履行公务的情况进行监督。

国家外汇管理局外部治理主要包括外部监督、信息披露等。外部监督主要是指来自国务院及其下属机构（如国务院金融稳定发展委员会）和中国人民银行等主体的领导、指导和监督以及来自新闻媒体、社会公众的监督，以保证国家外汇管理局工作人员依法、公正、廉洁、有效地履行职责。信息披露主要是指国家外汇管理局及其分支机构政府信息公开，包括政府信息公开指南、政府信息公开制度、法定主动公开内容、政府信息公开年报、依申请公开等。

第六节　地方金融监督管理局治理

一、地方金融监督管理局简介

（一）我国地方金融监管机构概述

本章前五节分析的是我国中央层面的金融监管机构治理，本节重点关注地方层面的金融监管机构治理。地方金融监管机构（local financial supervision and administration institution）是一个大概念，在不同时期所指代的具体机构随着我国金融监管体制或者模式的变化而不同。伴随我国金融监管体制的变化，地方金融监管机构有金融办公室（简称金融办）、地方金融局（简称金融局）、地方金融工作局（简称金融工作局）、地方金融发展局（简称金融发展局）、地方金融服务中心（简称金融服务中心）、地方金融监督管理局（简称金融监管局）等。

根据企查查网站（https://www.qcc.com）检索的数据，截至 2022 年 5 月 31 日，我国登记状态为存续或在业的地方金融办公室共有 928 家，具体名录详见附录 2-1-5；我国登记状态为存续或在业的地方金融局共有 60 家，具体名录详见附录 2-1-6；我国登记状态为存续或在业的地方金融工作局共有 200 家，具体名录详见附录 2-1-7；我国登记状态为存续或在业的地方金融发展局共有 48 家，具体名录详见附录 2-1-8；我国登记状态为存续或在业的地方金融服务中心共有 1005 家，具体名录详见附录 2-1-9；我国登记状态为存续或在业的地方金融监督管理局共有 337 家，具体名录详见附录 2-1-10。本手册对北京市、上海市、天津市和深圳市的地方金融监督管理局进行了介绍，详见附录 2-2-1 至附录 2-2-4。

（二）我国金融监管体制：从单层到双层

1983 年 9 月，国务院下发《关于中国人民银行专门行使中央银行职能的决定》（国发〔1983〕146 号），确立了中国人民银行对各专业银行和其他金融机构进行统一监督与管理的集权式金融管理体制，并明确规定，只有中国人民银行各支行具有监管地方金融机构的权限。在20世纪80年代“放权让利”改革的大背景下，中国人民银行授予地方政府对地方性金融机构的审批权。同时，由于中国人民银行各支行易受到地方政府影响，而且各支行监管经验存在一定不足，一些地方政府在很大程度上实际获得了地方金融监管的权力（宁子昂，2018）。为促进地方经济的发展，地方政府更重视对金融资源的获取，忽视了对地方金融机构的监管。1993年国务院颁布《关于金融体制改革的决定》(国发〔1993〕91号)，进一步明确中国人民银行的金融监管地位。为减少地方政府的干预，中国人民银行将其地方分支机构的多项权力回收总行。总体上来说，2008年之前我国金融监管是属于典型的集中或者集权模式。需要说明的是，我国早期地方金融监管机构主要是金融办，我国最早的金融办于2002年左右出现在上海和北京，之后，金融办如雨后春笋般迅速在全国各地相继设立（马向荣，2014）。金融办最初定性为协调中央和地方监管之间的议事协调机构，主要提供事务性和服务性工作。由于多数金融办部门性质为政府办公厅的挂靠机构，权力和人员编制上均存在不足（王冲，2017）。

2008年以来，国家逐步允许各地政府试点批设地方性金融机构开展业务，国务院、中国人民银行、原中国银监会等部门先后发布文件授权各省级政府对此类机构进行设立审批、日常监管和风险处置，这是中央首次打破集中监管模式，将部分金融监管权下放给地方政府。不过，这些文件同时规定，国务院有关部门负责制订政策、指导省级政府部门进行监管，因此地方政府并不具备独立监管权，而是在中央的领导下进行监管（宁子昂，2018）。同时，各地早期成立的金融办于2008年政府机构改革时开始成为独立的机构，机构职能、部门设置和人员编制得到补充，并逐渐承担地方政府赋予的有限的金融监管权限。据《中国经济周刊》统计，到2011年年底，我国已有31个省级政府成立了金融办，在222个地级以上城市成立了金融办，很多县级政府也成立了相应机构。虽然此时我国还未建立起统一的制度规范地方金融办的活动，也没有具体的法律法规对其法律地位做出明确规定，但除承担金融服务、协调、融资等职能外，地方金融办实质上已成为地方政府对当地金融市场进行监管的重要机构，全国各省、市、县均有设立。2010年后，中央政府、国务院各部委逐渐通过各种规范性文件提出要明确地方金融监管职责和界定央地金融监管权限。2014 年 8 月，《国务院关于界定中央和地方金融监管职责和风险处置责任的意见》（国发〔2014〕30 号）进一步确立中央和地方分级监管，提出完善中央和地方金融监管工作协调机制的要求，明晰地方政府要承担对部分金融活动的监管职责。为明确地方金融监管权限，2013 年以来多省市先后出台有关建立健全地方金融监管体系的规范性文件。山东省于 2016 年颁布全国首部关于地方金融监管的地方性法规《山东省地方金融条例》（山东省人民代表大会常务委员会公告第 129 号），明确划分了地方金融监管的范畴，并授权县级以上人民政府依照属地原则，对地方金融组织及相关活动进行监督管理。综上，我国在 2008—2016 年期间初步建立了央地双层金融监管体制。

近年来，地方金融风险事件频频发生，对我国金融稳定构成较大威胁。对于这些发生于主流金融体系之外的地方金融风险和金融乱象，中央金融监管部门一直处于鞭长莫及的状态。虽然中国人民银行、中国银保监会和中国证监会（也称为“一行二会”）也有地方分支机构，但要让他们在负责监管传统金融机构之外，再分出精力来监管其他非持牌金融机构或各种类金融机构，也是心有余而力不足。地方政府如何发挥金融监管职能、防范金融风险的发生变得至关重要。与此同时，原来各地成立的金融办，本意是促进各地的金融行业的发展，但是缺少监管能力和力量。2017 年 7 月 14 日至 15 日，第五次全国金融工作会议召开，会议对如何全面推进地方金融监管体制改革指明了方向，提出中央金融管理部门制定统一的监管规则并指导实施，地方在监管职责范围内制定具体实施细则和操作办法，强化属地风险处置责任。根据会议精神，国务院成立金融稳定发展委员会，由其负责指导地方金融改革发展与监管，对金融管理部门和地方政府进行业务监督和履职问责等。同时明确地方政府监管的对象包括“7+4”类地方金融组织，地方金融办纷纷升级为金融监督管理局，并将综合职能向监督管理和风险处置职能转变。这也意味着，地方政府被正式纳入整个中国金融监管体系中，地方金融管理部门也因此与“一行两会”地方分支机构形成互补。至此，我国中央为主、地方为辅的双层金融监管体制正式确立，地方金融监督管理局成为我国地方金融监管的主要机构。

（三）地方金融监督管理局的设立

我国地方金融监督管理局在 2018 年中国银保监会成立之前多采用地方金融

工作部门加挂地方金融监督管理局的做法，即“两块牌子，一套班子”。地方金融监督管理局的雏形是2011年11月温州市在全国范围内率先成立的地方金融监管服务中心，并归口温州市政府金融工作办公室管理，而后依据《关于进一步深化温州金融综合改革试验区建设的意见》(也被称为“温州金改12条”)其中的“(十一)完善地方金融管理体制，防止出现监管真空，防范系统性风险和区域性风险”的规定，“温州市地方金融监管服务中心”更名为“温州市地方金融管理局”，但更名后的“温州地方金融管理局”依旧为承担行政职能的事业单位，并归口温州市政府金融工作办公室管理。

在全国推行地方金融工作部门加挂地方金融监督管理局牌子之前，山东省人民政府于2013年8月7日出台《关于加快全省金融改革发展的若干意见》(鲁政发〔2013〕17号)，该意见通称“山东金改22条”，提出：“建立健全地方金融监管体制……现阶段，各级金融办同时承担区域性金融机构的监督管理职责。”2013年12月4日山东省人民政府发布《关于建立健全地方金融监管体制的意见》(鲁政发〔2013〕28号)明确，“县级以上人民政府均单独设置金融工作办公室，挂地方金融监督管理局牌子”，并且截至2015年5月，“全省17个市、137个县(市、区)已全部独立设置金融工作机构，并加挂地方金融监督管理局牌子，承担地方金融监管职责。”山东省金融工作办公室也根据《山东省人民政府办公厅关于印发山东省金融工作办公室(山东省地方金融监督管理局)主要职责内设机构和人员编制规定的通知》(鲁政办发〔2017〕13号)的规定，加挂山东省地方金融监督管理局牌子，作为山东省人民政府的政府直属机构，履行地方金融监管职责。除了山东省，河北省、河南省等地也较早地在省金融办加挂了省地方金融监督管理局的牌子。

2017年9月，江苏省印发《江苏省省级承担行政职能事业单位改革实施方案》(苏办发〔2017〕45号)，其中提到，在省级政府机构限额内，将省政府金融工作办公室由省政府直属事业单位调整为省政府直属机构，机构规格为正厅级，挂省地方金融监督管理局牌子。

2017年10月，深圳召开全市金融工作会议，决定在市金融办加挂地方金融监督管理局牌子，对当前相对分散的地方金融监管职能进行整合，进一步分离发展和监管职能，补齐监管短板，切实履行好中央交由地方负责的对各类金融机构，如小额贷款公司、融资担保公司、交易场所等的监管和风险处置职责。

2018 年 3 月，随着国务院机构改革方案在第十三届全国人大第一次会议审议并通过，新一轮的党和国家机构改革拉开序幕。此次组织机构改革也对中央金融监管机构的组成及职能进行了调整。方案不再设置原中国银监会和原中国保监会，将两者的职能整合，成立中国银保监会。中央金融监管体系由原有的“一行三会”转变为“一委一行两会”。值得关注的是，2018 年下半年以来，地方金融监管改革也拉开序幕并逐渐深入。其中，地方金融监督管理局的设置始终是陆续披露的各地地方组织机构改革方案中的一项重要改革内容——由“办”到“局”的地方金融监管体制改革稳步进行，而且更多采用地方金融监督管理局加挂地方金融工作部门的做法，强调地方金融监督管理局的监管职能。

2018 年 10 月 19 日，根据《吉林省机构改革方案》（吉发〔2018〕37 号）要求，吉林省地方金融监督管理局正式挂牌。吉林省地方金融监督管理局整合了原本分散在省金融办、省工业和信息化厅及省商务厅的涉金融业务的监管职责。此外，该局仍加挂吉林省金融工作办公室牌子。

2018 年 11 月 8 日，根据《北京市机构改革实施方案》，原北京市金融工作局（简称北京市金融局）正式加挂北京市地方金融监督管理局（简称北京金融监管局）牌子，作为市政府直属机构，不再保留单设的市金融工作局。新设的北京市地方金融监督管理局将整合原北京市金融局的职责，原北京市商务委员会对典当行、融资租赁公司、商业保理公司等的监管职责，并作为市政府直属机构存在。北京市金融局的“前身”是北京市金融工委[①]和金融办。2005 年，北京市撤销了金融工委和金融办，其相关职能并入北京市国资委增设的金融处。2007 年，北京

① 金融工委包括中央金融工委和地方金融工委，主要负责金融系统党的有关工作。中央金融工委是中共中央金融工作委员会的简称，根据中国共产党中央委员会的批准于 1998 年 6 月 22 日成立，其主要职责是领导、保证、管理、监督和协调，具体来说领导金融系统党的建设工作，保证党的路线、方针、政策和党中央、国务院的有关指示、决定在金融系统贯彻落实，协助中央组织部做好金融系统中央管理干部的管理工作，监督金融系统各级领导班子和领导干部贯彻执行党的路线、方针、政策和遵纪守法、清正廉洁，协调各金融机构党委之间以及各金融机构党委与地方党委的关系。2003 年 3 月 24 日，中共中央决定撤销中共中央金融工作委员会，同时成立中共中国银行业监督管理委员会委员会（简称中国银监会党委），并调整中共中国证券监督管理委员会委员会（简称中国证监会党委）和中共中国保险监督管理委员会委员会（简称中国保监会党委）的职责。

市重新组建金融服务工作领导小组，设办公室，并挂靠北京市发改委。2009 年 3 月 30 日，北京在全国率先设立金融工作局，该局成为政府组成部门，改变了以往地方金融办不在政府序列的状况。

2018 年 11 月 11 日，上海市委、市政府召开市机构改革动员会，明确上海市机构改革的任务书路线图。《上海市机构改革方案》指出，组建上海市地方金融监管管理局，加挂上海市金融工作局牌子，不再保留上海市金融服务办公室。

2019 年 3 月 30 日，厦门市地方金融监督管理局挂牌成立。根据《厦门市市级机构改革实施方案》，厦门市金融工作办公室调整设置为厦门市地方金融监督管理局，保留厦门市金融工作办公室牌子。厦门市地方金融监督管理局成立后，将紧紧围绕服务实体经济、防控金融风险、深化金融改革三大任务，强化地方金融监管职责，防范化解金融风险，继续履行金融服务发展职能，协同“一行两局”，进一步夯实金融强监管、防风险、促发展工作。

截至 2022 年 5 月底，各省、自治区、直辖市层面的地方金融监督管理局基本完成挂牌。由“办”到“局”不只是名称的改变，还是金融监管职能的调整。长期以来，金融监督管理权被认为是中央事权，但是，由于发展地方经济的现实需求，在传统金融体系内外，地方政府实际上均获得了一定的金融监督管理权。然而，在金融监管体制中地方政府处于何种位置尚不清晰，央地金融监管事权划分不清，加之地方金融监管目标导向不明、相应资源缺乏等情况，造成地方政府对于金融监管不够积极，甚至消极应对的情况。目前，破解地方金融监管困局、完善地方金融监管体系的步伐正从设立地方金融监督管理局开始。这也对地方金融监督管理局治理提出了更高的要求，只有地方金融监督管理局自身治理好了，才能更好地履行其职能或职责、输出治理力量和提升监管对象的治理质量。

二、地方金融监督管理局治理相关法律法规梳理

《国务院关于界定中央和地方金融监管职责和风险处置责任的意见》（国发〔2014〕30 号）明确了省级人民政府金融监管部门对地方金融组织的监管职责，并要求省级政府承担的金融监管职责不得层层下放。我国地方金融监督管理局治理相关的主要法律法规是各地方出台的金融条例，按照这些条例出台的先后顺序有《山东省地方金融条例》（山东省人民代表大会常务委员会公告第 129 号）、《浙江省地方金融条例》（浙江省第十三届人民代表大会常务委员会公告第

26号)、《厦门经济特区地方金融条例》(厦门市第十五届人民代表大会常务委员会公告第35号)、《深圳经济特区绿色金融条例》(深圳市第六届人民代表大会常务委员会公告第222号)、《江苏省地方金融条例》(江苏省第十三届人民代表大会常务委员会公告第56号)、《湖北省地方金融条例》(湖北省人民代表大会常务委员会公告第291号)和《陕西省地方金融条例》(陕西省人民代表大会常务委员会公告〔13届〕第72号),本节重点关注山东省、天津市和陕西省的金融条例。

2016年7月实施的《山东省地方金融条例》(山东省人民代表大会常务委员会公告第129号)规定:县级以上人民政府地方金融监管机构负责本行政区域内金融服务、金融发展的综合协调和指导工作,并依照本条例规定对地方金融组织和相关金融活动实施监管;县级以上人民政府地方金融监管机构应当对地方金融组织的业务活动及其风险状况进行监管,可以根据工作需要进入地方金融组织依法实施现场检查,并采取相应措施。该条例指出省人民政府地方金融监管机构应当建立地方金融组织信息披露制度,加强金融信用环境建设,积极参与构建守信激励和失信惩戒机制。

2019年7月实施的《天津市地方金融监督管理条例》(天津市人民代表大会常务委员会公告第25号)提出:市人民政府应当加强对地方金融工作的组织领导,依法履行地方金融监督管理职责,建立健全地方金融监督管理体制机制,协调解决地方金融监督管理有关重大事项,防范和化解重大金融风险;区人民政府应当加强对本行政区域内地方金融工作的组织领导,按照职责履行属地金融风险防范和处置责任。该条例指出,市地方金融监督管理部门应当建立地方金融组织分类监管制度,根据地方金融组织的经营范围、经营规模、管理水平、内控机制、风险状况等,确定对其检查的频率、范围和需要采取的其他措施。

2022年7月实施的《陕西省地方金融条例》(陕西省人民代表大会常务委员会公告〔13届〕第72号)指出:省地方金融监督管理部门负责全省地方金融组织的监督管理,指导和督促设区的市做好地方金融监督管理工作,加强执法制度和能力建设,按照职责实施金融风险的监测预警和防范处置等工作;设区的市、县(市、区)地方金融监督管理部门负责本行政区域内金融风险防范处置的具体工作,并依法承担地方金融组织监督管理的相关工作;县级以上人民政府有关部门按照各自职责做好地方金融相关工作。

三、地方金融监督管理局治理定义

地方金融指的是以某一地域为活动范围载体，在地方注册，立足并主要服务于特定地方经济的金融机构或金融业态，其风险处置责任往往归属于地方政府。地方金融监管机构同时肩负着发展和监管地方金融的责任，在监管实施过程中还要兼顾地方政府的政绩诉求，其监管主体的独立性有待加强（陆岷峰和欧阳文杰，2020）。从各省地方金融监督管理局公开的机构职能和部分已出台的地方金融规范性文件来看，不同于中央监管部门，地方金融监督管理局同时担负着促进地方经济和规范地方金融的双重使命，而发展与监管目标之间存在一定的内在矛盾（吴曼华和田秀娟，2020）。

所谓地方金融监督管理局治理（local financial supervision and administration bureau governance）是指为了充分发挥地方金融监督管理局的职能，促进金融发展，维护金融稳定，更好地服务地方经济社会，而对地方金融监督管理局定位、职责或职能、职能部门构成、权利，以及与中央监管机构及其派出机构、地方政府及其具体部门的关系等做出的一系列治理制度安排。从治理制度安排内容角度，地方金融监督管理局治理包括治理结构与治理机制两个方面。地方金融监督管理局治理结构涉及金融监督管理局组织机构、领导人员配置等。地方金融监督管理局治理机制涉及金融监督管理局政中央的监管与指导、地方政府的领导、纪检监察、决策机制、内外部审计、领导人员考核与晋升、政务信息公开等。

以深圳市地方金融监督管理局为例说明其治理状况。深圳市地方金融监督管理局内设综合处（机关党委）、金融服务处、政策法规处、金融合作处、监管一处、监管二处（市新兴金融行业党委办公室）和监管三处。深圳市地方金融监督管理局主要职能如下。

（1）贯彻执行国家、省、市有关金融工作的法律、法规和政策，起草金融发展、服务、监管的地方性法规、规章，拟定地方金融业发展规划和相关政策，经批准后组织实施。

（2）研究分析宏观金融形势、国家金融政策和本市金融运行情况，提出改善金融发展环境，加强服务，促进发展的政策建议，协调解决地方金融业存在的矛盾和问题。

（3）负责完善深圳金融业整体布局，负责推进深圳金融改革创新综合试验区、金融功能区建设；指导、推进金融市场体系建设，促进多层次资本市场发展，引进金融机构及培育金融人才，促进金融发展。

（4）负责推动全市金融改革创新，推进金融服务实体经济工作，协调促进深圳国际化金融创新中心建设，组织开展金融创新奖和金融科技专项奖评选工作。

（5）负责对全市辖区内小额贷款公司、融资担保公司、区域性股权市场、典当行、融资租赁公司、商业保理公司、地方资产管理公司等金融机构实施监管，强化对全市辖区内投资公司、社会众筹机构、地方各类交易场所等的监管，配合有关部门加强对互联网金融的监管。

（6）牵头有关部门加强地方金融风险防范，打击非法金融活动，防范、化解和处置地方金融风险，处理地方金融突发事件和重大事件；承担地方金融风险监测预警系统和监管信息系统等建设管理工作。

（7）负责联系中央驻深金融监管机构、金融机构，做好配合协调、信息交流和监管联动工作；协调、配合中央驻深金融监管机构开展监管工作。

（8）开展金融对外交流活动，促进区域金融合作，深化深港澳金融创新合作。

（9）负责地方金融监管职责范围内的金融消费者（投资者）权益保护工作，负责金融知识宣传和投资者风险教育工作。

（10）配合推进投融资体制改革。

（11）承办市政府和上级部门交办的其他事项。

在地方金融监督管理局职能转变方面，山东省人民政府办公厅于 2017 年 3 月下发修订后的《关于印发山东省金融工作办公室（山东省地方金融监督管理局）主要职责内设机构和人员编制规定的通知》（鲁政办发〔2017〕13 号）提出两个方面的职能转变。第一个方面职能转变是增加的职责：负责全省网络借贷信息中介机构的机构监管工作。第二个方面职能转变是加强的职责：（1）加强地方金融监管，加快推进全省金融业改革发展，促进全省金融业转型升级；（2）负责推动全省金融人才队伍建设；（3）加强有关地方金融组织和金融活动审批的事中事后监管。

本章附录[①]

金融机构名录附录

附录 2-1-1：中国人民银行分支机构名录

① 可通过公众号“治理大百科”阅读本章附录具体内容。

附录 2-1-2：中国银保监会派出机构名录

附录 2-1-3：中国证监会派出机构名录

附录 2-1-4：国家外汇管理局派出机构名录

附录 2-1-5：我国地方金融办公室名录

附录 2-1-6：我国地方金融局名录

附录 2-1-7：我国地方金融工作局名录

附录 2-1-8：我国地方金融发展局名录

附录 2-1-9：我国地方金融服务中心名录

附录 2-1-10：我国地方金融监督管理局名录

金融机构简介附录

附录 2-2-1：北京市地方金融监督管理局简介

附录 2-2-2：上海市地方金融监督管理局简介

附录 2-2-3：天津市地方金融监督管理局简介

附录 2-2-4：深圳市地方金融监督管理局简介

法律法规列表附录

附录 2-3-1：中国人民银行治理主要法律法规文件列表

附录 2-3-2：中国银保监会治理主要法律法规文件列表

附录 2-3-3：中国证监会治理主要法律法规文件列表

附录 2-3-4：国家外汇管理局治理主要法律法规文件列表

其他相关内容附录

附录 2-4-1：国务院金融稳定发展委员会各次主要会议简介

附录 2-4-2：中国人民银行组织结构图

附录 2-4-3：中国银保监会组织结构图

附录 2-4-4：中国证监会组织结构图

附录 2-4-5：国家外汇管理局组织机构及其职能简介

第三章
银行业存款类金融机构治理

银行业存款类金融机构是指由中国银保监会监督管理的，吸收公众存款的金融机构，是银行业金融机构的重要组成部分。我国银行业存款类金融机构主要包括银行、财务公司、农村资金互助社、农村信用合作社和城市信用合作社。其中，城市信用合作社在发展和整顿过程中，少数被撤销而退出市场，多数改制为城市商业银行，城市信用合作社于 2012 年退出历史舞台。本章对上述五类银行业存款类金融机构治理的定义进行了界定和分析。

第一节　银 行 治 理

一、银行简介

中华人民共和国成立后，经过多次改革，目前已形成了以中央银行、政策性银行、商业银行、村镇银行等主体为主的银行体系。

中国人民银行是我国的中央银行。中国人民银行在国务院领导下，制定和执行货币政策，防范和化解金融风险，维护金融稳定，提供金融服务。

政策性银行是由政府发起、出资成立，为贯彻和配合政府特定经济政策和意图而进行融资和信用活动的机构，我国最早设立的政策性银行是 1994 年 7 月 1 日设立的中国进出口银行。开发性银行是旨在对低度开发地区的生产性投资提供中长期资金，并常随带有技术援助的全国性或地区性的金融机构，我国的开发性银行主要是指 1994 年 3 月 17 日成立的国家开发银行。

1979 年，邓小平在中共省、市、自治区党委第一书记座谈会上第一次提出“要把银行真正办成银行”。1984 年开始，国务院开始将央行的商业性职能进行剥离，工商银行、农业银行、中国银行、建设银行以及中国人民保险相继从央行脱离，但此时的央行以及新成立的四大行均承担一定的政策性职能。1993 年 3 月 15 日召开的第八届全国人民代表大会明确提出：“深化金融体制改革是建立市场经济体制的重要环节……要成立政策性银行，从事专项贷款业务，并适当增加一些商业银行。”政策性银行正式被提出。1993 年 11 月，党的十四届三中全会决定成立直属国务院领导的国家开发银行（1994 年 7 月 1 日成立，简称国开行）、中国进出口银行（1994 年 6 月 16 日成立，简称进出口银行）和中国农业发展银行（1994 年 10 月 19 日成立，简称农发行）三家政策性银行，承担原央行和四大行的政策性职能。2003 年，三大政策性银行开始进行转型。例如，2003 年 5 月，国开行为区别农发行和进出口银行，首次提出“开发性金融”概念。2015 年 4 月 12 日，国务院一次性公开了同意国开行、进出口银行和农发行的深化改革方案，即《国务院关于同意国家开发银行深化改革方案的批复》（国函〔2015〕55 号）、《国务院关于同意中国进出口银行改革实施总体方案的批复》（国函〔2015〕56 号）和《国务院关于同意中国农业发展银行改革实施总体方案的批复》（国函〔2014〕154 号）。上述方案明确将国开行定位为开发性金融机构，将农发行和进出口银行定位为政策性金融机构。2017 年 11 月 15 日，原中国银监会发布《国家开发银行监督管理办法》（中国银监会令 2017 年第 2 号）、《中国进出口银行监督管理办法》（中国银监会令 2017 年第 3 号）、《中国农业发展银行监督管理办法》（中国银监会令 2017 年第 4 号）三份监督管理办法，首次对三家银行制定专门监管制度，“一行一策”的体系正式形成。

商业银行一般是指吸收存款、发放贷款和从事其他中间业务的营利性机构，包括：（1）国有大型商业银行，最早设立的是 1983 年 10 月 31 日成立的中国银行股份有限公司；（2）股份制商业银行，最早设立的是 1987 年 3 月 31 日成立的招商银行股份有限公司；（3）城市商业银行，最早设立的是 1995 年 6 月 22 日成立的深圳市商业银行股份有限公司[①]；（4）民营银行，最早设立的是 2014 年 12 月 16 日成立的深圳前海微众银行股份有限公司[②]；（5）外资法人银行，最早设立的是 1984 年 12 月 14 日成立的摩根士丹利国际银行（中国）有限公司[③]；（6）住房储蓄银行，最早设立的是 2004 年 2 月 6 日成立的中德住房储蓄银行有限责任公司[④]；（7）农村商业银行，最早设立的是 2001 年 11 月 27 日成立的江苏张家港农村商业银行股份有限公司[⑤]；（8）农村合作银行，最早设立的是 2001 年 11 月成立的宁波鄞州农村合作银行[⑥]；（9）村镇银行，最早设立的是 2007 年 2 月 13 日成立的四川仪陇惠民村镇银行有限责任公司等。

实际上，我国还有一类银行即独立法人直销银行，目前有中信百信银行股份

---

① 2007 年 6 月，原中国银监会批准深圳市商业银行股份有限公司（简称深圳市商业银行）吸收合并原平安银行有限责任公司（简称平安银行）并更名为深圳平安银行股份有限公司（简称深圳平安银行），总行设在深圳。原平安银行改建为深圳平安银行上海分行，原平安银行福州分行和上海张江支行分别改建为深圳平安银行福州分行和上海张江支行。合并、更名后，深圳平安银行同时在深圳、上海和福州三地拥有分支机构。为了该银行的跨区域经营发展，中国平安保险（集团）股份有限公司于 2009 年 2 月 26 日宣布，旗下深圳平安银行获批正式更名为平安银行股份有限公司（简称平安银行），属于 12 家股份制商业银行之一。处于存续状态的城市商业银行中，厦门国际银行股份有限公司是最早设立的，成立于 1985 年 8 月 31 日，也是我国第一家中外合资银行，外资股东一度持有该行超过 60%的股份。2010 年，该行转制为中资城商行的计划得到原中国银监会的批准，该行成为首家中外合资银行转制城商行的银行。

② 需要说明的是，中国民生银行股份有限公司是经监管部门批准成立的我国第一家由民间资本设立的全国性商业银行，是真正意义上的民营银行。但业内一般把该行归属于 12 家全国性股份制银行，不与后来成立的民营银行混同。

③ 在我国没有加入 WTO 之前，外资银行的发展步伐缓慢，1984—2006 年期间外资银行仅成立 6 家。在我国 2001 年正式加入 WTO 以后，特别是伴随 2006 年年底银行业的放开，外资银行迎来了蓬勃发展期，仅 2007 年就成立了 14 家外资银行，后面又陆续成立了 27 家外资银行。

④ 该银行也是国内目前唯一一家专业经营住房信贷业务的商业银行。

⑤ 按照处于存续状态的农村商业银行设立时间统计，云南剑川农村商业银行股份有限公司是我国最早设立的农村商业银行，成立于 1954 年 3 月 1 日。但该行是由剑川县农村信用合作联社于 2021 年获批改建过来的，因此企查查中显示的成立时间实际上是其前身的设立时间。张家港农商银行股份有限公司于 2001 年 11 月 27 日正式挂牌，被认为是全国首家由农村信用合作社改制组建的地方性股份制商业银行。

⑥ 宁波鄞州农村合作银行是全国首家农村合作银行，其前身是诞生于 20 世纪 50 年代的鄞州全区 52 家农村信用合作社，经原中国人民银行浙江省分行批准成为沪、浙、闽地区首家实施一级法人核算管理试点的信用联社。2001 年 11 月，实施组建农村合作银行的试点并于 2003 年 3 月 25 日获批复同意开业，2003 年 4 月 8 日正式对外挂牌营业，2016 年 11 月更名为宁波鄞州农村商业银行股份有限公司，银行类型也从股份合作制变更为股份有限公司。

有限公司（2017 年 9 月 5 日成立）和中邮邮惠万家银行有限责任公司（2022 年 1 月 7 日成立）2 家。中信百信银行股份有限公司由中信银行和百度联合发起设立，是国务院特批、银保监会主导成立的第一家国有控股互联网银行，业务覆盖消费金融、财富管理、汽车金融、小微金融和金融同业等。中邮邮惠万家银行有限责任公司是中国邮政储蓄银行出资 50 亿元发起设立的直销银行子公司，是首家获批成立的国有大型商业银行独立法人直销银行，业务范围为主要针对个人及小微企业吸收存款，发放短期、中期和长期贷款等。招商拓扑银行股份有限公司获批筹建，但在 2022 年 7 月撤回开业申请并终止筹备工作。

根据中国银保监会官网（http://www.cbirc.gov.cn）披露的数据，截至 2021 年 12 月 31 日，我国共有登记状态为存续或在业的各类银行 3480 家（如表 3-1 所示），其中农村商业银行和村镇银行占绝大多数，占比达 93.30%。各类银行主要由国务院行业监督管理机构（设立派出机构）进行监管。我国各类银行名录详见附录 3-1-1 到附录 3-1-11。我国银行分支机构名录详见附录 3-1-17。外国及港澳台银行分支机构名录详见附录 3-1-18。本手册还对股份制商业银行中的招商银行股份有限公司、城市商业银行中的北京银行股份有限公司、住房储蓄银行中的中德住房储蓄银行有限责任公司和村镇银行中的清河金农村镇银行股份有限公司进行了介绍，详见附录 3-2-1 至附录 3-2-4。

表 3-1　我国各类银行数量统计

序号	银行类型	银行数量（家）	百分比（%）
1	政策性银行	2	0.06
2	开发性银行	1	0.03
3	国有大型商业银行	6	0.17
4	股份制商业银行	12	0.34
5	城市商业银行	128	3.68
6	民营银行	19	0.55
7	外资法人银行	41	1.18
8	住房储蓄银行	1	0.03
9	农村商业银行	1596	45.86
10	农村合作银行	23	0.66
11	村镇银行	1651	47.44
	合计	3480	100.00

资料来源：作者根据中国银保监会官网（http://www.cbirc.gov.cn）披露的数据整理。

二、我国银行治理相关法律法规梳理

我国关于银行治理的法律法规颇为丰富，按照效率级别可以分为法律、行政法规、部门规章和部门规范性文件，主要法律法规文件列表详见附录 3-3-1。

《银行保险机构公司治理准则》(银保监发〔2021〕14 号)指出：银行保险机构应当按照《公司法》和本准则等法律法规及监管规定，建立包括股东大会、董事会、监事会、高级管理层等治理主体在内的公司治理架构，明确各治理主体的职责边界、履职要求，完善风险管控、制衡监督及激励约束机制，不断提升公司治理水平。该准则还提出良好公司治理标准包括但不限于以下内容：清晰的股权结构、健全的组织架构、明确的职责边界、科学的发展战略、高标准的职业道德准则、有效的风险管理与内部控制、健全的信息披露机制、合理的激励约束机制、良好的利益相关者保护机制和较强的社会责任意识。

在银行内部治理方面，《商业银行股权管理暂行办法》(中国银监会令 2018 年第 1 号)规定：投资人及其关联方、一致行动人单独或合计拟首次持有或累计增持商业银行资本总额或股份总额 5%以上的，应当事先报监管机构或其派出机构核准；对通过境内外证券市场拟持有商业银行股份总额 5%以上的行政许可批复，有效期为 6 个月。《银行保险机构董事监事履职评价办法（试行)》(中国银保监会令 2021 年第 5 号)规定：独立董事、外部监事每年在银行保险机构工作的时间不得少于 15 个工作日；董事会风险管理委员会、审计委员会、关联交易控制委员会主任委员每年在银行保险机构工作的时间不得少于 20 个工作日。《中国银监会关于印发商业银行内部审计指引的通知》(银监发〔2016〕12 号)规定：商业银行应配备充足的内部审计人员，原则上不得少于员工总数的 1%。《中国银保监会外资银行行政许可事项实施办法》(中国银保监会令 2019 年第 10 号)规定：担任外商独资银行、中外合资银行董事，应当具有 5 年以上与经济、金融、法律、财务有关的工作经历，能够运用财务报表和统计报表判断银行的经营、管理和风险状况，理解银行的公司治理结构、公司章程、董事会职责以及董事的权利和义务。

在银行外部治理方面，《外资银行管理条例实施细则（2019 年修订)》(中国银保监会令 2019 年第 6 号)指出：要建立健全公司治理结构，并将公司治理结构说明报送所在地中国银保监会派出机构（仅限外商独资银行、中外合资银行）。《商业银行信息披露办法》（中国银监会令 2007 第 7 号）规定：商业银行应按照本办法规定披露财务会计报告、各类风险管理状况、公司治理、年度重大事项等信息。

三、银行治理定义

（一）银行治理定义的提出

银行治理因其重要性而受到学者的广泛关注，银行治理研究相关文献详见附录3-4-1。刘明康（2002）指出，良好的公司治理是国际先进企业的重要特征，是从亚洲金融危机中得出的深刻教训，也是中国银行针对自身的历史积弊和面临的现实挑战所做出的选择，因此要重视银行治理。杨军和姜彦福（2003）指出，国有商业银行改革的关键是完善银行治理结构。李维安和曹廷求（2003）针对商业银行治理特殊性，结合我国特色。提出我国商业银行治理的一般模式和一般架构。魏华和刘金岩（2005）研究发现，第一大股东的国有性质和股权集中度与银行绩效呈负相关，外部董事比例和监事会功能与银行绩效呈正相关。潘敏（2006）认为，管制下的商业银行公司治理所要解决的关键问题是股东与债权人、股东与监管者之间的利益冲突；在商业银行的公司治理中，外部治理机制的作用非常有限，内部治理是其核心。宋增基、陈全和张宗益（2007）研究了上市银行董事会治理与绩效的关系。曹廷求等（2010）认为，如何从理论和实践层面理清各个治理机制的内在逻辑关系，建立具有中国特色、符合银行业实际的商业银行治理机制体系，是我们面临的重大机遇和挑战。曹廷求（2012）对商业银行治理的研究进行了回顾与展望，并就银行治理理论研究和我国银行治理实践问题进行了总结和阐述。李维安等（2018）专门关注了国有控股商业银行公司治理问题。

本章认为银行治理（bank governance）是指为了规范银行行为，促进银行规范经营和健康发展，保障银行股东、客户和其他利益相关者的合法权益而设计的一套正式或非正式、内部或外部的治理制度安排，包括内部治理与外部治理两个方面和治理结构与治理机制两个层面。

（二）银行治理体系框架的构建

按照银行业务类型不同，银行治理可以进一步细分为政策性银行治理、开发性银行治理、股份制商业银行治理、城市商业银行治理、民营银行治理、外资法人银行治理等。按照银行是否具有法人资格来划分，银行治理可以分为银行法人机构治理和银行分支机构治理，其中分支机构治理按照资本性质不同又可进一步细分为中资银行分支机构治理和境外分支机构治理。我国银行治理体系框架具体如图 3-1 所示。

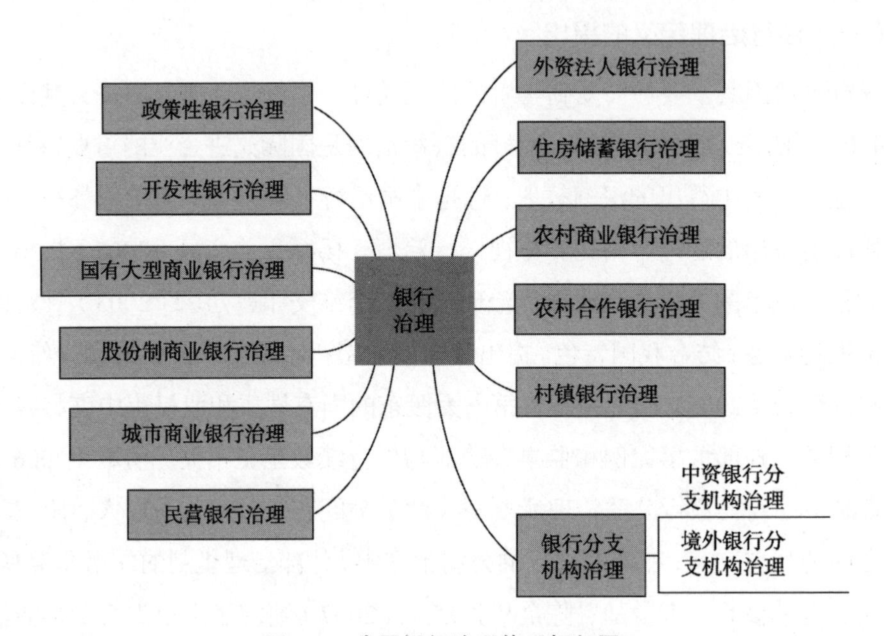

图 3-1　我国银行治理体系框架图

（三）银行治理的具体分析

1. 银行内部治理与外部治理

与一般公司治理类似，按照治理力量来源不同，银行治理可以分为内部治理和外部治理两个方面。

银行内部治理主要是指银行治理结构与内部治理机制。治理结构包括股东与股东（大）会、董事与董事会、监事与监事会和高管层。内部治理机制除了一般公司的决策机制、激励与约束机制、监督机制等，还有银行作为金融机构所特有的风险管理、内部控制、内部审计等。

银行外部治理主要包括监管机构监管、外部审计、信息披露、媒体监督、各类市场约束，包括消费者[1]在内的外部利益相关者治理、接管[2]、重组、责令关闭、撤销、破产等外部治理机制，以确保银行规范稳健经营，维护市场参与者与社会大众的利益，保证银行业的有序健康发展。

监管机构的处罚是外部监管的重要手段，据《中国银行保险报》统计，2021年1—12月，中国银保监会及派出机构针对银行机构和相关责任人，共开出罚单4023张，罚没金额合计约19.15亿元。其中，中国银保监会开出罚单24张，罚款金额合计约6.79亿元；派出机构开出罚单3999张，罚没金额合计约12.36亿元。2021年全年，有758家银行（含分支机构）、2590名相关责任人被处罚，在处罚人员中有174人被终身禁止从事银行业工作、8人被取消高级管理人员任职资格终身。

关于银行破产机制，根据《中华人民共和国商业银行法》的相关规定，商业银行不能支付到期债务，经国务院银行业监督管理机构同意，由人民法院依法宣告其破产。1995年设立的海南发展银行于1998年宣告破产，这是我国第一家宣告破产的银行。1997年成立的汕头商业银行股份有限公司（简称汕头商业银行）因为高息揽储、挪用资金和账外贷款等一系列经营问题导致出现支付危机。2001年该行贷款中的坏账金额达到40多亿元人民币，无法向私人储户偿付的债务大约是15亿元人民币。直到2011年2月份汕头商业银行被重组为广东华兴银行股份有限公司（简称华兴银行）。所以这家银行并不是真正意义上的破产。包商银行股份有限公司（简称包商银行）[3]于2020年11月12日获中国银保监会同意进入破产清算程序，于2021年3月9日被北京市第一中院

① 按照《银行业消费者权益保护工作指引》（银监发〔2013〕38号）规定，银行业消费者是指购买或使用银行业产品和接受银行业服务的自然人。本手册认为，银行业相对于一般行业不同，银行业的非自然人消费者有时候也会处于劣势地位，这些主体也是银行的重要利益相关者，因此此处所述的银行业消费者包括了法人和其他组织。

② 2019年5月24日，包商银行股份有限公司（简称包商银行）因出现严重信用风险，被中国人民银行和中国银保监会联合接管。

③ 包商银行股份有限公司于1998年12月28日经中国人民银行批准设立，前身为包头市商业银行，2007年9月28日经原中国银监会批准更名为包商银行股份有限公司，成为区域性股份制商业银行，总部设在包头市。

裁定破产。因此我国真正意义上的破产银行总计有 2 家，分别为海南发展银行和汕头商业银行。

2. 银行治理的特殊性

根据韩立岩和李燕平（2006）、邓杰（2015）等人的研究，相比于一般公司治理，银行治理有其特殊性，主要表现为经营目标特殊、委托代理关系复杂、存款保险制度的负激励、市场及竞争程度特殊、外部管制严格、资本结构高负债、银行业的并购成本大大超过一般公司等。

按银行类型不同，银行治理又可分为政策性银行治理、商业银行治理、村镇银行治理等，不同类型的银行治理各有其特点。

政策性银行是政府创立的不以营利为目的的专业性金融机构，承担了贯彻落实政府经济政策的职责，所以政策性银行治理要考虑其特殊性。例如在治理目标方面，政策性银行以社会效益为主，商业性银行以经济效益为主；在产权结构方面，政策性银行为国家所有或控股，商业性银行产权结构呈现多元化；在外部监管方面，政策性银行为特殊金融监管，商业性银行为一般金融监管等。

商业银行治理是银行治理的重点，其他类型银行治理的特殊性往往是基于与商业银行治理的比较展开。商业银行面临着盈利和控制银行风险双重目标，存在多重委托代理关系，且缺少外部债权的专家式监督。监管机构应该加强对商业银行风险的监管，风险控制委员会与内部稽核部门的构建应作为内部治理的重中之重。

在双重委托代理关系下，村镇银行必须在盈利性、合规性（银行风险防控）和政策性（支农支小）三重任务之间进行权衡。村镇银行治理的特殊性包括：（1）主发起人制度，即监管机构规定，必须有一家符合监管条件、管理规范且经营效益好的商业银行作为主要发起银行，并且单一金融机构的股东持股比例不得低于 15%；（2）村镇银行规模较小，要求村镇银行必须达到一般商业银行的监管水平往往很难，反而会增加村镇银行的运营成本；（3）村镇银行面临人员成本高，专业人才少的问题，照搬一般意义商业银行公司治理结构会给村镇银行运营带来较大成本等。

第二节　财务公司治理

一、财务公司简介

财务公司（finance company）在我国分为两类。一是非金融机构类型的财务公司。鉴于传统遗留问题，在2004年《企业集团财务公司管理办法（2004）》（中国银监会令〔2004〕5号）颁布之前，有一些以会计代理为主营业务的公司，其公司名称中有财务公司的字样。但是这些公司未持有金融机构许可证，不是金融机构。二是金融机构类型的企业集团财务公司（enterprise group finance company），是为企业技术改造、新产品开发及产品销售提供金融服务，以中长期金融业务为主的非银行金融机构。本章研究的财务公司为第二种类型的企业集团财务公司的简称，为正式金融机构。

按照2006年监管机构发布的《企业集团财务公司管理办法（2006修正）》（中国银监会令〔2006〕8号）对财务公司的定义，企业集团财务公司（简称财务公司）是以加强企业集团资金集中管理和提高企业集团资金使用效率为目的，为企业集团成员单位提供财务管理服务的非银行金融机构，是监管机构及派出机构监管的非银行金融机构。财务公司作为金融机构和集团总部管理职能的集团金融服务平台，在提供稳健高效的金融服务的同时，依托财务公司运作体系落实集团财务管控要求。

《关于组建和发展企业集团的几点意见》（体改生字〔1987〕78号）中明确财务公司的批设部门是中国人民银行。我国监管机构对财务公司的功能定位历经数次调整[①]，直到2004年原中国银监会颁布《企业集团财务公司管理办法》（中国银督会令2004年第5号）以后，财务公司的功能定位才正式确定为企业集团的"资金池"，为集团提升资金管理服务。

根据中国银保监会官网（http://www.cbirc.gov.cn）披露的数据，截至2021年12月31日我国财务公司总数达到255家。当前财务公司主体仍然是央企和部分地方实力雄厚的地方国有企业。其中第一家财务公司是在1987年5月7日中国

① 例如，中国人民银行1996年发布的《企业集团财务公司管理暂行办法》（银发〔1996〕355号）将财务公司定位为为企业集团成员单位提供金融服务的非银行金融机构。

人民银行批准成立的东风汽车工业财务公司（2002 年 7 月公司名称变更为东风汽车财务有限公司）[①]，较新成立的财务公司是在 2021 年 6 月成立的山东东明石化集团财务有限公司。附录 3-1-12 列示了我国持牌的财务公司名录[②]。

根据企查查网站（https://www.qcc.com）检索的数据，截至 2022 年 4 月 15 日，我国登记状态为存续或在业的非持牌的财务公司共有 5555 家。附录 3-1-13 列示了我国非持牌的财务公司名录。

财务公司在资产规模、网点数量、员工数量等方面，均与商业银行有较大差距。大多数财务公司仅有一个办公场所，员工人数超过 100 人的已算规模相对较大的财务公司。监管机构在制定和落实法规要求时，往往会考虑到财务公司的这一特性。财务公司与商业银行的主要区别如表 3-2 所示。

表 3-2　财务公司与商业银行的比较

比较内容	财务公司	商业银行
经营原则	立足集团、服务集团，将盈利性与服务性相结合	追求自身利益最大化
服务对象	企业集团内成员单位	面向社会公众
机构性质	非银行金融机构	银行金融机构
监管方式	除受多重监管外，还受集团层面的指导和监督	中国人民银行、中国银保监会、财政部等多重监管
发展规模	小规模	大规模

二、财务公司治理相关法律法规梳理

关于财务公司治理的法律法规主要有《中国银保监会非银行金融机构行政许

① 按照附录名录，根据企查查等数据库检索可以发现，中国大唐集团财务有限公司成立于 1984 年 11 月 28 日，该公司在所有财务公司中成立时间最早。但该日期实际上是大唐集团财务有限公司的成立时间，大唐集团财务有限公司非真正意义上的持牌财务公司。中国大唐集团财务有限公司是根据《关于中国大唐集团重组深圳经济特区经济发展财务公司有关问题的批复》（深银监复〔2004〕250 号）和《中国银行业监督管理委员会关于大唐集团财务有限公司业务范围及变更营业场所的批复》（银监复〔2005〕95 号）于 2005 年 5 月 10 日正式成立的，2005 年 8 月正式开业。

② 我国第 1 家被摘牌的财务公司是中国华诚集团财务有限责任公司。中国人民银行于 2002 年 12 月 19 日公告称，鉴于中国华诚集团财务有限责任公司严重违规经营，不能支付到期债务，为了维护金融秩序稳定，保护债权人的合法权益，根据《金融机构撤销条例》（中华人民共和国国务院令第 324 号）等有关规定，决定撤销该公司及其下属江苏办事处、海南办事处，收缴其《金融机构法人许可证》和《金融机构营业许可证》，并自公告之日起停止其全部金融业务活动。

可事项实施办法（2020）》（中国银保监会令〔2020〕6号）和《企业集团财务公司管理办法（2006年修订）》（中国银监会令〔2006〕8号）两部。具体的法律法规可以划分为内部治理和外部治理两个方面。我国财务公司治理主要法律法规文件列表详见附录3-3-2。

在财务公司内部治理方面，《中国银保监会非银行金融机构行政许可事项实施办法》（中国银保监会令〔2020〕6号）规定了财务公司申请经批准发行债券业务资格、承销成员单位的企业债券、有价证券投资和对金融机构的股权投资，以及成员单位产品的消费信贷、买方信贷和融资租赁业务，应具备的最基本的条件。《企业集团财务公司管理办法（2006修订）》（中国银监会令〔2006〕8号）规定：财务公司经营业务应当遵守一定的资产负债比例的要求。该办法还指出，财务公司应当分别设立对董事会负责的风险管理、业务稽核部门，制定对各项业务的风险控制和业务稽核制度，每年定期向董事会报告工作，并向监管机构报告。

在财务公司外部治理方面，《企业集团财务公司管理办法（2006年修订）》（中国银监会令〔2006〕8号）规定了监管机构可以责令财务公司进行整顿的情形。另外，该办法还规定，财务公司董事会应当每年委托具有资格的中介机构对公司上一年度的经营活动进行审计。

2022年7月29日，中国银保监会就《企业集团财务公司管理办法（征求意见稿）》公开征求意见。该征求意见稿新增“公司治理”章节，增加党的领导、内部控制、风险管理、股东股权和关联交易管理等内容，明确股东、实际控制人和集团不得干预财务公司业务经营，加强具有财务公司特色的治理建设。鉴于企业集团和财务公司的高度关联性和风险传导性，征求意见稿增加了财务公司应向监管部门报送其所属集团相关报表数据和经营状况的要求，明确了监管部门有权实地走访或调查股东经营情况、询问相关人员、调阅相关资料等要求，以强化对股东的监管。

三、财务公司治理定义

已有一些学者开始研究财务公司风险管理、董事会治理、集团公司对财务公司影响等治理问题，财务公司治理研究相关文献详见附录3-4-2。曹汉飞和曹桂春（2005）提出以建立全面风险管理体系为中心的风险管理总体构想和具体的风险管理策略。吴吟秋（2006）探讨如何解决现行法规约束与财务公司经营扩张之间的矛盾。戴璐和吴志华（2007）认为，企业集团的管理模式、代理冲突、治理效率等都会对集团内部的财务公司产生影响。严李浩（2011）认为，企业集团的管理模式会影响财务公司的治理水平。高曦、纳鹏杰和李昊承（2014）对财务公司治理中的董事会治理进行了详细研究。高玉臣（2021）提出打造与财务公司运营特点相适应的风险管理体系。胡伏秋（2021）提出构建“五会一层”中国特色财务公司治理结构。

本章认为，财务公司治理（finance company governance）是为了促进公司高效科学决策、维护投资者利益、保障财务公司充分发挥集团内部金融服务功能而设计的一套正式或非正式、内部或外部的治理制度安排。财务公司治理包括内部治理与外部治理两个方面和治理结构与治理机制两个层面。

财务公司内部治理主要包括股东与股东（大）会、董事与董事会、监事与监事会、高管层、内部控制、风险管理、内部审计和合规管理，以有效管控财务公司内部风险、提高财务公司决策水平。具体而言，财务公司应当分别设立对董事会负责的风险管理、业务稽核部门，制定对各项业务的风险控制和业务稽核制度，每年定期向董事会报告工作。

财务公司外部治理主要包括外部监管、母公司管控、信息披露、外部审计、各类市场约束等，以保证财务公司稳定健康地经营，从而更好地服务集团内部各成员企业。在外部监管方面，财务公司依法接受中国银保监会的监督管理。在外部审计方面，财务公司董事会应当每年委托具有资格的中介机构对公司上一年度的经营活动进行审计。

由于财务公司受体制性因素影响较大、风险分布面广、业务集中度高，因此财务公司与一般性的公司在资本结构、行业监管、经营原则、信息披露要求等方面都有很大的不同，财务公司治理的复杂程度也会比一般企业更高。这使得治理的完善程度会直接影响其风控能力和稳健发展。健全公司内外部治理机制，理顺内外部权责关系，建立全面风险管理体系，有助于财务公司实现稳定健康的发展。

第三节　农村资金互助社治理

一、农村资金互助社简介

根据《农村资金互助社示范章程》(银监发〔2007〕51号)，农村资金互助社(rural mutual cooperative)是经银行业监督管理机构批准，由公民自愿入股组成的社区互助性银行业金融机构。农村资金互助社实行社员民主管理，以服务社员为宗旨，谋求社员共同利益。根据《农村资金互助社管理暂行规定》(银监发〔2007〕7号)，农村资金互助社是独立的企业法人，对社员股金、积累及合法取得的其他资产所形成的法人财产，享有占有、使用、收益和处分的权利，并以上述财产为限对债务承担责任。中国农村资金互助社可分为以下三类。第一类是正规农村资金互助组织，属于按照监管部门统一制定的运作规范和管理、监督办法来创建和运作的互助性银行金融机构。第二类是准正规农村资金互助社，虽然也是在中央人民政府统一框架之外产生和运作，但受到中央或地方政府部门的推动。第三类是非正规农村资金互助组织，产生并运作于中央人民政府统一框架之外，是在农村正规金融机构无法满足农村地区资金需求的情况下，民间自发创新的产物。本章分析的是第一类农村资金互助社。

根据《农村资金互助社管理暂行规定》(银监发〔2007〕7号)，农村资金互助社的主要业务有：农村资金互助社以吸收社员存款、接受社会捐赠资金和向其他银行业金融机构融入资金作为资金来源；农村资金互助社的资金应主要用于发放社员贷款，满足社员贷款需求后确有富余的可存放其他银行业金融机构，也可购买国债和金融债券；农村资金互助社可以办理结算业务，并按有关规定开办各类代理业务；农村资金互助社开办其他业务应经属地银行业监督管理机构及其他有关部门批准。

农村资金互助社实行社员自主管理，管理形式是社员大会。社员大会由全体社员组成，是该社的权力机构。社员超过100人的，可以由全体社员选举产生不少于31名的社员代表组成社员代表大会，社员代表大会按照章程规定行使社员大会职权。其职权是制定或修改章程，选举、更换理事、监事以及不设理事会[①]的经理等。

2007 年 3 月 2 日，梨树县闫家村百信农村资金互助社获得全国第一张“农村资金互助社金融许可证”。2007 年 3 月 9 日，全国首家经原中国银监会批准、由农民自愿入股组建的村级农村资金互助合作社在吉林省梨树县闫家村正式挂牌营业，32 位农民作为发起人，注册资金 10.18 万元，吸收第一笔存款 1000 元。

根据中国银保监会官网（http://www.cbirc.gov.cn）披露的数据，截至 2021 年 12 月 31 日，全国共有登记状态为存续、在业或正常的农村资金互助社 39 家，具体名录详见附录 3-1-14。

二、农村资金互助社治理相关法律法规梳理

较为重要的农村资金互助社治理的法律法规有三部。《农村资金互助社管理暂行规定》(银监发〔2007〕7 号）明确了农村资金互助社的社员和股权管理办法、组织机构设置、监督管理办法以及合并、分立、解散和清算办法。《中国银监会关于农村资金互助社监督管理的意见》（银监发〔2007〕90 号）对农村资金互助社的监督管理进行了详细规定。《中国人民银行、中国银行业监督管理委员会关于村镇银行、贷款公司、农村资金互助社、小额贷款公司有关政策的通知》（银发〔2008〕137 号）规定：农村资金互助社要按照银行业监管机构的要求及时向当地银行业监管部门报送监管报表。我国农村资金互助社治理主要法律法规文件列表详见附录 3-3-3。

三、农村资金互助社治理定义

有学者针对农村资金互助社治理特殊性、内部人控制等问题展开研究。马九杰和周向阳（2013）认为，农村资金互助社独特的制度安排和治理机构降低了代理人成本。杨奇明、陈立辉和刘西川（2015）指出，农村资金互助社的治理正面临内部人控制、内部监督不力、各类成员利益冲突等问题的困扰，外部监管存在门槛过高、监管过严、手段落后等弊端。孟存鸽（2018）指出，我国农村资金互

① 按照《农村资金互助社管理暂行规定》(银监发〔2007〕7 号）规定，农村资金互助社原则上不设理事会，设立理事会的，理事不少于 3 人，设理事长 1 人，理事长为法定代表人。理事会的职责及议事规则由章程规定。

助社存在治理机构不健全、监管体系不完善、退出机制不畅通的治理困境。张阳（2019）指出，农村资金互助社作为成员主导型合作金融的代表，既有农村内生优势，又有外在多重政策支持，但目前治理结构僵化、内部人控制现象严重。

本章认为，农村资金互助社治理（rural mutual cooperative governance）是指为贯彻服务社员的宗旨，谋求社员共同利益，而建立的一套正式的或非正式的、内部的或外部的治理制度安排。农村资金互助社治理包括内部治理与外部治理两个方面和治理结构与治理机制两个层面。

农村资金互助社内部治理是指内部治理结构和内部治理机制。农村资金互助社内部治理结构包括社员大会（社员代表大会）[①]、理事会[②]、监事会等，相关内部治理制度包括内部控制制度、成员承诺制度、内部审计制度等。具体而言，不设理事会的，要充分发挥社员大会（社员代表大会）决策职能和经理的法人代表作用；要设立由社员、提供无偿服务和捐赠的社会人士、业务合作伙伴代表等利益相关者组成的监事会，对理事会、经理的决策和业务经营行为进行监督；开展农村资金互助社的内部审计；建立简便易行且能有效覆盖全部业务、岗位的内部控制制度，明确存款、贷款、投资、融资、会计、出纳、结算等主要业务流程及操作规范，做到会计、出纳和贷款审查、审批的合理分离和有效制约等，以加强内部自律监督。

农村资金互助社外部治理主要包括外部监管、信息披露等。在外部监管方面，银行业监管机构协调有关方面，建立以农村资金互助社自律管理、银行业监管机构监管、地方政府风险处置和社会监督服务相结合的监督管理体系，以加强政策协调、工作协调和风险处置协调。在信息披露方面，农村资金互助社应及时向社员公开各项经营管理制度，按月公开股金、贷款、融资、债券投资和财务收支情况；每年向社员披露经过监事会或政府审计部门、中介机构等审计的财务会计报告，开户行提供的账户资金情况证明，以及社员股金和积累情况、贷款及经营风险情况、投融资情况、盈利及分配情况、案件和其他重大事项，自觉接受社员的监督。

---

① 农村资金互助社社员大会由全体社员组成，是该社的权力机构。社员超过 100 人的，可以由全体社员选举产生不少于 31 名的社员代表组成社员代表大会，社员代表大会按照章程规定行使社员大会职权。

② 农村资金互助社原则上不设理事会，设立理事会的，理事不少于 3 人，设理事长 1 人，理事长为法定代表人。理事会的职责及议事规则由章程规定。

第四节 农村信用合作社治理

一、农村信用合作社简介

根据《农村信用合作社管理规定》(银发〔1997〕390 号)，农村信用合作社(rural credit cooperative)，简称农村信用社或农信社，是指经中国人民银行批准设立、由社员入股组成、实行民主管理、主要为社员提供金融服务的农村合作金融机构。农村信用合作社是独立的企业法人，以其全部资产对农村信用合作社债务承担责任，依法享有民事权利。其财产、合法权益和依法开展的业务活动受国家法律保护。农村信用合作社主要任务是筹集农村闲散资金，为农业、农民和农村经济发展提供金融服务，依照国家法律和金融政策规定，组织和调节农村基金，支持农业生产和农村综合发展，支持各种形式的合作经济和社员家庭经济，限制和打击高利贷。

农村信用合作社作为银行类金融机构有其自身的特点。

(1)农民和农村的其他个人集资联合组成，以互助为主要宗旨的合作金融组织，其业务经营是在民主选举基础上由社员指定人员管理经营并对社员负责，其最高权力机构是社员代表大会，负责具体事务的管理和业务经营的执行机构是理事会。

(2)农村信用合作社主要资金来源是合作社成员缴纳的股金、留存的公积金和吸收的存款，贷款主要用于解决其成员的资金需求，起初主要发放短期生产生活贷款和消费贷款，后随着经济发展渐渐扩宽放款渠道，和商业银行贷款没有区别。

(3)业务对象是合作社成员，因此业务手续简便灵活。

1920年，中国许多省份遭受严重旱灾，尤其是华北地区受灾最为严重，为抵抗灾情，各省纷纷成立慈善捐助组织筹措赈灾款救灾。1922年，华北各省又告丰收，赈灾款尚有将近300万元的剩余，如何使用这笔赈灾款成为一个现实问题。当时人们认为救灾不如防灾，防灾不如组织灾区群众生产自救，提出了“救灾先须防灾，防灾先须调剂农村金融，俾能恢复元气”的理论，随即将目光转移到发展合作事业上来。上述背景下，1923年6月，我国第一家农村信用合作社——河北香河第一信用合作社在香河县城内福音堂正式成立。1927年2月黄冈县(现黄冈市)农民协会信用社正式成立，这是中国共产党领导下组建的第一个信用合作社。

我国农村信用合作社的发展大体经历了四个阶段。

第一阶段：1949—1958 年，是我国农村信用合作社普遍建立和大发展时期。1951 年 5 月 15 日，党中央召开第一次全国农村金融工作会议，决定在全国范围内试办农村信用合作组织。随即，农村信用合作社破土而出，为新中国农村金融事业发展拉开了大幕。1957 年，由中国人民银行管理的农村信用合作社发展到 10.3 万家，几乎乡乡都有。

第二阶段：1958—1978 年，是我国农村信用合作社发展的挫折时期。农村信用合作社先是下放给人民公社管理，接着进一步下放给生产大队管理，随后移交农民管理，再后来又交给中国人民银行集中管理，信合事业在此期间几乎停滞不前。

第三阶段：1978—2003 年，党的十一届三中全会后农村信用合作事业开始恢复，农村信用合作社开始启航和价值回归。1984 年 1 月，中共中央 1 号文件《关于 1984 年农村工作的通知》指出："信用社要进行改革，真正办成群众性的合作金融组织，要在遵守国家金融政策和接受农业银行的领导、监督下，独立自主地开展存贷业务。" 1980—1996 年，农村信用合作社由中国农业银行代管。1996 年，国务院决定，农村信用合作社与中国农业银行脱离行政隶属关系，分别由农信社县联社和中国人民银行承担其业务管理和金融监管职责。1997 年 6 月 12 日，中国人民银行农村合作基金监督管理局正式成立，全面承担起了对农村信用合作社的领导、监管职责。

第四阶段：2003 年至今，是我国农村信用合作社市场化发展的阶段。2003 年，国务院印发《深化农村信用社改革试点方案的通知》，并明确原中国银监会作为国家银行监管机构承担对信用社的金融监管职能。之后，吉林省、山东省、江西省、浙江省、江苏省、陕西省、贵州省、重庆市 8 省（市）农村信用合作社改革实施方案获国务院批准，这标志着深化农村信用合作社改革试点工作已进入全面实施阶段，刚成立的原中国银监会肩负起组织推动这场变革的重任。伴随 2003 年改革以及后续改革的铺开，农村信用合作社的管理和风险责任移交给了省级政府，构建了以省联社为平台的农村信用合作社新管理框架，探索了多种产权模式和农村合作银行、农商业银行等新组织形式。根据《跟着农民走——中国农村信用社改革发展 60 周年》这篇报道，截至 2011 年 9 月末，全国有农村商业银行134家，农村合作银行214家，农村信用合作社法人机构由改革前的3.5万家减至2914家，置换了农村信用合作社1694亿元不良资产。

根据中国银保监会官网（http://www.cbirc.gov.cn）披露的数据，截至2021年12月31日，我国共有登记状态为存续、在业或正常的农村信用合作社577家，具体名录见附录3-1-15。按照监管规定，农村信用合作社达到条件的，可以成立农村商业银行或农村合作银行。2011年8月，原中国银监会有关部门负责人就农村信用合作社改革发展情况答记者问时表示，不再组建新的农村信用合作社和农村合作银行，逐步将有条件的农村信用合作社改组为农村商业银行，农村合作银行要全部改组为农村商业银行。截至2020年年末，全国8个省份（安徽省、湖北省、江苏省、山东省、江西省、湖南省、广东省和青海省）和4个直辖市（北京市、上海市、天津市和重庆市）已全部完成农村信用合作社改制为农村商业银行的改革任务。

二、农村信用合作社治理相关法律法规梳理

较为重要的农村信用合作社治理相关法律法规多围绕农村信用合作社的机构设置和管理展开，对农村信用合作社的管理办法和监督责任做出了详细的规定。我国农村信用合作社治理主要法律法规文件列表详见附录3-3-4。

我国农村信用合作社早期归口中国农业银行管理。中国人民银行1990年10月发布《农村信用合作社管理暂行规定》（银发〔1990〕251号），首次提出农村信用合作社由中国人民银行委托中国农业银行领导和管理。为了便于中国农业银行行使领导、管理农村信用合作社的职能，根据中国人民银行颁布的《农村信用合作社管理暂行规定》（银发〔1990〕251号），中国农业银行于1991年7月29日发布《农村信用合作社管理暂行规定实施细则》。该细则规定：农村信用合作社坚持组织上的群众性、管理上的民主性、经营上的灵活性，实行入股自愿原则；中国农业银行对农村信用合作社的领导和管理贯彻“分类指导、区别对待”的原则，对不同地区、不同类型的信用合作社采取区别对待的政策和措施，具体的分类办法由中国农业银行省级分行确定。1996年8月22日，国务院发布《关于农村金融体制改革的决定》（国发〔1996〕33号）指出，要把农村信用合作社逐步改为由农民自愿入股、社员民主管理、主要为入股社员服务的合作金融组织，改

革的步骤是农村信用合作社与中国农业银行脱离行政隶属关系，对其金融监管和业务管理分别由中国人民银行和农村信用社联社承担，然后按合作制原则加以规范。《关于进一步做好农村信用社管理体制改革工作的意见》（国办发〔1997〕20号）指出，要坚定不移地把农村信用社办成合作金融组织。《国务院关于印发深化农村信用社改革试点方案的通知》（国发〔2003〕15号）指出深化信用社改革，要重点解决好两个问题：一是以法人为单位，改革信用社产权制度，明晰产权关系，完善法人治理结构，区别各类情况，确定不同的产权形式；二是改革信用社管理体制，将信用社的管理交由地方政府负责。《关于明确对农村信用社监督管理职责分工的指导意见》（国办发〔2004〕48号）进一步明晰了省级人民政府对农村信用社的监管职责和分工。《中共中央、国务院关于做好2022年全面推进乡村振兴重点工作的意见》（国发〔2022〕1号）指出要加快农村信用社改革，完善省（自治区）农村信用社联合社治理机制，稳妥化解风险。

三、农村信用合作社治理定义

有学者针对农村信用合作社治理问题进行研究。杨羽飞和梁山（2005）指出，农信社的法人治理涉及内部各利益主体和外部利益相关者的权利分配。王军伟（2006）提出狭义和广义的农信社公司治理定义。都本伟（2009）从实践层面上详细地考察了我国农村信用社的起源与发展，对改革目前农村信用社的状况和法人治理结构情况进行了利弊分析，对新一轮农村信用社改革试点内容及初步成效进行了总结。任建春（2013）针对农村信用社法人治理呈现出民有资本官营化特征这一现状提出相应建议。胥迪亚（2014）指出，产权关系明晰和股权适度集中是建立良好法人治理结构的充分必要条件。李维安和刘振杰（2016）指出，明晰产权最有效的做法是建立现代股份制。冯兴元（2017）认为，2003年以后，农村信用社系统改制总体上取得了较大的进展，但距离建立真正意义上的农村信用社还存在巨大的空间。

本章认为农村信用合作社治理（rural credit cooperative governance）是指为保障社员等利益相关者的合法权益，为农业、农民和农村经济发展提供优质金融服务而建立的一套正式的或非正式的、内部的或外部的治理制度安排。农村信用合作社治理包括内部治理与外部治理两个方面和治理结构与治理机制两个层面。

农村信用合作社治理内部治理是指治理结构和内部治理机制。农村信用合作社治理结构主要包括社员大会（或社员代表大会）[①]、理事会、监事会、管理层等，相关治理机制主要包括风险防范机制、内部控制机制等。

农村信用合作社治理外部治理主要包括外部监管、信息披露、破产机制等。在外部监管方面，中国人民银行根据农村信用合作社的特点，落实对农村信用合作社的监管责任制，依法加强对农村信用合作社的现场和非现场监管，重点加强对农村信用合作社支付能力的监管，建立高风险农村信用合作社档案和预警制度，明确责任，任务到人，跟踪监控，及时控制和化解金融风险。

包括农村信用合作社在内的所有金融机构破产机制均不同于一般公司。成立于 1956 年 1 月 1 日的河北省沧州市肃宁县尚村信用社由于资不抵债于 2001 年停业，营业执照被工商局注销并收回。2004 年，其金融牌照也被当地银监局收回。2010 年年底，原中国银监会首次批准已停业多年的尚村农信社实施破产，督促河北省政府依法对其履行破产程序。“无法可依”是尚村信用社申请破产的六年时间里相关监管机构和法院等面对的棘手问题。《关于高风险农村信用社并购重组的指导意见》（银监发〔2010〕71 号）指出，对于监管评级为六级的农村信用社（以县为单位，下同），以及监管评级为五 B 级且主要监管指标呈下行恶化趋势的农村信用社，通过并购重组化解风险。该指导意见同时提出，监管机构要加强指导，支持并购后农村信用社转制为农村商业银行，对实施并购重组难度较大的高风险农村信用社，应采取多种措施化解风险，对风险化解不力的，应实施包括市场退出在内的强制性监管措施。至此，停业多年的尚村信用社终于有了“出路”，即市场化退出。2011 年 8 月，尚村信用社向河北省沧州市中级人民法院递交了破产申请材料。2012 年 3 月正式进入破产程序。2012 年 7 月中旬河北省沧州市中级人民法院就河北省肃宁县尚村信用社破产一案召开首次债权人大会。2012年破产时，其债权人中已无个人存款人，因此不用考虑储户存款的清算赔偿。尚村信用社在停业 11年后最终宣告破产，成为我国历史上第一家被批准破产的农村信用合作社。这一案件一直受到社会各界高度关注，通过司法程序实施金融机构破产，

---

① 农村信用合作社的权力机构是社员（县联社的社员是信用社）代表大会或社员大会，其执行机构是管理委员会。社员大会由全体社员组成，社员代表大会由全体社员选举产生。社员代表大会或社员大会一般每年召开一次会议。

俨然迈出了实质性的一步。

结合法规和文献梳理可知，目前我国农村信用合作社内部治理的重点在于明晰产权关系，调整股权结构和完善“三会一层”制度等方面；外部治理的重点在于解决监督主体消极缺位问题。

第五节　城市信用合作社治理

一、城市信用合作社简介

根据《城市信用合作社管理办法》（银发〔1997〕369 号），城市信用合作社（urban credit cooperative），简称城市信用社或城信社，是指城市集体金融组织，为城市集体企业、个体工商户以及城市居民服务的金融企业，是实行独立核算、自主经营、自负盈亏、民主管理的具有法人地位的独立的经济实体。城市信用社主要设在大、中城市，不得设立分支机构，受中国人民银行的领导、管理、协调、监督和稽核。

城市信用合作社的主要业务范围包括：办理城市集体企业和个体工商户及实行承包租赁的小型国营企业的存款、贷款、结算业务；办理城市个人储蓄存款业务；代理经中国人民银行批准的证券业务；代办保险及其他代收代付业务；办理经中国人民银行批准的其他金融业务。

城市信用合作社实行民主管理，民主管理形式是社员代表大会制度。社员代表大会由全体社员选举代表参加，是城市信用合作社的最高权力机构。其职权是制定或修改社章程，选举理事会、监事会成员，审议通过聘用由理事会推荐的社主任，遵循中央银行的宏观决策，确定一定时期的资金投向，讨论制订社年度计划和财务计划等。社员代表大会原则上每年召开一次。日常业务和工作实行理事会领导下的主任负责制。

1978 年改革开放后，城市集体经济和私营经济的发展对城市金融机构提出了强烈的需求。1979 年我国第一家城市信用合作社于河南省驻马店市成立。1986 年，我国城信社数量增至 1300 余家，1989 年为 3330 家，1991 年为 3500 余家，1994 年则为 5200 余家。数量飞速扩张的城市信用合作社在 1993—1995 年迎来了收缩，1995 年 3 月，中国人民银行下发的《关于进一步加强城市信用社管理的通知》（银发〔1995〕87号）提出，“在全国的城市商业银行组建过程中，不再批准成立新的城市信用社。”1998年3月19日，《第九届全国人民代表大会第一次会议关于1997年国民经济和社会发展计划执行情况与1998年国民经济和社会发展计划的决议》指出，要加快地方性金融体系建设，增加城市商业银行，开始县（市）商业银行试点。2009年9月19日，《国务院关于进一步促进中小企业发展的若干意见》（国发〔2009〕36号）指出，为切实缓解中小企业融资困难，加强和改善对中小企业的金融服务，要积极支持民间资本以投资入股的方式，参与农村信用合作社改制为农村商业（合作）银行、城市信用合作社改制为城市商业银行以及城市商业银行的增资扩股。城市信用合作社是我国城市商业银行的前身。从城市信用合作社向城市商业银行转型的过程中，我国曾设立城市合作银行。党的十四届三中全会通过的《中共中央关于建立社会主义市场经济体制若干问题的决定》和《关于金融体制改革的决定》（国发〔1993〕91号）中提出，将分散的城市信用合作社组建为城市合作银行。《国务院关于组建城市合作银行的通知》（国发〔1995〕25号）提出，自1995年起在大中城市分期分批组建城市合作银行。1995年6月22日，我国第一家城市合作银行即深圳城市合作银行[①]正式成立。1998年3月12日，中国人民银行与原国家工商管理局联名发文《关于城市合作银行变更名称有关问题的通知》（银发〔1998〕94号），将“城市合作银行”（当时总计145家）统一更名为“城市商业银行”。2012年3月29日，原宁波市银监局正式批准全国最后一家城市信用合作社宁波象山县绿叶城市信用社改制为城市商

---

① 深圳城市合作银行是在原深圳市16家城市信用合作社的基础上组建成立的。1995年5月31日，中国人民银行以《关于筹建深圳城市合作商业银行的批复》（银复〔1995〕176号）批准深圳城市合作商业银行筹建。1995年6月21日，中国人民银行深圳经济特区分行以《关于同意确认深圳城市合作商业银行发起单位股东资格的批复》（深人银复字〔1995〕第128号）确认深圳城市合作商业银行发起单位股东资格。1995年7月17日，中国人民银行以《关于深圳城市合作商业银行开业的批复》（银发〔1995〕235号）批准深圳城市合作商业银行开业。1995年7月27日，人民银行向深圳城市合作商业银行核发《中华人民共和国经营金融业务许可证》（银金管字13-0001号）。1995年8月3日，深圳城市合作商业银行在深圳市工商局注册成立。经中国人民银行深圳经济特区分行以《关于深圳城市合作商业银行变更名称的批复》（深人银复〔1998〕62号）批准，并经深圳市工商部门1998年6月15日核准，“深圳城市合作商业银行”变更企业名称为“深圳市商业银行股份有限公司”。2007年，“深圳市商业银行股份有限公司”更名为“深圳平安银行股份有限公司”。2009年，“深圳平安银行股份有限公司”更名为“平安银行股份有限公司”。

业银行，即宁波东海银行股份有限公司（简称宁波东海银行），宁波东海银行于2012年4月6日正式成立，城市信用合作社正式退出了历史舞台。

根据企查查网站（https://www.qcc.com）检索的数据，截至2022年5月20日，我国成立过的城市信用合作社共有2023家，名录详见附录3-1-16。

二、城市信用合作社治理相关法律法规梳理

较为重要的城市信用合作社治理相关法律法规有三部，其中仅有一部现行有效，该文件是《城市信用合作社管理暂行规定》(银发〔1986〕203号)。《城市信用合作社管理暂行规定》(银发〔1986〕203号)要求城市信用合作社实行民主管理，由股东代表大会选举理事会和监事会，主任由股东代表大会民主选举产生。该文件还规定税后利润的分配：公积金不低于50%，风险基金不低于10%，余下的作为福利基金、奖励基金和股金分红。公积金应主要用于充实信贷基金。股金分红不得超过股金的15%。我国城市信用合作社治理主要法律法规文件列表详见附录3-3-5。

三、城市信用合作社治理定义

伴随城市信用合作社改制、市场化退出等，对于城市信用合作社治理的研究越来越少，已有研究主要集中于城市信用合作社退出历史舞台之前。相关学者均肯定了城市信用合作社治理的重要性，但也指出其仍存在一定的问题。白雪峰（2002）认为，城市信用社规范发展的途径是建立完善的公司治理结构。叶六顺（2003）认为，单一法人城市信用社可以发挥股份制企业的优越性，但由于改制时间较短，需要按股份制要求规范运作。宋爱清（2003）认为，重组改制的城市信用社在法人治理结构上有了明显的改善，但在法人治理结构有效制衡上仍存在一定问题。刘志兰和范建国（2005）认为，城市信用社可从加强银行业监管机构的外部监管作用等方面完善法人治理结构。王玉忠（2006）也指出城市信用社单一法人社需要从保证“三会一层”相互制衡发挥各自作用等方面完善公司治理结构。门莉和陈新（2008）指出，单一法人城市信用社公司治理存在“三会一层”职责权利不清、董事会和股东（大）会行使职权亦受影响等问题。

本章认为城市信用合作社治理（urban credit cooperative governance）是指为解决城市信用合作社委托代理问题、促进城市信用合作社健康发展而建立的一系

列正式的或非正式的、内部的或外部的治理制度安排。

城市信用合作社内部治理是按照《国务院办公厅转发中国人民银行整顿城市信用合作社工作方案的通知》(国办发〔1998〕140号)等要求所构建的治理结构和相关治理制度安排，具体包括成立社员大会作为城市信用合作社的权力机构，设立理事会对社员大会负责，设立监事会行使监督权利，实行理事会领导下的主任负责制以及由城市信用合作社主任主持城市信用合作社的日常经营管理工作等。

城市信用合作社外部治理主要包括外部监管、信息披露等。在外部监管方面，中国人民银行各分支机构对城市信用合作社的业务活动进行领导和管理，严格审查城市信用合作社主要负责人的任职资格，督促城市信用合作社建立健全社员代表大会、理事会、监事会“三会”制度。

本章附录①

金融机构名录附录

附录3-1-1：我国政策性银行名录

附录3-1-2：我国开发性银行名录

附录3-1-3：我国国有大型商业银行名录

附录3-1-4：我国股份制商业银行名录

附录3-1-5：我国城市商业银行名录

附录3-1-6：我国民营银行名录

附录3-1-7：我国住房储蓄银行名录

附录3-1-8：我国外资法人银行名录

附录3-1-9：我国农村商业银行名录

附录3-1-10：我国农村合作银行名录

附录3-1-11：我国村镇银行名录

附录3-1-12：我国持牌的财务公司名录

附录3-1-13：我国非持牌的财务公司名录

附录3-1-14：我国农村资金互助社名录

附录3-1-15：我国农村信用合作社名录

① 可通过公众号“治理大百科”阅读本章附录具体内容。

附录 3-1-16：我国城市信用合作社名录

附录 3-1-17：我国银行分支机构名录

附录 3-1-18：外国及港澳台银行分行名录

金融机构简介附录

附录 3-2-1：招商银行股份有限公司简介

附录 3-2-2：北京银行股份有限公司简介

附录 3-2-3：中德住房储蓄银行有限责任公司简介

附录 3-2-4：清河金农村镇银行股份有限公司简介

法律法规列表附录

附录 3-3-1：我国银行治理主要法律法规文件列表

附录 3-3-2：我国财务公司治理主要法律法规文件列表

附录 3-3-3：我国农村资金互助社治理主要法律法规文件列表

附录 3-3-4：我国农村信用合作社治理主要法律法规文件列表

附录 3-3-5：我国城市信用合作社治理主要法律法规文件列表

其他相关内容附录

附录 3-4-1：银行治理研究文献目录

附录 3-4-2：财务公司治理研究文献目录

第四章 银行业非存款类金融机构治理

银行业非存款类金融机构是指由中国银保监会监督管理的，不吸收公众存款的金融机构，与银行业存款类金融机构共同构成了我国银行业金融机构。我国银行业非存款类金融机构主要包括信托公司、金融租赁公司、贷款公司、汽车金融公司、消费金融公司、金融资产投资公司、金融资产管理公司、银行理财子公司和货币经纪公司。本章对上述九类银行业非存款类金融机构治理的定义进行了界定和分析。

第一节　信托公司治理

一、信托公司简介

信托（trust）即受人之托，代人理财，是指委托人基于对受托人的信任，将其财产权委托给受托人，由受托人按委托人的意愿以自己的名义，为受益人的利益或者特定目的，对其财产进行管理或者处分的行为。

信托公司（trust company）是指依照《公司法》和《信托公司管理办法》（中国银监会令〔2007〕第 2 号）设立的主要经营信托业务的金融机构。设立信托公司应当经过中国银保监会批准，领取金融许可证，并采取有限责任公司或者股份有限公司的形式。信托公司注册资本最低限额为 3 亿元人民币或等值的可自由兑换货币，注册资本为实缴货币资本。

信托公司的业务通常可以分为两类，分别是信托业务和固有业务。信托业务是指信托公司以营业并收取报酬为目的，以受托人身份承诺信托和处理信托事务的经营行为。信托业务属于资产管理业务范畴。固有业务是信托公司的自营业务，是指信托公司使用自有资金开展存放同业、拆放同业、贷款、租赁、投资等业务，并从中获得利息收入与投资收益。从当前我国信托行业整体运作情况来看，信托业务是信托公司的主营业务。

1979 年 10 月经过国务院批准，改革开放后我国第一家信托公司中国国际信托投资公司成立[①]（恢复了停办 20 年的信托业务），20 世纪 80 年代初地方政府和专业银行蜂拥而上。据统计，截至 1982 年年底，全国各类信托投资公司已有 620 多家，到 1988 年达到最高峰时共有 1000 多家。后来信托业内“事故”频发，全行业经历七次大整顿后仅有几十家公司幸存。关于我国信托业七次整顿的详细介绍请参见附录 4-4-1。

根据中国银保监会官网（http://www.cbirc.gov.cn）披露的数据，截至 2021 年 12 月 31 日，我国共有 68 家登记状态为存续或在业的信托公司，具体名录详见附录 4-1-1。本手册对其中的平安信托有限责任公司进行了介绍，详见附录 4-2-1。

二、信托公司治理相关法律法规梳理

通过对法律法规的梳理可以发现，信托治理的法律法规主要针对内部治理和外部治理两个方面进行了细致的规定。内部治理包括内部治理结构和内部治理机制。我国信托公司治理主要法律法规文件列表详见附录 4-3-1。

在信托公司内部治理方面，《信托公司治理指引》（银监发〔2007〕4 号）规定：信托公司主要股东不得以发行、管理或通过其他手段控制的金融产品持有该信托公司股份；自然人可以持有上市信托公司股份，但不得为该信托公司主要股东；信托公司出现资本不足或其他影响稳健运行情形时，信托公司主要股东应当履行入股时承诺，以增资方式向信托公司补充资本；不履行承诺或因股东资质问题无法履行承诺的主要股东，应当同意其他股东或者合格投资人采取合理方案增资。《信托公司治理指引》（银监发〔2007〕4 号）规定：监事应当列席董事会会

① 2007 年，原中国银监会出台《信托公司管理办法》（银监发〔2007〕18 号），该文件将原来的“信托投资公司”统一改称为“信托公司”。在 2007 年之前一般使用“信托投资公司”，例如 2001 年颁布和实施的《信托投资公司管理办法》（中国人民银行令 2001 年第 2 号）。

议，列席会议的监事有权发表意见，但不享有表决权，且发现重大事项可单独向监管机构或其派出机构报告。

在信托公司外部治理方面，《信托公司管理办法》（中国银监会令〔2007〕第2号）规定：监管机构可以定期或者不定期对信托公司的经营活动进行检查；必要时，可以要求信托公司提供由具有良好资质的中介机构出具的相关审计报告；监管机构对信托公司实行净资本管理。《信托公司监管评级与分类监管指引》（银监发〔2010〕21号）规范了信托公司监管评级工作，以实现对信托公司的持续监管、分类监管和风险预警。

三、信托公司治理定义

（一）信托公司治理定义的提出

信托公司治理较早就受到了学者的关注，信托公司治理研究相关文献详见附录 4-4-2。张兴华（2006）提出信托投资公司两权分离的双重性：一方面是固有资产所有者即股东的所有权与经营权的分离，另一方面是信托资产委托者的所有权与控制权的分离。徐小迅、刘兵军和徐永久（2006）提出构建信托公司治理结构和风险控制制度的对策。张兴华（2007）指出与一般公司相比，信托公司遵循的是共同代理理论。王天恩（2007）指出信托投资公司股权结构中，"一股独大"的特征非常明显。沈吉利（2010）认为信托公司利益相关者共同治理模式的特征是"信托监管推动下的股东主导、信托当事人和职工参与的利益相关者共同治理模式。"彭中仁和万昕（2012）基于决策体系的视角提出规范信托公司的治理的建议。汪京京（2017）提出对于固有财产而言，传统的股东（大）会和董事会等内部治理机制对信托公司来说仍然是有效的，而对于信托财产而言，信托委员会作用的发挥是最为重要的。

信托公司经营和治理过程中存在股东与经营者之间、投资者与经营者之间、监管机构与经营者之间等多重委托代理关系（孙涛和蔡英玉，2019）。经营者同时面临着股东权益最大化、管理资产规模最大化、信托资产委托人权益最大化、控制风险等多重目标。本章认为信托公司治理（trust company governance）是为了加强风险控制，促进信托公司规范经营和健康发展，保障信托公司股东、受益人及其他利益相关者的合法权益而构建的一系列正式或非正式、内部或外部的治理制度安排。信托公司治理包括内部治理与外部治理两个方面、治理结构与治理机制两个层面。

信托公司内部治理主要包括股东与股东（大）会、董事与董事会、监事与监事会、高管层、内部控制、风险管理、内部审计和合规管理，以有效发挥决策机制、激励约束机制、监督机制等内部治理机制的作用。

信托公司外部治理主要包括外部监管及评价、中国信托业协会自律、信息披露、外部审计、接管机制、重组机制、解散机制、破产机制[①]等。在外部监管和评价方面，中国银保监会对信托公司及其业务活动实施监督管理。监管机构对信托公司主要风险要素进行评价，系统分析、识别信托公司存在的风险和问题，据此确定对信托公司的监管重点。

（二）信托公司治理的特殊性

信托公司治理有其自身的特殊性，包括治理目标的多样性、多重委托代理关系等。另外，由于政府对信托公司管制严格，外部治理中的接管机制尤为重要。信托公司接管机制是指由于信托公司触发相关法律法规规定的接管条件，为维护信托当事人的合法权益和社会公共利益，中国银保监会对其实施接管。具体而言就是中国银保监会成立接管组，接管组人员由中国银保监会决定和更换，被接管机构的股东（大）会、董事会和监事会停止履职，接管组行使被接管机构的经营管理权和中国银保监会授权的其他职责，接管组负责人行使被接管机构法定代表人的职权。

信托公司接管机制主要依据 2006 年发布的《银行业监督管理法》（中华人民共和国主席令第 58 号）和《信托公司管理办法》（中国银监会令〔2007〕第 2 号）。《银行业监督管理法》规定：银行业金融机构已经或者可能发生信用危机，严重影响存款人和其他客户合法权益的，国务院银行业监督管理机构可以依法对该银行业金融机构实行接管或者促成机构重组，接管和机构重组依照有关法律和国务院的规定执行。《信托公司管理办法》规定：信托公司已经或者可能发生信用危机，严重影响受益人合法权益的，监管机构可以依法对该信托公司实行接管或者督促机构重组。

---

① 在我国信托业发展史上，曾有多家信托公司破产，比如中银信托投资公司、中国农村信托投资公司、广东国际信托投资公司等。

我国信托公司接管案例相对于其他金融机构来说要多一些。1995 年 10 月，中银信托投资公司因违规经营、资不抵债被中国人民银行接管，这是中国人民银行实行接管的第一家金融机构。接管一年期满后，中银信托投资公司资产状况并未有好转，但是考虑到对金融信用的巨大冲击，中国人民银行找到广东发展银行希望后者能收购中银信托投资公司。最后，中国人民银行批准中银信托投资公司由广东发展银行收购，其债权债务由广东发展银行承接。广东发展银行按 1:1 的比例收购中银信托投资公司的实有股权并承接其债权债务，较好地保护了债权人的利益。中银信托投资公司成为我国首家退出市场的金融机构。

2005 年 7 月，庆泰信托投资有限责任公司因资不抵债被原中国银监会责令整顿，并委托中国东方资产管理股份有限公司进行接管。这是原中国银监会成立后接管的第一家信托公司。2010 年 1 月，中国五矿集团有限公司接管庆泰信托投资有限责任公司，并更名为五矿国际信托有限公司。

2004 年 2 月 27 日成立的新时代信托股份有限公司（简称新时代信托）和 1998 年 4 月 20 日成立的新华信托股份有限公司（简称新华信托）也曾被接管。新时代信托、新华信托都是“明天系”旗下的信托公司。2016年，由于控股股东明天集团陷入风波，加上公司经营表现不佳，新华信托打算进行股权出让。然而，新华信托控股权转让事项始终推进不顺利，多家公司与新华信托接洽，但均未商谈成功。2020 年，“资产荒”状况使得“明天系”旗下另一家信托公司新时代信托的产品也“早已断档”。2020 年 7 月 17 日，中国银保监会在官网发布公告，因为触发相关法律规定的接管条件，为维护信托当事人的合法权益和社会公共利益，中国银保监会决定对新时代信托和新华信托实施接管；接管期限一年，自 2020 年 7 月 17 日起至 2021 年 7 月 16 日止，可依法适当延长；从接管之日起，被接管机构股东大会、董事会、监事会停止履行职责，相关职能全部由接管组承担，接管组行使被接管机构经营管理权，接管组组长行使被接管机构法定代表人职责。

四川信托有限公司（简称四川信托）被接管。自 2020 年 6 月初信托的信托（Trust of Trusts，TOT）项目暴雷以来，四川信托兑付风险持续发酵。在兑付危机尚未解除时，四川信托通过撤资、退股控股公司进行“自救”。但由于存在超过 300 亿元资金缺口，且交易对手中不乏中小城农商行，自身还涉及多宗诉讼，四川信托回天乏术。2020 年 12 月 22 日，四川银保监局在其官网发布公告称，近年来由于四川信托治理失效，内控机制形同虚设，管理层漠视监管法规，以隐蔽方式大量开展违规业务，风险不断累积，经营陷入困境，严重损害信托产品投资者和公司债权人合法权益，目前公司已不能正常开展经营管理活动，给金融秩序和社会稳定带来较大的不利影响。同日，四川银保监局和地方金融监督管理局成立联合小组正式宣布入驻接管四川信托。四川银保监局联合地方政府派出工作组，加强对四川信托的管控，督促其尽快改组董事会；委托专业机构提供经营管理服务，防止风险敞口扩大；积极采取风险处置措施，切实保护信托当事人和公司债权人合法权益，维护金融秩序和社会稳定。

某种程度上，金融机构的市场退出确保了市场这一“无形之手”能够通过“适者生存”的法则来筛选并决定谁是“游戏”的合格参与者。理论上，金融机构的市场退出可区分为主动退出和被动退出两种。在我国的金融实践中，更多的实例是金融机构被动退出，重组、解散、破产等是被动退出的重要方式，因此重组机制、解散机制、破产机制等是信托公司重要的外部治理机制。

1988 年 1 月 23 日发布的文件《国务院关于成立中国农村信托投资公司的批复》同意成立中国农村信托投资公司（简称中农信），该公司是具有法人资格的国营金融企业，是经营性的自负盈亏的经济实体。中农信直属国务院，需要向国务院请示、报告的由国务院秘书长负责联系。中国农村发展信托投资公司成立于 1988 年，1997 年 2 月因到期债务无法偿还而被中国人民银行关闭并由中国建设银行托管。1997 年 12 月 1 日开始，由中国建设银行全额偿付原中国农村发展信托投资公司总部及其金融性分支机构的境内机构债务本金，但不支付利息。1998 年 2 月 23 日，国务院决定解散中国农村发展信托投资公司。1998 年 2 月 24 日，中国人民银行公告，托管工作结束，中国农村信托投资公司被解散。

与中国农村信托投资公司类似，1998 年 6 月，1986 年成立的我国境内第一家创业投资公司中国新技术创业投资公司（简称中创）被关闭。1998 年 10 月 6 日，中国人民银行依法发布公告，广东国际信托投资公司[①]（简称广东国投）也因资不抵债和支付危机被关闭，随后依法进行的清算表明，广东国际信托投资公

---

① 广东国际信托投资公司，是 1980 年 7 月经广东省政府批准成立的企业法人，注册资本人民币 12 亿元，1983 年被中国人民银行批准为非银行金融机构，并享有外汇经营权，1989 年又被国家主管机关确定为全国对外融资窗口。该公司曾号称中国信托业“老二”。

司负债状况实在惊人，且已无重组的可能。1999 年 1 月 16 日，内外交困、不堪重负的广东国际信托投资公司被广东省高级人民法院宣告破产，广东国际信托投资公司破产案是我国首例非银行金融机构破产案。

2002 年 1 月，中国人民银行发布公告，因严重资不抵债，不能支付到期债务，撤销中国光大国际信托投资公司。

2002 年 6 月，中国经济开发信托投资公司因严重违规经营，被宣布撤销。

2005 年 4 月 22 日，海南汇通国际信托投资公司（简称汇通信托）被海口市中级人民法院裁定破产，这是海南省历史上第一个宣告破产的金融机构。

2006 年 5 月 11 日，海南华银国际信托投资公司（简称华银信托）被海南省海南中级人民法院裁定破产。公司管理人分别于 2008 年 2 月、2009 年 8 月和 2009 年 10 月先后三次对破产财产实施分配，其中第一次破产财产分配比例为 1.2%，第二次破产财产分配比例为 1.2%，最后一次分配比例为 0.5%。

2006 年 9 月 25 日，海南省海南中院终审裁定海南赛格国际信托投资有限公司（简称赛格信托）破产。根据裁定书，截至 2006 年 4 月 14 日，海南赛格国际信托投资有限公司的资产总额为 58 亿元，负债总额为 74 亿元，均为到期债务，资产负债率为 126%。

2022 年 7 月 6 日，中国银保监会官网发布《中国银保监会关于新华信托股份有限公司破产的批复》，于 2022 年 6 月 16 日同意新华信托股份有限公司依法进入破产程序，要求该公司应严格按照有关法律法规要求开展后续工作，如遇重大情况，及时向中国银保监会报告。新华信托股份有限公司是自 2007 年 6 月 1 日《企业破产法》实施以来，我国首例进入破产程序的信托公司。

第二节　金融租赁公司治理

一、金融租赁公司简介

金融租赁（financial lease）是我国特有概念，对应的英文可以翻译成融资租赁或财务租赁等。融资租赁、财务租赁、金融租赁在国外均指同一事物，而在我国从事上述业务的机构被分为持牌金融机构与类金融机构。本节关注的是金融租赁公司这一持牌金融机构。

金融租赁公司（financial leasing company）是指由中国银保监会批准，以经营融资租赁业务为主的非银行金融机构。金融租赁公司的名称中必须有“金融租赁”字样，且未经中国银保监会批准，任何单位和个人不得经营金融租赁业务或在其名称中使用“金融租赁”字样。

按照《金融租赁公司管理办法》（中国银监会令 2014 年第 3 号），申请设立金融租赁公司，应当具备以下条件：（1）有符合《中华人民共和国公司法》和银监会规定的公司章程；（2）有符合规定条件的发起人；（3）注册资本为一次性实缴货币资本，最低限额为 1 亿元人民币或等值的可自由兑换货币；（4）有符合任职资格条件的董事、高级管理人员，并且从业人员中具有金融或融资租赁工作经历 3 年以上的人员应当不低于总人数的 50%；（5）建立了有效的公司治理、内部控制和风险管理体系；（6）建立了与业务经营和监管要求相适应的信息科技架构，具有支撑业务经营的必要、安全且合规的信息系统，具备保障业务持续运营的技术与措施；（7）有与业务经营相适应的营业场所、安全防范措施和其他设施；（8）银监会规定的其他审慎性条件。

根据《国务院办公厅关于促进金融租赁行业健康发展的指导意见》（国办发〔2015〕69 号），金融租赁公司是为具有一定生产技术和管理经验但生产资料不足的企业和个人提供融资融物服务的金融机构。通过设备租赁，可以直接降低企业资产负债率；通过实物转租，可以直接促进产能转移、企业重组和生产资料更新换代升级；通过回购返租，可以直接提高资金使用效率。

1984 年 12 月 25 日成立的国银金融租赁股份有限公司是我国成立较早的金融租赁公司，该公司是国家开发银行控股子公司。2016 年 7 月 11 日国银金融租赁股份有限公司在香港联交所正式挂牌交易，成为国内首家上市的金融租赁公司。该公司的详细简介见附录 4-2-2。2012—2020 年，我国金融租赁公司数量呈增长趋势，在 2017 年以后逐渐趋于稳定。根据中国银保监会官网（http://www.cbirc.gov.cn）披露的数据，截至 2021 年 12 月 31 日，我国共有 71 家登记状态为存续或在业的金融租赁公司，具体名录详见附录 4-1-2。但实际上还有 4 家金融租赁公司亦已经获批筹建，分别为无锡锡银金融租赁股份有限公司（2016 年 8 月 8 日获批）、国银航空金融租赁有限公司（2016 年 9 月 2 日获批）、无锡华银金融租赁股份有限公司（2016 年 12 月 25 日获批）以及内蒙古金融租赁有限公司（2019 年 9 月 25

日获批）。2019 年 9 月 25 日，中国银保监会内蒙古监管局发布的《关于对内蒙古自治区政协十二届二次会议第 0589 号提案的答复》称："中国银保监会非银部已初步同意在内蒙古自治区设立一家金融租赁公司。"拟设金融租赁公司发起人包括中国兵器工业集团公司、内蒙古第一机械集团有限公司、兵工财务有限责任公司、内蒙古电力（集团）有限责任公司、内蒙古交通投资有限责任公司，拟设地为包头市，注册资本金 30 亿元，但该企业截至 2022 年 4 月 15 日仍处于筹建阶段。

和证券公司、基金公司、保险公司拥有专业子公司一样，金融租赁公司也可以有自己的子公司。2014 年 7 月 11 日，原中国银监会印发《关于印发金融租赁公司专业子公司管理暂行规定的通知》（银监办发〔2014〕198 号），正式拉开了我国设立金融租赁专业子公司的帷幕，其背景是希望能够借助于特殊经济区的对外开放功能，在飞机租赁、船舶租赁等具备特色但又被国外租赁垄断的领域中有所突破。截至 2022 年 4 月 15 日，我国有三家金融租赁专业子公司，分别为：交银航空航运金融租赁有限责任公司、招银航空航运金融租赁有限公司和华融航运金融租赁有限公司。其中，交银航空航运金融租赁有限责任公司为交银金融租赁有限责任公司的子公司，招银航空航运金融租赁有限公司为招银金融租赁有限公司的子公司，华融航运金融租赁有限公司为华融金融租赁股份有限公司的子公司。

根据《金融租赁公司管理办法》（中国银监会令 2014 年第 3 号），金融租赁公司的业务范围主要包括：（1）融资租赁业务；（2）转让和受让融资租赁资产；（3）固定收益类证券投资业务；（4）接受承租人的租赁保证金；（5）吸收非银行股东 3 个月（含）以上定期存款；（6）同业拆借；（7）向金融机构借款；（8）境外借款；（9）租赁物变卖及处理业务；（10）经济咨询。

此外，经营状况良好、符合条件的金融租赁公司可以开办下列部分或全部本外币业务：（1）发行债券；（2）在境内保税地区设立项目公司开展融资租赁业务；（3）资产证券化；（4）为控股子公司、项目公司对外融资提供担保；（5）监管机构批准的其他业务。

2000 年 6 月 30 日，中国人民银行颁布《金融租赁公司管理办法》（中国人民银行令〔2000〕第 4 号），对金融租赁公司的组织形式、业务经营和监督管理等方面进行了明确规定。该办法颁布后，浙江金融租赁股份有限公司等十家金融机构陆续依据新办法取得非银行金融机构执照，并接受中国人民银行监督管理。当时，该办法所称金融租赁公司是指经中国人民银行批准以经营融资租赁业务为主的非银行金融机构。

2007 年 1 月 23 日，原中国银监会颁布修订的《金融租赁公司管理办法》（中国银监会令 2007 年第 1 号），对金融租赁公司的设立等相关内容进行了进一步修改。该文件所称金融租赁公司，是指经监管机构批准，以经营融资租赁业务为主的非银行金融机构。监管机构已经由之前中国人民银行转变成了原中国银监会，2018 年监管机构则调整为中国银保监会。2014 年 3 月 13 日，原中国银保监会出台了最新的《金融租赁公司管理办法》（中国银监会令 2014 年第 3 号），该办法现行有效。

二、金融租赁公司治理相关法律法规梳理

我国金融租赁公司治理的法律法规最早可以追溯到 2000 年，有 5 部较为重要的现行有效文件，涵盖内部和外部治理的内容，如《金融租赁公司管理办法》（中国银监会令 2014 年第 3 号）、《金融租赁公司监管评级办法（试行）》等。我国金融租赁公司治理主要法律法规文件列表详见附录 4-3-2。

在金融租赁公司内部治理方面，《金融租赁公司管理办法》（中国银监会令 2014 年第 3 号）规定：金融租赁公司应当建立以股东或股东（大）会、董事会、监事（会）、高管层等为主体的组织架构，明确职责划分，保证相互之间独立运行、有效制衡，形成科学高效的决策、激励和约束机制。

在金融租赁公司外部治理方面，《金融租赁公司管理办法》（中国银监会令 2014 年第 3 号）规定了原中国银监会对金融租赁公司的监管职责。《金融租赁公司监管评级办法（试行）》从总体上对金融租赁公司监管评级工作做出安排。

三、金融租赁公司治理定义

伴随金融租赁行业的发展，金融租赁公司治理近年来受到许多学者的关注。蔡鄂生（2011）分析了国内融资租赁行业的发展状况，认为国内市场缺乏相关融资租赁法律法规，有待完善融资租赁二级市场。王博、刘永余和刘澜飙（2015）指出，现阶段我国融资租赁行业存在着监管主体不统一的问题。王萃彦（2015）指出，我国融资租赁监管法律制度存在轻监管重审批的问题，可采用先审批后监管或者轻审批与重监管并举的方式进行监管。王筝（2015）在分析金融租赁业务

的一般风险和特殊风险的基础上，结合租赁公司业务特点，探索租赁资产风险评级方法。丛林（2015）指出，金融租赁公司应以资产价值管理为核心，以租赁物、承租人和交易结构三个维度为基础，建立全面风险管理体系。谭人友和徐鹏（2017）指出，我国金融租赁行业整体处于初级阶段，存在股东依赖度高的问题。刘伟、史晓玥和刘美玲（2018）指出，我国金融租赁公司内部治理结构复杂，各种类型的金融业务交叉、混合开展进行，子公司和母公司利益相互关联，认为可以通过设立统一的法律法规强化监管协调的有效性。

本章认为金融租赁公司治理（financial leasing company governance）是指为规范金融租赁公司行为，强化风险防范，维护市场参与者的利益，促进我国金融租赁行业持续稳健发展而建立的一系列正式或非正式、内部或外部的治理制度安排，包括内部治理与外部治理两个方面和治理结构与治理机制两个层面。

金融租赁公司内部治理是指建立以股东（大）会、董事会、监事会、高管层等为主体的组织架构，并明确其构成、地位与性质、基本职权、运作规则等，通过设计内部控制、内部审计等制度，形成科学高效的决策、激励和约束机制，以保障金融租赁公司内部权责明晰、制衡有效、激励科学、运转高效。

金融租赁公司外部治理主要包括外部监管和评价、信息披露、媒体监督、产品市场竞争、外部利益相关者治理等。在外部监管和评价方面，中国银保监会及其派出机构依法对金融租赁公司实施监督管理，并根据日常监管掌握情况以及其他相关信息，全面评估金融租赁公司的经营管理与风险状况，合理配置监管资源，加强分类监管。金融租赁公司需要遵守资本充足率、单一客户融资集中度、单一集团客户融资集中度、单一客户关联度、全部关联度、单一股东关联度、同业拆借比例等监管指标的规定。

第三节　贷款公司治理

一、贷款公司简介

从广义的角度来看，在我国，贷款公司是对传统持牌贷款公司与准金融机构小额贷款公司的统称。其中，传统贷款公司作为正规金融机构，持有监管机构颁发的贷款公司牌照，而监管机构对于小额贷款公司的定义尚不明晰。根据中国人民银行 1994 年颁布的《金融机构管理规定》（银发〔1994〕198 号）中“中国人民银行对金融机构实行许可证制度。对具有法人资格的金融机构颁发《金融机构法人许可证》，对不具备法人资格的金融机构颁发《金融机构营业许可证》。未取得许可证者，一律不得经营金融业务”和中国人民银行 1996 年颁布的《贷款通则》（中国人民银行令 1996 年第 2 号）中关于“贷款人必须经中国人民银行批准经营贷款业务，持有中国人民银行颁发的金融机构法人许可证或金融机构营业许可证”的规定，金融许可证[①]是我国金融机构重要的外部特征，因而大部分法律法规仍将小额贷款公司作为从事金融性业务的其他企业来对待。下文将聚焦于持牌的传统贷款公司进行讨论。

依据《贷款公司管理规定》（银监发〔2009〕76 号）的相关规定，贷款公司（loan company）是经监管机构依据有关法律、法规批准，由境内商业银行或农村合作银行在农村地区设立的专门为县域农民、农业和农村经济发展提供贷款服务的非银行业金融机构。贷款公司是由境内商业银行或农村合作银行全额出资的有限责任公司。

根据中国银保监会官网（http://www.cbirc.gov.cn）披露的数据，截至 2021 年 12 月 31 日，我国登记状态为存续或在业的具有法人资格的贷款公司有天津市静海区兴农贷款有限责任公司、天津市宝坻区兴农贷款有限责任公司、天津市蓟州区兴农贷款有限责任公司、天津市宁河区兴农贷款有限责任公司、天津市武清区兴农贷款有限责任公司、开化通济贷款有限责任公司、吉林德惠长银贷款有限责任公司、湖北荆州公安花旗贷款有限责任公司、湖北咸宁赤壁花旗贷款有限责任公司、重庆北碚花旗贷款有限责任公司、四川平武富民贷款有限责任公司、四川仪陇惠民贷款有限责任公司和大连瓦房店花旗贷款有限责任公司等 13 家。最早成立的贷款公司为成立于 2007 年 2 月 13 日的四川仪陇惠民贷款有限责任公司。我国传统贷款公司名录详见附录 4-1-3。

二、贷款公司治理相关法律法规梳理

贷款公司的治理主要参照《贷款公司管理暂行规定》（银监发〔2007〕6 号）、

① 获得监管部门颁发许可证的金融机构就是所谓的持牌金融机构。许可证在不同金融行业的具体称呼略有不同，例如银行业一般称之为金融许可证，保险业一般称之为保险许可证，证券业一般称之为经营证券业务许可证。

《贷款公司管理规定》(银监发〔2009〕76 号)、《中国人民银行、中国银行业监督管理委员会关于村镇银行、贷款公司、农村资金互助社、小额贷款公司有关政策的通知》(银发〔2008〕137 号)以及《中国人民银行、中国银行业监督管理委员会关于建立贷款公司和小额贷款公司金融统计制度的通知》(银发〔2009〕268 号),从内部治理和外部治理两方面进行规定。我国贷款公司治理主要法律法规文件列表详见附录 4-3-3。

以《贷款公司管理规定》(银监发〔2009〕76 号)为例,在内部治理方面,该规定对贷款公司的组织架构和经营管理进行了规定。在外部治理方面,该规定明确了银行业监督管理机构根据贷款公司资本充足状况和资产质量状况,应当实施的监管措施。

三、贷款公司治理定义

少数学者开始关注贷款公司治理问题,但专门研究贷款公司治理的文献较少。陈立宇(2010)认为,贷款公司应是更适合在中西部欠发达地区发展壮大的新型农村金融机构模式,且银行全资子公司的模式是建立小额贷款资金批发与信贷零售的服务分工体系的较好实践。王志洪和徐勇(2013)发现外资贷款公司存在着信贷投放去农化、经营决策终端化和外汇管理边缘化的问题,并针对这些问题提出细化相关外汇管理政策、完善农业风险补偿体系等治理改革建议。王香月(2015)认为,想要破除制约贷款公司发展的内外部因素,应从地方政府积极扶持、加强贷款公司的人才培训等角度考虑。

本章认为贷款公司治理(loan company governance)是指为规范贷款公司行为,有效解决我国农村地区贷款困境,推进我国农村金融服务创新改革,切实保障农村地区融资者的合法权益而构建的一系列内外部治理制度安排。贷款公司治理包括内部治理与外部治理两个方面和治理结构与治理机制两个层面。

贷款公司内部治理是指"三会一层"治理结构和包括内部审计、内部控制等在内的相关治理制度安排。具体而言,贷款公司可不设立董事会、监事会,但必须建立健全经营管理机制和监督机制。贷款公司的经营管理层由投资人自行决定。贷款公司章程由投资人制定和修改。贷款公司董事会负责制订经营方针和业务发展计划,未设董事会的,由经营管理层制订,并经投资人决定后组织实施。贷款公司建立内部审计制度,对内部控制执行情况进行检查、评价,并对内部控制的薄弱环节进行纠正和完善，确保依法合规经营。

贷款公司外部治理主要包括外部监管、信息披露、外部审计等。在外部监管方面，贷款公司开展业务，依法接受银行业监督管理机构监督管理，与投资人实施并表监管。银行业监督管理机构依据法律、法规对贷款公司的资本充足率、不良贷款率、风险管理、内部控制、风险集中、关联交易等实施持续、动态监管。在信息披露方面，贷款公司建立信息披露制度，及时披露年度经营情况、重大事项等信息。

不断完善贷款公司治理有助于提高贷款公司的经营管理能力、抗风险能力以及支农服务能力。贷款公司经营要严控信贷总量，改进和完善授信指引和贷款管理办法，从源头上加强授信管理，杜绝违规挪用信贷资金行为；要注重加快转变增长方式，调整资产结构，增强盈利能力，进一步充实资本金，提高拨备覆盖率，提升企业抗风险能力。

第四节　汽车金融公司治理

一、汽车金融公司简介

汽车金融公司（automotive financial company）是指经中国银行业监督管理机构批准设立的，为中国境内的汽车购买者及销售者提供金融服务的非银行金融机构。

根据《汽车金融公司管理办法》（中国银监会令 2008 年第 1 号）的规定，经监管机构批准，汽车金融公司可从事下列部分或全部人民币业务：（1）接受境外股东及其所在集团在华全资子公司和境内股东 3 个月（含）以上定期存款；（2）接受汽车经销商采购车辆贷款保证金和承租人汽车租赁保证金；（3）经批准，发行金融债券；（4）从事同业拆借；（5）向金融机构借款；（6）提供购车贷款业务；（7）提供汽车经销商采购车辆贷款和营运设备贷款，包括展示厅建设贷款和零配件贷款以及维修设备贷款等；（8）提供汽车融资租赁业务（售后回租业务除外）；（9）向金融机构出售或回购汽车贷款应收款和汽车融资租赁应收款业务；（10）办理租赁汽车残值变卖及处理业务；（11）从事与购车融资活动相关的咨询、代理业务；（12）经批准，从事与汽车金融业务相关的金融机构股权投资业务；（13）经监管机构批准的其他业务。

汽车金融公司准入门槛较高，对于出资人、注册资本、资本充足率、业务集中度等方面均有监管要求。上海通用汽车金融有限责任公司成立于 2004 年 8 月 11 日，是我国最早成立的汽车金融公司，该公司发行了我国第一笔以汽车抵押贷款为基础的资产证券化项目。根据中国银保监会官网（http://www.cbirc.gov.cn）披露的数据，截至 2021 年 12 月 31 日，我国登记状态为存续或在业的持牌汽车金融公司共有 25 家，具体名录详见附录 4-1-4。

二、汽车金融公司治理相关法律法规梳理

本章从内部治理和外部治理两个方面，梳理关于我国汽车金融公司治理的法律法规。在内部治理方面，发布的法律法规主要集中在治理结构方面，对股东、董事和高级管理人员进行了任职及资格的限定。外部治理则聚焦在监管指标和信息披露方面。我国汽车金融公司治理相关法律法规文件列表详见附录 4-3-4。

在汽车金融公司内部治理方面，《中国银保监会非银行金融机构行政许可事项实施办法》（中国银保监会令 2020 年第 6 号）对申请非银行金融机构董事长、副董事长和高级管理人员的条件进行了限定，这一规定涵盖了汽车金融公司。

在汽车金融公司外部治理方面，《汽车金融公司管理办法》（中国银保监会 2008 年第 1 号）对汽车金融公司应当遵守的指标提出了具体要求，并且规定了信息披露相关事宜。

三、汽车金融公司治理定义

学者对于汽车金融公司治理研究主要集中在风险管理方向。张元亮（2014）以全面风险管理整合框架理论为基础，结合汽车金融公司的管理，探讨全面风险管理开展的主要方法和实施过程。韩文杰（2014）探讨中国重汽财务公司汽车金融信贷业务面临的六类风险，明确指出信贷风险的主要来源和产生原因以及风险类别，并针对风险形成的原因，从构建风险管理体系、加强内外部控制、加强信息管理、金融业态上实现专业化经营等方面提出优化方案。谢鸣（2015）通过分析研究传统汽车金融业务的信贷风险管理经验，提出我国互联网汽车金融信贷风险管理的发展空间和政策建议。刘志强（2018）通过对比国内外汽车金融信贷风险管控情况，构建适应国内汽车金融信贷风险控制的风险评估模型。

本章认为汽车金融公司治理（automotive financial company governance）是指为保证汽车金融公司合法合规、健康有序运行而建立的以股东（大）会、董事会、监事会和高管层为主体，相关制度和法律法规为手段的一系列治理制度安排。汽车金融公司治理包括内部治理与外部治理两个方面和治理结构与治理机制两个层面。

汽车金融公司内部治理是指汽车金融公司内部治理结构与治理机制。汽车金融公司的治理结构由股东（大）会、董事会（包括风险管理委员会、战略委员会等专门委员会）、监事会、高管层等构成。相关治理制度主要包括股东、董事、监事和高管层的任职选用、薪酬激励、监督约束、内部控制、风险管理等制度。

汽车金融公司外部治理主要包括监管机构监管、行业自律、信息披露、外部审计等外部治理机制。在监管机构监管方面，中国银保监会及其派出机构依法对汽车金融公司实施监督管理。

第五节　消费金融公司治理

一、消费金融公司简介

消费金融公司（consumer financial company）是指经中国银行业监督管理机构批准，在中华人民共和国境内设立的，不吸收公众存款，以小额、分散为原则，为中国境内居民个人提供以消费为目的的贷款的非银行金融机构。

消费金融公司属于正式非银行金融机构。资产端主要以消费贷款（不含房地产贷款和汽车贷款）为主。负债端则可以吸纳股东子公司存款，部分可以发行金融债，部分具备资质的消费金融机构可以进行同业融资，部分可通过资产证券化方式融资等。

根据《消费金融公司试点管理办法（2013）》（中国银监会令 2013 年第 2 号），经监管机构批准，消费金融公司可以经营下列部分或者全部人民币业务：（1）发放个人消费贷款；（2）接受股东境内子公司及境内股东的存款；（3）向境内金融机构借款；（4）经批准发行金融债券；（5）境内同业拆借；（6）与消费金融相关的咨询、代理业务；（7）代理销售与消费贷款相关的保险产品；（8）固定收益类证券投资业务；（9）经监管机构批准的其他业务。

消费金融服务方式在成熟市场和新兴市场均已得到广泛使用，受到不同消费群体欢迎，具有单笔授信额度小、审批速度快、无须抵押担保、服务方式灵活、贷款周期短等优势，能刺激居民消费，增加有效需求。消费贷款是指消费金融公司向借款人发放的以消费（不包括购买房屋和汽车）为目的的贷款。2010 年 3 月 1 日，由北京银行股份有限公司（简称北京银行）发起设立的国内首家消费金融公司北银消费金融有限公司正式挂牌成立,该公司是专为我国境内居民提供以消费为目的的贷款的非银行金融机构。根据中国银保监会官网（http://www.cbirc.gov.cn）披露的数据，截至 2021 年 12 月 31 日，我国登记状态为存续或在业的持牌消费金融公司共有 30 家，具体名录详见附录 4-1-5。

从地区分布来看，消费金融公司已打破一地一家的原则。早期试点过程中，监管机构一直明确坚持“一地一家”的原则，在 2015 年这一原则被打破。目前我国消费金融公司数量超过 1 家的省级行政区已达到 7 个，分别为北京市、上海市、重庆市、广东省、福建省、江苏省和四川省，其中北京市、上海市和重庆市各拥有 3 家消费金融公司，广东省、福建省、江苏省和四川省各拥有 2 家消费金融公司。以上 7 个省级行政区合计拥有 17 家消费金融公司。安徽省、河北省、河南省、黑龙江省、湖北省、湖南省、辽宁省、内蒙古自治区、山东省、山西省、陕西省、天津市和浙江省各拥有 1 家消费金融公司。

二、消费金融公司治理相关法律法规梳理

本章从内部治理和外部治理两个方面,梳理关于我国消费金融公司治理的法律法规。在内部治理方面，发布的法律法规主要集中在治理结构方面，对股东、董事和高级管理人员进行了任职及资格的限定。外部治理则聚焦在监管指标、信息披露和监管评级方面。我国消费金融公司治理主要法律法规文件列表详见附录 4-3-5。

在消费金融公司内部治理方面，《消费金融公司试点管理办法（2013）》（中国银监会令 2013 年第 2 号）对公司董事和高级管理人员任职制度进行规定。《中国银保监会非银行金融机构行政许可事项实施办法》（中国银保监会令 2020 年第 6 号）对申请非银行金融机构董事长、副董事长和高级管理人员的条件进行了限定，消费金融公司属于其中一类机构。

在消费金融公司外部治理方面，《消费金融公司试点管理办法（2013）》（中国银监会令 2013 年第 2 号）对消费金融公司应当遵守的指标提出了具体要求。《消

费金融公司监管评级办法（试行）》（银保监办发〔2020〕128 号）对消费金融公司的整体状况做出评价判断和评级，以便进行分类监管。

三、消费金融公司治理定义

消费金融公司治理近年来才受到学者的关注。陈琼蕾（2016）认为在制度方面，信贷催收服务和应收账款管理外包的监管、法律管理、未来发展纲领都存在缺失或不足。陈禹（2019）认为，当前我国消费金融政策对准入门槛规定较严格，导致银行系成为满足设立条件的少有主体。张晓梅（2020）研究银行系消费金融公司与其母公司的关联风险，并提出完善关联交易的信息披露制度。杜金富和张红地（2021）认为，消费金融公司的治理结构具有区别于其他非银机构的特点，包括股东构成以银行和电商为主且股权结构较为集中等，引入管理经验丰富的战略性股东、鼓励管理层和员工持股并拓宽资本补充渠道，可以提高公司治理水平。

本章认为消费金融公司治理（consumer financial company governance）是指为促进消费金融业务发展，规范消费金融公司的经营行为，而建立的以股东（大）会、董事会、监事会和高管层为主体，相关制度和法律法规为手段，维护各方利益，对公司进行全生命周期指导的一套多方治理制度安排。消费金融公司治理包括内部治理与外部治理两个方面和治理结构与治理机制两个层面。

消费金融公司内部治理主要是指消费金融公司内部治理结构与相关治理制度安排。消费金融公司的内部治理结构主要包括股东（大）会、董事会、监事会和高管层，相关治理制度安排主要包括股东、董事、监事和高管层的任职选用、激励约束、内部控制、风险管理等制度。

消费金融公司外部治理主要包括外部监管和评价、信息披露、行业自律等。在外部监管和评价方面，银行业监督管理机构依法对消费金融公司及其业务活动实施监督管理，通过设立监管指标、制定监管制度、实施监管评级来规范消费金融公司的实际运作，降低各类风险，维护消费者权益，保证消费金融公司有序健康发展。

消费金融公司治理具有特殊性。消费金融公司在中国成立时间较短，发展速度较快，存在征信系统不够完善、股东结构较为集中等问题，因此消费金融公司治理不能只依靠公司自身和监管部门，需要在征信体系等整体发展的基础上循序渐进。

第六节　金融资产投资公司治理

一、金融资产投资公司简介

金融资产投资公司（financial asset investment company）是指经国务院银行业监督管理机构批准，在中华人民共和国境内设立的，主要从事银行债权转股权及配套支持业务的非银行金融机构。

根据中国银保监会官网（http://www.cbirc.gov.cn）披露的数据，截至2021年12月31日，我国已成立5家金融资产投资公司，分别为建信金融资产投资有限公司（2017年7月26日成立，简称建信投资）、农银金融资产投资有限公司（2017年8月1日成立，简称农银投资）、工银金融资产投资有限公司（2017年9月26日成立，简称工银投资）、中银金融资产投资有限公司（2017年11月16日成立，简称中银资产）、交银金融资产投资有限公司（2017年12月29日成立，简称交银投资），母公司均为国有银行，注册资本均在100亿元以上，合计达到540亿元，注册地分别为北京市西城区、北京市海淀区、江苏省南京市、北京市东城区和上海市闵行区。我国金融资产投资公司名录及其具体信息详见附录4-1-6。除国有五大银行外，股份行中的平安银行与兴业银行也于2018年8月和12月相继宣布要成立金融资产投资公司。其中，平安银行为合资，兴业银行为全资。地方性银行中的广州农商行也发布公告称将出资50亿元（持股比例不低于35%）合资设立金融资产投资公司，这是截至2022年4月15日唯一宣布要成立金融资产投资公司的地方性银行。

根据《金融资产投资公司管理办法（试行）》（中国银保监会令2018年第4号）规定，金融资产投资公司的业务范围基本分为两个方向，即资产端的债转股项目落地和负债端的对外融资情况。金融资产投资公司的资产端业务包括以下五类：（1）收购银行对企业的债权，转换为股权；（2）对债权进行重组、转让和处置；（3）控制企业股权，用于偿还企业债；（4）自营资金可以开展存放同业、拆放同业、购买固定收益类证券等业务；（5）与债转股相关的财务顾问和咨询。负债端业务包含以下五类：（1）发行私募资产管理产品，可以设立附属机构，申请成为私募股权；（2）发行金融债券、银行存款、质押融资；（3）同业拆借、债券回购、同业借款；（4）申请成为私募股权投资基金管理；（5）募集资金的使用另有规定。

二、金融资产投资公司治理相关法律法规梳理

针对金融资产投资公司的相关法律法规较少，较为重要的有两部：《金融资产投资公司管理办法（试行）》（中国银保监会令 2018 年第 4 号）和《中国银保监会关于金融资产投资公司开展资产管理业务有关事项的通知》（银保监发〔2020〕12 号）。我国金融资产投资公司治理主要法律法规文件列表详见附录 4-3-6。

其中《金融资产投资公司管理办法（试行）》（中国银保监会令 2018 第 4 号）规定：银行、金融资产投资公司应当与债转股对象企业、企业股东等相关方按照公允原则确定股权数量和价格，依法建立合理的损失分担机制，真实降低企业杠杆率，切实化解金融风险；金融资产投资公司及其分支机构（附属机构）应当按规定向国务院银行业监督管理机构及其派出机构报送监管信息。

三、金融资产投资公司治理定义

目前专门研究金融资产投资公司的文献较少。战友（2021）认为，金融资产投资公司业务开展中存在低成本资金募集困难、债转股后不能盈利的风险、公司治理作用发挥还不够等问题。郑银凤（2019）认为，金融资产投资公司承接银行不良贷款的问题主要在于在投后管理中可能发生资金挪用、不能真正参与到企业经营、缺乏专业股权投资人才等问题，以及在股权退出时，面临着可能不能及时退出的问题等。

本章认为金融资产投资公司治理（financial asset investment company governance）是指为推动市场化、法治化银行债权转股权健康有序开展，规范银行债权转股权业务行为，而建立的一系列正式与非正式、内部或外部的治理制度安排，包括内部治理与外部治理两个方面和治理结构与治理机制两个层面。

金融资产投资公司内部治理主要是指金融资产投资公司治理结构与内部治理机制。内部治理的重点是要明确股东（大）会、董事会、监事会、高管层以及风险管理部门和内审部门等的职责分工，制定合理的业绩考核和奖惩机制，建立市场化的用人机制和薪酬激励约束机制，建立健全多层次、相互衔接、有效制衡的风险管理机制，完善内控机制，提高内部审计有效性，持续督促业务经营、内

控合规、风险管理等方面水平的提升。

金融资产投资公司外部治理主要包括外部监管与评价、信息披露、外部利益相关者关系、外部审计等。在外部监管与评价方面，国务院银行业监督管理机构及其派出机构按照法律法规要求，通过非现场监管和现场检查等方式对金融资产投资公司及其分支机构（附属机构）实施持续监管。国务院银行业监督管理机构对金融资产投资公司及其分支机构（附属机构）业务开展情况和债权转股权效果定期进行评估，根据降低企业杠杆率实际效果、主营业务占比、购买债权实施转股业务占比、交叉实施债权转股权占比等情况，研究完善监督管理、激励约束和政策支持措施。在信息披露和外部利益相关者关系方面，金融资产投资公司及其附属机构加强投资者适当性管理和信息披露，明确告知投资者募集资金用于债权转股权项目。

金融资产投资公司是从事银行债权转股权及配套支持业务的非银行金融机构，因而区别于一般的公司治理。金融资产投资公司治理目标并非为股东利益最大化，而是通过自愿平等协商开展债权转股权业务，确保洁净转让、真实出售，坚持通过市场机制发现合理价格，确保银行债权转股权的市场化原则、法制化原则和公允原则。

第七节　金融资产管理公司治理

一、金融资产管理公司简介

广义的金融资产管理公司（financial asset management company）是指从事各类金融资产托管、运作、收购、处置等金融业务的机构或组织。狭义的金融资产管理公司是指专门从事金融机构不良资产收购、管理、处置等业务的机构或组织。广义的金融资产管理公司除包括狭义的金融资产管理公司外，还包括保险公司、商业银行、投资银行、证券公司等金融机构设立的从事金融资产管理、投资等运作的附属公司等机构或组织。

狭义的金融资产管理公司按照业务范围的不同可分为两类。第一类是全国性金融资产管理公司，即本章的研究对象，是指经国务院决定设立的收购国有银行不良贷款，管理和处置因收购国有银行不良贷款形成的资产的国有独资银行业非存款金融机构。全国性金融资产管理公司是正式的金融机构，以最大限度保全资产、减少损失为主要经营目标，依法独立承担民事责任。第二类为地方性金融资产管理公司即地方资产管理公司[①]，是指由各省级人民政府（含计划单列市）授权或批准并由监管机构同财政部指导或监督，参与本省（自治区、直辖市）范围内金融企业不良资产的批量收购、处置业务的类金融机构。这类机构治理内容详见本手册第九章第七节相关内容。

根据中国银保监会官网（http://www.cbirc.gov.cn）披露的数据，截至 2021 年 12 月 31 日，我国登记状态为存续或在业的持牌金融资产管理公司共有 5 家，包括中国信达资产管理股份有限公司（简称信达资管）、中国东方资产管理股份有限公司（简称东方资管）、中国华融资产管理股份有限公司（简称华融资管）、中国长城资产管理股份有限公司（简称长城资管）和中国银河资产管理有限责任公司（简称银河资管）。信达资管是经国务院批准成立的首家金融资产管理公司。我国金融资产管理公司名录详见附录 4-1-7。

根据《金融资产管理公司条例》（中华人民共和国国务院令第 297 号），成立之初，金融资产管理公司的业务主管单位是中国人民银行。《金融资产管理公司条例》（中华人民共和国国务院令第 297 号）规定，金融资产管理公司由中国人民银行颁发《金融机构法人许可证》，并向工商行政管理部门依法办理登记；金融资产管理公司设立分支机构，须经财政部同意，并报中国人民银行批准，由中国人民银行颁发《金融机构营业许可证》，并向工商行政管理部门依法办理登记；金融资产管理公司的高级管理人员须经中国人民银行审查任职资格。但是，由于后来的行政机构调整，根据《全国人民代表大会常务委员会关于中国银行业监督管理委员会履行原由中国人民银行履行的监督管理职责的决定》（2003 年 4 月 26 日第十届全国人民代表大会常务委员会第二次会议通过），确定原中国银监会履行原由中国人民银行履行的审批、监督管理银行、金融资产管理公司、信托投资公司及其他存款类金融机构等职责及相关职责。至此，2003 年 4 月 25 日成立的原中国银监会成为信达资管、东方资管、华融资管和长城资管 4 家金融资产管理

① 本手册检索相关法律法规文件发现，目前已有文件多用“地方资产管理公司”，只有少数文件使用了“地方金融资产管理公司”或“地方性金融资产管理公司”，因此本手册相关内容遵循惯例而使用“地方资产管理公司”。

公司的业务管理部门。

2020年3月5日，中国银保监会批复同意建投中信资产管理有限责任公司（简称建投中信）转型为金融资产管理公司并更名为中国银河资产管理有限责任公司（简称银河资管），要求其6个月内完成转型工作，并按有关规定和程序向中国银保监会提出开业申请。2020年12月11日，中国银保监会官网（http://www.cbirc.gov.cn）发布《中国银保监会关于中国银河资产管理有限责任公司开业的批复》（银保监复〔2020〕874号），同意中国银河资产管理有限责任公司开业，成为第5家全国性金融资产管理公司。该公司的详细简介见附录4-2-3。

截至2022年4月15日，5家金融资产管理公司共有128家分公司。其中，信达资管有36家分支机构，东方资管有26家分支机构，华融资管有33家分支机构，长城资管有33家分支机构。

二、金融资产管理公司治理相关法律法规梳理

通过对相关法律法规的梳理，可见金融资产管理公司的内部治理和外部治理有着较为丰富的规定和较为严格的要求。其中内部治理相关规定较为丰富，尤其是对于集团的组织架构、集团母公司及各附属法人机构的制衡，以及对母公司的治理。我国金融资产管理公司治理主要法律法规文件列表详见附录4-3-7。

在金融资产管理公司内部治理方面，《金融资产管理公司条例》（中华人民共和国国务院令第297号）规定，实施债权转股权的企业，应当按照现代企业制度的要求，转换经营机制，建立规范的公司法人治理结构，加强企业管理。《金融资产管理公司监管办法》（银监发〔2014〕41号）规定，集团母公司应当参照《商业银行公司治理指引》等有关规定，建立健全公司治理机制，满足集团运营的组织、业务和风险管理需要；集团应当整合风险管理资源，建立独立、全面、有效的综合风险管理体系；集团应当逐步健全信息科技治理结构。

在金融资产管理公司外部治理方面，《财政部关于加强金融资产管理公司管理的通知》（财金函〔2001〕11号）中提到，财政部将加大对资产公司的监督检查力度，发现问题的要在系统内通报批评，并建议有关部门追究负责人和责任人的责任。《金融资产管理公司监管办法》（银监发〔2014〕41号）规定，根据国家有关法律和国务院的授权，原中国银监会依法监督管理集团母公司和实施集团并表监管，并负责集团层面监管。集团附属法人机构根据法律规定接受相关监管机

构或部门的监管。原中国银监会与财政部、中国人民银行、中国证监会、原中国保监会等监管机构和主管部门加强监管合作和信息共享，协调实现集团范围的全面、有效监管。《中国银行业监督管理委员会办公厅关于建立金融资产管理公司三项业务统计报告制度的通知》（银监办通〔2005〕66 号）要求建立金融资产管理公司三项业务及持有金融机构股权统计报告制度，对统计报告内容、报送时间和有关要求进行了规定。

三、金融资产管理公司治理定义

金融资产管理公司治理是金融机构治理领域研究的热点方向。卢小兵（2005）认为，金融资产管理公司的政策性金融机构定位决定了其治理结构的复杂性。金融资产管理公司改革和发展课题组、李超和邵伏军（2006）认为，金融资产管理公司必须重组改革，将政策性和商业性剥离开来。周君兴和周甬挺（2006）探讨了商业化转型的金融资产管理公司内部控制机制的构建、内容及完善措施。杨军华（2012）认为，改制后的金融资产管理公司还需要对组织进行重组，增强总部的集团管控能力。张洁（2013）认为，金融资产管理公司管理层级多导致治理结构“不完善”。李琪和喻画恒（2019）建议在董事会下设立资产负债管理委员会，与风险管理委员会并齐，统筹流动性风险管理和内部资金管理等。沈圳（2019）认为，金融资产管理公司“多龙治水”的管理格局具有历史合理性，但监管体制职责不清、权责不对等等问题阻碍了金融资产管理公司的稳健发展。孙哲（2020）提出，金融资产管理公司以经营不良资产为主业，需重视与完善内部审计，但金融资产管理公司普遍没有设置总审计师或首席审计官岗位。李慧颖（2021）提到金融资产管理公司均已实现商业化转型，但仍存在监管套利、公司治理失灵等问题，需借鉴国际先进经验，修订相关立法、完善公司治理框架、提高监管威慑力等。

本章认为金融资产管理公司治理（financial asset management company governance）是指为规范金融资产管理公司的活动，依法处理国有银行不良贷款，促进国有银行和国有企业的改革和发展，而设计的关于股东和股东（大）会、董事和董事会、监事和监事会、高管层和其他利益相关者责、权、利安排的一整套治理制度安排体系，包括内部治理与外部治理两个方面和治理结构与治理机制两个层面。

金融资产管理公司内部治理是指通过股东（大）会、董事会、监事会和高管层的构成、地位性质、基本职权、运作规则，以及内部控制、风险管理等方面的治理制度安排，有效发挥决策机制、执行机制、监督机制、激励约束等机制的作用。

金融资产管理公司外部治理包括外部监管、集团管控、信息披露、外部审计等。对金融资产管理公司的监管为多头监管，即中国人民银行、财政部、中国证监会、国有重点金融机构监事会①等，对金融资产管理公司进行业务监管、财务监管和经营管理业绩评价等。

我国的金融资产管理公司承担着经营不良资产和化解金融风险的任务，其在法律地位、经济地位、经营目标、经营业务、监督管理等方面具有一定特殊性，因此其治理也存在特殊性。金融资产管理公司治理需要坚持完善"三会一层"的治理架构，强调风险控制和信息科技治理，发挥集团整体管控的作用，注重母子公司的协同治理。监管机构注重对集团的整体监管，在资产处置、资本管理监管等业务方面也提出明确要求。

第八节　银行理财子公司治理

一、银行理财子公司简介

银行理财子公司（wealth management subsidiary company of commercial bank），简称银行理财公司，为商业银行下设的从事理财业务的非银行金融机构。根据《商业银行理财子公司管理办法》（中国银保监会令 2018 年第 7 号），银行理财子公司指商业银行经国务院银行业监督管理机构批准，在中华人民共和国境内设立的，主要从事理财业务的非银行金融机构。

理财业务指银行理财子公司接受投资者委托，按照与投资者事先约定的投资策略、风险承担和收益分配方式，对受托的投资者财产进行投资和管理的金

---

① 根据 2000 年发布的《国有重点金融机构监事会暂行条例》（中华人民共和国国务院令第 282 号），国有重点金融机构监事会由国务院派出，对国务院负责，代表国家对国有金融机构的资产质量及国有资产保值增值状况实施监督。监事会履行下列职责：（1）检查国有金融机构贯彻执行国家有关金融、经济的法律、行政法规和规章制度的情况；（2）检查国有金融机构的财务，查阅其财务会计资料及与其经营管理活动有关的其他资料，验证其财务报告、资金营运报告的真实性、合法性；（3）检查国有金融机构的经营效益、利润分配、国有资产保值增值、资金营运等情况；（4）检查国有金融机构的董事、行长（经理）等主要负责人的经营行为，并对其经营管理业绩进行评价，提出奖惩、任免建议。

融服务。

《商业银行理财子公司管理办法》（中国银保监会令 2018 年第 7 号）规定，应通过银行理财子公司发行理财产品，未经国务院银行业监督管理机构批准，任何单位不得在其名称中使用“理财有限责任公司”或“理财股份有限公司”字样。在我国，银行理财子公司具备全资子公司、背靠银行、资管牌照的特征。

我国第一家银行理财子公司建信理财有限责任公司（简称建信理财）成立于 2019 年 5 月 24 日，其注册资本为 150 亿元。2019—2021 年，建信理财归母净利润分别为 0.60 亿元、3.35 亿元和 20.62 亿元，整体业绩增长较快。根据中国银保监会官网（http://www.cbirc.gov.cn）披露的数据，截至 2022 年 4 月 15 日，我国已有 29 家银行理财子公司获批，其中 25 家银行理财子公司已正式成立（包括 6 家国有银行理财子公司，8 家股份制银行理财子公司，7 家城商行理财子公司，1 家农村商业银行理财子公司和 3 家中外合资企业理财子公司），我国登记状态为存续或在业的银行理财子公司名录详见附录 4-1-8。已获批筹建但尚未正式开业的 4 家理财子公司有高盛工银理财有限责任公司[①]、民生理财有限责任公司[②]、渤银理财有限责任公司和恒丰理财有限责任公司。

二、银行理财子公司治理相关法律法规梳理

银行理财子公司治理相关主要法律法规包括《关于规范金融机构资产管理业务的指导意见》（银发〔2018〕106 号）、《商业银行理财业务监督管理办法》（中国银保监会令 2018 年第 6 号）、《商业银行理财子公司管理办法》（中国银保监会令 2018 年第 7 号）、《商业银行理财子公司净资本管理办法（试行）》（中国银保监会令 2019 年第 5 号）和《中国人民银行关于规范现金管理类理财产品管理有关事项的通知》（银保监发〔2021〕20 号）。我国银行理财子公司治理主要法律法规文件列表详见附录 4-3-8。

《商业银行理财子公司管理办法》（中国银保监会令 2018 年第 7 号）对银行理财子公司内部与外部治理做出了较全面的规定：银行理财子公司应当建立组织

---

① 2022 年 7 月 27 日，中国银保监会官网发布《关于民生理财有限责任公司开业的批复》（银保监复〔2022〕390 号），同意民生理财有限责任公司开业，批复日期为 6 月 15 日。

② 2022 年 6 月 17 日，中国银保监会官网发布《关于高盛工银理财有限责任公司开业的批复》（银保监复〔2022〕406 号），同意高盛工银理财有限责任公司开业，批复日期为 6 月 17 日。

健全、职责清晰、有效制衡、激励约束合理的公司治理结构。同一投资人及其关联方、一致行动人参股银行理财子公司的数量不得超过2家，或者控股银行理财子公司的数量不得超过1家。银行理财子公司应当按照国务院银行业监督管理机构关于外部审计的相关规定，向银行业监督管理机构报送与理财业务有关的财务会计报表、统计报表、外部审计报告、风险准备金使用情况和银行业监督管理机构要求报送的其他材料，并于每年度结束后2个月内报送理财业务年度报告。此外，该管理办法还对境内外金融机构或非金融机构作为银行理财子公司股东的股权转让做出了限制。

三、银行理财子公司治理定义

银行理财子公司设立较晚，因此其治理的研究总体较少。朱柯达和孟佳琪（2019）认为，子公司管理办法及其他配套监管要求是理财子公司的核心发展基础。云佳祺（2020）指出，风险治理架构是银行理财子公司面临的重要挑战，银行和银行理财子公司应在集权和分权之间权衡母行与理财子公司的治理架构，既确保母行与子公司风险隔离，又尽可能促进母行与子公司在风险管理方面协同。韩佼和张佳婧（2022）认为，监管部门要进一步完善理财产品的信息披露制度，明确产品净值披露的内容、频率、渠道等方面，使得理财产品的净值波动情况能够实现公开透明。

本章认为银行理财子公司治理（wealth management subsidiary company of commercial bank governance）是指为规范银行理财子公司业务、控制理财风险、保护投资者合法权益，而构建的一系列正式或非正式、内部或外部的治理制度安排，并包括内部治理与外部治理两个方面和治理结构与治理机制两个层面。

银行理财子公司内部治理是指建立组织健全、职责清晰、有效制衡和激励约束合理的公司治理结构，明确股东（大）会、董事会、监事会、高管层、风险管理部门和内部审计部门的职责分工，建立健全内部控制、内部审计、董事和高级管理人员的任职资格核准、培训、考核评价和问责制度，以持续督促提升业务经营、风险管理和内控合规水平。

银行理财子公司外部治理是指通过相关法律法规指引、政府监管、母公司管控、行业自律、社会信用体系监督、信息披露、外部审计等外部机制安排，规范与保障金融机构资产管理业务健康发展，实现母子公司风险管理协同效应和风险隔离。在外部监管方面，银行业监督管理机构依法对银行理财子公司及其业务活动实施监督管理，并与其他金融管理部门加强监管协调和信息共享，防范跨市场风险。

银行理财子公司治理存在特殊性。首先，通过成立银行理财子公司的方式将理财业务从商业银行剥离出的根本原因是为了控制金融风险和保护投资者的利益，因此银行理财子公司治理的相关治理制度安排应侧重风险管控。其次，由于我国银行理财子公司为商业银行的全资子公司，因此银行理财子公司治理应着重权衡母行和子公司间的权利分配，既确保母子公司的风险隔离又实现母子公司风险管理的协同。

第九节　货币经纪公司治理

一、货币经纪公司简介

货币经纪公司最早起源于英国外汇市场，是金融市场的交易中介。根据《货币经纪公司试点管理办法》（银监发〔2005〕1 号），货币经纪公司（currency brokerage company）是指经批准在中国境内设立的，通过电子技术或其他手段，专门从事促进金融机构间资金融通和外汇交易等经纪服务，并从中收取佣金的非银行金融机构。货币经纪公司属于正式金融机构，其服务对象仅限于境内外金融机构。

中国银保监会对货币经纪公司进行监督管理。货币经纪公司在银行间市场进行同业拆借、债券买卖和外汇交易等经纪业务活动应同时接受中国人民银行和国家外汇管理局的监管和检查。其业务涉及外汇管理事项的，应当执行国家外汇管理部门的有关规定，并接受国家外汇管理部门的监督和检查。

按照《货币经纪公司试点管理办法》（银监发〔2005〕1 号），设立货币经纪公司应具备下列条件：（1）具有符合本办法要求的最低注册资本；（2）具有符合《中华人民共和国公司法》等相关法律和本办法要求的章程；（3）具有熟悉货币经纪及相关业务的高级管理人员；（4）具有健全的组织机构、管理制度和风险控制制度；（5）具有与业务经营相适应的营业场所、安全防范设施和措施；（6）中国银行业监督管理委员会规定的其他审慎性条件。该管理办法同时对申请在中华人民共和国境内独资或者与中方合资设立货币经纪公司的境外投资人和申请设立货币经纪公司或者与外方合资设立货币经纪公司的中方投资人所必须具备的条件也进行了明确规定。

目前国内有 6 家货币经纪公司，其中 5 家是合资货币经纪公司，1 家为外资独资货币经纪公司。2005 年 11 月 8 日，上海国利货币经纪有限公司成为我国首家获得监管机构即原中国银监会筹建批准的货币经纪公司，并于 2005 年 12 月 19 日成立，开创了我国货币经纪行业的先河。上田八木货币经纪（中国）有限公司成立于 2021 年 6 月 18 日，是我国第 6 家货币经纪公司，也是首家外商独资货币经纪公司。我国 6 家货币经纪公司如表 4-1 所示，这些公司详细信息见附录 4-1-9。

表 4-1　我国货币经纪公司名录

序号	货币经纪公司名称	类型	设立地点	设立时间
1	上海国利货币经纪有限公司	合资	上海市	2005-12-19
2	上海国际货币经纪有限责任公司	合资	上海市	2007-06-20
3	平安利顺国际货币经纪有限责任公司	合资	深圳市	2008-12-03
4	中诚宝捷思货币经纪有限公司	合资	北京市	2010-04-27
5	天津信唐货币经纪有限责任公司	合资	天津市	2012-02-01
6	上田八木货币经纪（中国）有限公司	独资	北京市	2021-06-18

根据《货币经纪公司试点管理办法》规定（银监发〔2005〕1 号），我国货币经纪公司经营范围包括：境内外外汇市场交易，境内外货币市场交易，境内外债券市场交易，境内外衍生产品交易，经监管机构批准的其他业务。货币经纪公司可以有效提高市场流动性，降低交易成本，提供有效信息，发现市场公允价格。

二、货币经纪公司治理相关法律法规梳理

关于货币经纪公司的法律法规针对其内部治理和外部治理两个方面做了描述，目前的法律法规更多的是关于货币经纪公司外部治理的规定。我国货币经纪公司治理主要法律法规文件列表详见附录 4-3-9。

在货币经纪公司内部治理方面，根据《货币经纪公司试点管理办法》（银监发〔2005〕1 号）规定，货币经纪公司应当分别设立对董事会负责的风险管理、业务稽核部门，制定对各项业务的风险控制和业务稽核制度，每年定期向董事会报告工作，并向监管机构报告。货币经纪公司必须设立独立的合规部门，配备专

门人员进行合规风险管理。《货币经纪公司试点管理办法实施细则》(银监发〔2005〕69号)指出，货币经纪公司董事和高级管理人员包括董事长、副董事长、执行董事、非执行董事、总经理、副总经理、财务总监、内审或稽核部门负责人、分公司经理、代表处首席代表，以及在货币经纪公司担任与上述职务称谓不同但职责相同的职务的人员，或者虽未担任上述职务，但对货币经纪公司的经营管理具有决策权或对风险控制起重要作用的人员。

在货币经纪公司外部治理方面，《货币经纪公司试点管理办法》(银监发〔2005〕1号)规定：原中国银监会对货币经纪公司进行监督管理。货币经纪公司在银行间市场进行同业拆借、债券买卖和外汇交易等经纪业务活动应同时接受中国人民银行和国家外汇管理局的监管和检查；其业务涉及外汇管理事项的，应当执行国家外汇管理部门的有关规定，并接受国家外汇管理部门的监督和检查。《货币经纪公司外汇经纪业务管理暂行办法》(汇发〔2008〕55号)规定，国家外汇管理局依法对货币经纪公司外汇经纪业务进行监督管理。

三、货币经纪公司治理定义

部分学者对货币经纪公司内部治理和外部治理展开了研究。丁攀、邢增艺和陈富节(2010)认为，我国以“一行三会”为基本格局的金融监管体系的最大特点是分业监管、垂直管理，但缺乏必要的部门间横向协调合作，而货币经纪公司业务的特点是需要各类金融机构广泛参与，需要建立系统性的监管协调合作机制。李秋菊(2013)认为，对于我国货币经纪公司而言，处理好与相关金融机构(客户)之间的关系，可以优化公司治理的外部环境。张鸿哲(2013)认为，我国货币经纪公司的内部治理不仅有内部审计或监事会、风险管理或业务稽核部门和独立的合规部门来解决股东与高级管理人员之间的委托代理问题，还有不同股东指派的高级管理人员互相制约。

本章认为货币经纪公司治理(currency brokerage company governance)是指根据国家法律法规和公司章程规定，为规范货币经纪公司行为，保证货币经纪公司稳定经营，而构建的一系列正式或非正式、内部或外部的治理制度安排。货币经纪公司治理包括内部治理与外部治理两个方面和治理结构与治理机制两个层面。

货币经纪公司内部治理主要是指“三会一层”治理结构和包括风险管理、内部控制、业务稽核等制度在内的相关治理制度安排。具体而言，公司设立独立的合规部门，合规部门积极主动识别、书面说明、评估和报告与货币经纪业务活动相关的合规风险；设立对董事会负责的风险管理、业务稽核部门，制订对各项业务的风险控制和业务稽核制度，每年定期向董事会报告工作；董事会负责监督合规风险管理，核准合规政策，监督公司高管层有效实施；建立并严格执行独立的交叉复核制度来控制操作风险。

货币经纪公司外部治理包括监管部门监管、信息披露、外部审计、市场约束、第三方信用评级等。在外部监管方面，中国银保监会对货币经纪公司进行监督管理。货币经纪公司在银行间市场进行同业拆借、债券买卖和外汇交易等经纪业务活动同时接受中国人民银行和国家外汇管理局的监管和检查。其业务涉及外汇管理事项的，执行国家外汇管理部门的有关规定，并接受国家外汇管理部门的监督和检查。

本章附录[①]

金融机构名录附录

附录 4-1-1：我国信托公司名录

附录 4-1-2：我国金融租赁公司名录

附录 4-1-3：我国传统贷款公司名录

附录 4-1-4：我国汽车金融公司名录

附录 4-1-5：我国消费金融公司名录

附录 4-1-6：我国金融资产投资公司名录

附录 4-1-7：我国金融资产管理公司名录

附录 4-1-8：我国银行理财子公司名录

附录 4-1-9：我国货币经纪公司名录

金融机构简介附录

附录 4-2-1：平安信托有限责任公司简介

附录 4-2-2：国银金融租赁股份有限公司简介

附录 4-2-3：中国银河资产管理有限公司简介

① 可通过公众号“治理大百科”阅读本章附录具体内容。

法律法规列表附录

附录 4-3-1：我国信托公司治理主要法律法规文件列表

附录 4-3-2：我国金融租赁公司治理主要法律法规文件列表

附录 4-3-3：我国贷款公司治理主要法律法规文件列表

附录 4-3-4：我国汽车金融公司治理主要法律法规文件列表

附录 4-3-5：我国消费金融公司治理主要法律法规文件列表

附录 4-3-6：我国金融资产投资公司治理主要法律法规文件列表

附录 4-3-7：我国金融资产管理公司治理主要法律法规文件列表

附录 4-3-8：我国银行理财子公司治理主要法律法规文件列表

附录 4-3-9：我国货币经纪公司治理主要法律法规文件列表

其他相关内容附录

附录 4-4-1：我国信托业七次整顿简介

附录 4-4-2：信托公司治理研究文献目录

第五章
保险业金融机构治理

保险业金融机构是指由中国银保监会监督管理的、具备从事保险业合法资格的金融机构。我国保险业金融机构包括保险经营机构和保险中介机构。保险机构治理是保险业治理的重要内容，保险公司治理是保险机构治理框架中的核心。本章首先介绍了保险机构的具体构成，然后给出了保险机构治理的定义，接着分析了保险公司治理的目标，重点对多个版本及行业标准文件中保险公司治理的定义进行了比较分析，并提出了第五版保险公司治理的定义，最后尝试定义了保险公司分支机构治理。

第一节　保险机构治理

一、保险机构简介

（一）保险机构的类型

保险机构（insurance institution）包括保险经营机构[①]（insurance business

---

① 目前没有保险经营机构的准确定义，本手册认为保险经营机构是指除了保险中介机构以外的所有保险机构。作者之前出版的著作或发表的论文以及本手册一直坚持这样的划分思路。政策法规文件中多使用“保险机构”一词，政策法规文件中的“保险机构”是狭义的保险机构，实际上就是本手册界定的“保险经营机构”。广义的保险机构包括了保险经营机构和保险中介机构，保险中介机构的范围相对比较明确。作者检索发现，部分政策法规文件使用了“保险法人机构”一词，主要是与“保险分支机构”相对应。此外，也有部分政策法规文件使用了“保险经营机构”一词，例如《国务院关于加快发展现代保险服务业的若干意见》（国发〔2014〕29号）、《中国人民银行金融监管办事处管理暂行办法》（1999年8月13日中国人民银行发布）、《中国银保监会办公厅关于进一步明确农业保险业务经营条件的通知》（2020年6月1日中国银保监会办公厅发布）、《关于进一步加强保险业诚信建设的通知》（保监发〔2005〕7号）、《关于指定披露保险信息报纸的通知》（保监办发〔2003〕22号）等。

institution）和保险中介机构（insurance intermediary institution）。保险经营机构包括保险集团（控股）公司、保险公司、相互保险组织[①]、再保险公司、保险资产管理公司、保险公司分支机构、外资保险公司代表处以及其他机构。保险中介机构包括保险代理机构、保险经纪机构和保险公估机构等。需要注意的是，保险机构不仅包括法人机构，具体名录详见附录 5-1-1 至附录 5-1-6 和附录 5-1-8 至附录 5-1-14；还包括数量众多的不具有法人资格的机构即保险机构分支机构等。我国再保险机构中的外资再保险机构均为分公司，具体名录详见附录 5-1-7。我国所有保险机构各层次分支机构名录详见附录 5-1-15。需要说明的是，附录 5-1-15 是根据企查查网站（https://www.qcc.com）检索的数据整理所得，本章其他附录中的机构名录均来自中国银保监会官网（http://www.cbirc.gov.cn）。

（二）保险经营机构

根据《保险集团公司管理办法（试行）》（保监发〔2010〕29 号）规定，保险集团公司是指经监管机构批准设立并依法登记注册，名称中具有“保险集团”或“保险控股”字样，对保险集团内其他成员公司实施控制、共同控制和重大影响的公司。保险集团公司在我国保险公司相关法律法规文件适用对象条款中常被称为“保险集团（控股）公司”。根据中国银保监会官网（http://www.cbirc.gov.cn）披露的数据，截至 2021 年 12 月 31 日，我国登记状态为存续或在业的保险集团（控股）公司合计 13 家，全部为中资公司，具体名录详见附录 5-1-1。

截至 2021 年 12 月 31 日，我国财产保险机构包括中国人民财产保险股份有限公司、太平财产保险有限公司、中国大地财产保险股份有限公司、中国太平洋财产保险股份有限公司和中国平安财产保险股份有限公司等合计 87 家，具体名录详见附录 5-1-2。我国人身保险机构包括中国人寿保险股份有限公司、中国太平洋人寿保险股份有限公司、中国平安人寿保险股份有限公司、新华人寿保险股份有限公司和泰康人寿保险股份有限公司等合计 91 家。在 91 家登记状态为存续或在业的人身保险机构中，人寿保险机构 75 家，具体名录详见附录 5-1-3；养老保险机构 9 家，具体名录详见附录 5-1-4；健康保险机构 7 家，具体名录详见附录 5-1-5。

---

① 相互保险组织是指，在平等自愿、民主管理的基础上，由全体会员持有并以互助合作方式为会员提供保险服务的组织，包括一般相互保险组织，专业性、区域性相互保险组织等组织形式。

我国登记状态为存续或在业的保险机构还包括1家出口信用保险机构即中国出口信用保险公司（简称中国信保），详细信息见附录5-1-6。

截至2021年12月31日，我国登记状态为存续或在业的再保险机构合计14家，其中，中资再保险机构7家，具体名录详见附录5-1-7；外资再保险机构7家，均为分公司，具体名录详见附录5-1-8。

截至2021年12月31日，我国登记状态为存续或在业的保险资产管理机构[①]合计33家，包括中国人保资产管理有限公司、中国人寿资产管理有限公司、华泰资产管理有限公司、中再资产管理股份有限公司、平安资产管理有限责任公司、泰康资产管理有限责任公司、太平洋资产管理有限责任公司、新华资产管理股份有限公司等，具体名录详见附录5-1-9。

我国3家其他保险机构具体名录详见附录5-1-10。此外，保险经营机构中还有外资保险公司代表处[②]。登记状态为存续、在业或正常的外资保险公司代表处包括日本东京海上日动火灾保险株式会社驻中国总代表处、日本东京海上日动火灾保险株式会社广州代表处、美国国际集团北京代表处、瑞士苏黎世保险公司北京代表处、英国皇家太阳联合保险集团北京代表处等131家[③]。

（三）保险中介机构

保险中介机构，也称为保险中介人，一般可分为狭义保险中介机构和广义保险中介机构。狭义保险中介机构包括保险代理机构、保险经纪机构和保险公估机构。广义保险中介机构除了上述三种以外，还应该包括与保险中介服务有直接关系的单位和个人，如保险顾问、保险咨询事务所、法律事务所、审计事务所、会计师事务所、保险中介行业协会、保险精算师事务所、保险中介资格考试机构和

---

① 2022年7月28日通过、2022年9月1日起施行的《保险资产管理公司管理规定》（中国银保监会令2022年第2号）明确，保险资产管理公司可以投资设立理财、公募基金、私募基金、不动产、基础设施等从事资产管理业务或与资产管理业务相关的子公司。因此，未来我国保险机构还包括保险资产管理公司子公司。

② 根据《外资保险公司管理条例（2019修订）》（中华人民共和国国务院令第720号）规定，申请设立外资保险公司的外国保险公司，应当满足经营保险业务30年以上、在中国境内已经设立代表机构2年以上等条件。为了加速我国保险业开放进程，《外资保险公司管理条例实施细则》（中国银保监会令〔2019〕第4号）取消了这两项规定。

③ 程竹.周延礼：外资险企在华资产总额约占7%[N]. 证券时报，2019-11-04.

保险中介信用评估机构等。

本章主要采用狭义的定义，即保险中介机构主要是指保险代理机构、保险经纪机构和保险公估机构。保险代理机构包括专业代理机构和兼业代理机构。专业代理机构即经监管机构批准取得经营保险代理业务许可证，根据保险人的委托，向保险人收取佣金，在保险人授权的范围内专门代为办理保险业务的单位。兼业代理机构即在从事自身业务的同时，根据保险人的委托，向保险人收取佣金，在保险人授权的范围内代办保险业务的单位。兼业代理机构主要包括银行代理、行业代理和单位代理三种。经纪机构是基于投保人的利益，为投保人与保险人订立保险合同提供中介服务，并依法收取佣金的单位。公估机构是指接受保险当事人委托，专门从事保险标的的评估、勘验、鉴定、估损、理算等业务的单位。根据中国银保监会官网（http://www.cbirc.gov.cn）披露的数据，截至 2021 年 12 月 31 日，我国有登记状态为存续或在业的保险中介集团 5 家，具体名录详见附录 5-1-11；登记状态为存续或在业的保险专业代理机构 1735 家，具体名录详见附录 5-1-12；登记状态为存续或在业的保险公估机构 377 家，具体名录详见附录 5-1-13；登记状态为存续或在业的保险经纪机构 493 家，具体名录详见附录 5-1-14。

二、保险机构治理相关法律法规梳理

本章对我国保险机构治理法律法规进行了梳理。我国保险机构治理主要法律法规文件列表详见附录 5-3-1。关于保险经营机构治理的法律法规主要从总体、内部治理和外部治理三个方面进行了细致的规定。内部治理层面主要包括股东与股东（大）会、董事与董事会、监事与监事会、高级管理人员、内部控制、内部审计和风险管理。外部治理层面主要包括外部监管、信息披露与外部审计。这里以《银行保险机构公司治理准则》（银保监发〔2021〕14 号）为例进行详细分析。

在保险机构内部治理方面，该准则规定：独立董事在一家银行保险机构累计任职不得超过六年；一名自然人不得在超过两家商业银行同时担任独立董事，不得同时在经营同类业务的保险机构担任独立董事；银行保险机构董事长不得兼任行长（总经理）；银行保险机构应当设立首席风险官或指定一名高级管理人员担任风险责任人；首席风险官或风险责任人应当保持充分的独立性，不得同时负责与风险管理有利益冲突的工作。

在保险机构外部治理方面，该准则规定：监管机构定期对银行保险机构公司治理情况开展现场或非现场评估；监管机构反馈公司治理监管评估结果后，银行保险机构应当及时将有关情况通报给董事会、监事会和高管层，并按监管要求及时进行整改。

保险中介机构治理相关法律法规既对保险中介机构治理做出总体规定，也对保险代理机构治理、保险经纪机构治理和保险公估机构治理分别做出相关规定。相关法律法规包括《保险中介机构内部控制指引（试行）》（保监发〔2005〕21号）、《保险中介机构信息化工作监管办法》（银保监办发〔2021〕3号）等。

三、保险机构治理定义

（一）保险机构治理定义的提出

保险机构治理受到了学者的广泛关注，保险机构治理研究相关文献详见附录5-4-1。郝新东和邓慧（2011）认为，一个成熟的市场退出机制应当能够合理化解和妥善处理保险机构退出所带来的各种风险和矛盾。魏瑄（2016）认为，D-SII[①]监管要求促进保险集团进一步优化公司治理。朱南军和高子涵（2017）论证了建立国内系统重要性保险机构监管体系的必要性和可行性。董迎秋等（2018）认为，从实务角度，保险业公司治理框架的基本内容主要包括治理结构、治理机制和治理监督三大部分。郭树清（2020）指出，对现代化的银行保险机构而言，完善公司治理永远在路上。郝臣和刘琦（2020）构建了一套针对我国保险机构的由六大维度、总计 60 个指标组成的保险机构治理评价指标体系。郝臣和刘琦（2020）基于中国保险机构治理指数分析 2016—2019 年我国中小型保险机构治理现状，发现我国保险业治理水平和治理能力在 2016—2019 年期间有显著提高，不同类型保险机构治理之间存在显著差异，中小型保险机构尤其是小型保险机构的公司

① D-SII 指国内系统重要性保险机构（Domestic Systemically Important Insurer），具体是指由于规模、公司治理、外部关联性、资产变现和可替代性等因素，一旦发生重大风险事件导致难以持续经营，可能引发系统性风险的保险机构。根据 2016 年中国保监会办公厅发布的《关于开展国内系统重要性保险机构评定数据收集工作的通知》，我国 D-SII 包括 16 家保险机构：中国人民保险集团股份有限公司、中国人寿保险（集团）公司、中国太平保险集团有限责任公司、中国再保险（集团）股份有限公司、中国平安保险（集团）股份有限公司、中国太平洋保险（集团）股份有限公司、中华联合保险控股股份有限公司、阳光保险集团股份有限公司、泰康人寿保险股份有限公司、新华人寿保险股份有限公司、华泰保险集团股份有限公司、安邦保险集团股份有限公司、富德保险控股股份有限公司、合众人寿保险股份有限公司、中邮人寿保险股份有限公司和华夏人寿保险股份有限公司。

治理是改进的重点。刘咏（2020）认为，保险机构要将消保融入公司治理各环节，从董事会、消保委员会、高管层到明确的执行部门，消保工作责任逐级授权，层层落实。董迎秋和王瑞涵（2020）认为，构建战略型董事会是保险业公司治理建设的重要方向。郝臣（2022）专门关注了我国中小型保险机构治理的现状与问题。

保险业中任何组织都不可避免地存在治理问题，保险机构治理是保险业治理的重要内容。本章认为保险机构治理（insurance institution governance）是指为了规范保险机构行为，维护利益相关者利益，而构建的一系列正式或非正式、内部或外部的治理制度安排，包括内部治理与外部治理两个方面和治理结构与治理机制两个层面。

（二）保险机构治理体系框架的构建

本章按照保险机构业务类型和法人资格不同构建了我国保险机构治理体系框架，保险机构治理包括保险经营机构法人机构治理、保险中介机构法人机构治理、保险经营机构分支机构治理和保险中介机构分支机构治理。我国保险机构治理体系框架如图 5-1 所示。

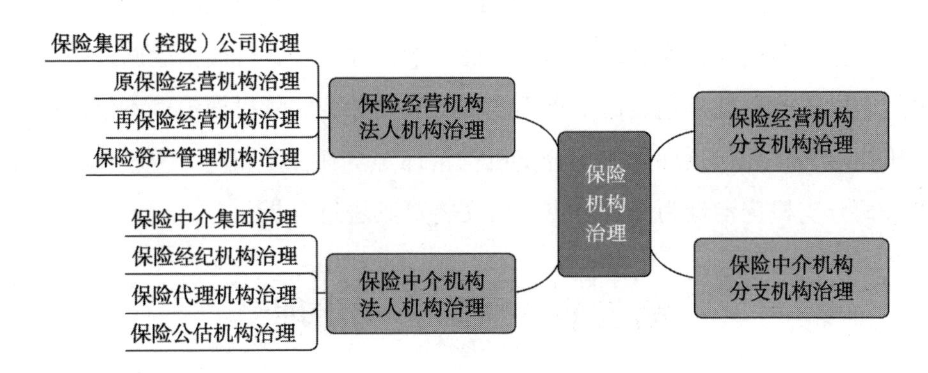

图 5-1　我国保险机构治理体系框架图

（三）保险机构治理的具体分析

按照保险机构业务类型细分，保险机构治理包括保险经营机构治理和保险中介机构治理。保险经营机构治理包括保险集团（控股）公司治理、原保险经营机构治理、再保险经营机构治理、保险资产管理机构治理等，其中原保险经营机构治理主要包括财产保险机构治理和人身保险机构治理。保险中介机构治理包括保险中介集团治理、保险经纪机构治理、保险代理机构治理（分为保险专业代理机构治理和保险兼业代理机构治理）和保险公估机构治理。

按照保险机构是否具有法人资格划分，保险机构治理包括保险机构法人机构治理和保险机构分支机构治理。保险法人机构治理可以进一步划分为保险经营机构法人机构治理和保险中介机构法人机构治理。保险法人机构治理中的财产保险机构治理按照机构法人资格不同分为财产保险公司治理和非公司型财产保险机构治理（主要是指非公司型相互保险组织治理）。保险法人机构治理中的人身保险机构治理按照机构法人资格不同分为人身保险公司治理和非公司型人身保险机构治理（主要是指非公司型相互保险组织治理）。保险分支机构治理按业务类型不同可以分为保险经营机构分支机构治理和保险中介机构分支机构治理，也可按资本性质不同分为中资保险经营机构分支机构治理和外资保险经营机构分支机构治理。外资再保险机构分公司治理是外资保险经营机构分支机构治理的重要内容。

需要注意的是，一方面不同类型的保险机构治理在目标、原则、结构与机制等方面均存在一定的特殊性，即使是不同业务的同类型机构在治理上也存在着细微差异；另一方面，保险机构是以公司或非公司的形式经营保险及相关业务的经济主体，公司形式的保险机构必然具有公司的一般特征，一般治理原理也会在保险机构中发挥基础性作用，这一点不能否认。此外，保险机构治理不仅包括保险法人机构治理，还包括保险机构分支机构治理等。在保险机构分支机构治理中，保险公司分支机构治理为关注重点，后文将对其进行分析。

第二节　保险公司治理

一、保险公司及其分支机构简介

保险公司（insurance company）是指经保险监管机构批准设立，并依法登记注册经营保险业务的公司，也即保险公司法人机构。保险公司分支机构（subordinate entity of insurance company）是指经保险监督管理机构批准，保险公司依法设立的营业性机构和营销服务机构。一些法规提到的保险公司分支机构包括分公司、中心支公司、支公司、营业部和营销服务部，如《中国银保监会关于印发保险公司分支机构市场准入管理办法的通知（2021）》（银保监发〔2021〕

37 号），还有一些法规将各类专属机构纳入保险公司分支机构范畴，如《保险公司管理规定（2015 修订）》（中国保监会令 2015 年第 3 号），该法规还指出保险公司分支机构的层级依次为分公司、中心支公司、支公司、营业部或者营销服务部。与其他保险机构分支机构相比，专属机构的职能和业务范围有所不同。为了更全面地分析保险公司分支机构，本章提及的保险公司分支机构（branch office）包括分公司（branch）、中心支公司（center sub-company）、支公司（sub-company）、营业部（business department）、营销服务部（marketing service department）以及各类专属机构，不同层级保险公司分支机构详见图 5-2。

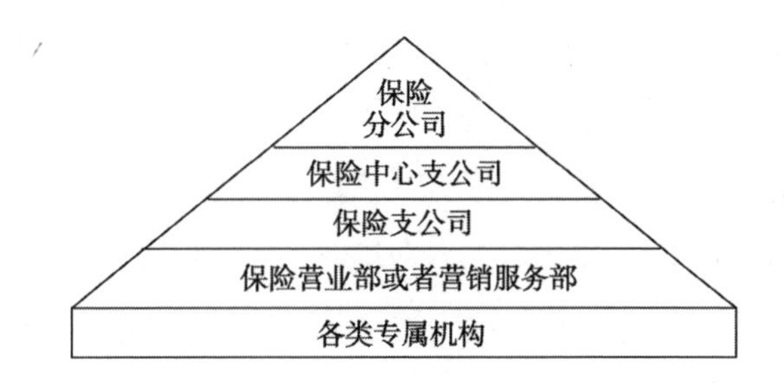

图 5-2　保险公司分支机构层级框架图

具体而言，保险分公司是指保险公司在各省、自治区、直辖市和计划单列市设立的，在业务、资金、人事等方面受本公司管辖，而不具有法人资格的分支机构。中心支公司是指保险公司在各地、市设立的，在业务、资金、人事等方面受分公司管辖而不具有法人资格的分支机构。支公司是指保险公司在各区、县设立的，在业务、资金、人事等方面受分公司或中心支公司管辖而不具有法人资格的分支机构。营业部，是指各保险公司省级公司直属的，在业务、资金、人事等方面受本公司管辖而不具有法人资格的业务经营单位。营销服务部，是指在工商行政管理机关登记注册，由保险公司或者保险公司分支机构设立的对保险营销人员进行管理，为客户提供保险服务的机构。专属机构主要包括电话销售中心，电话销售中心是保险公司直接经营电话销售业务的专属机构，持有《专属机构经营保险业务许可证》。

根据《中华人民共和国保险法（2015 年修正）》（中华人民共和国主席令第 26 号），保险公司分支机构不具有法人资格，其民事责任由保险公司承担，保险公司在中华人民共和国境内设立分支机构，应当经保险监督管理机构批准。根据

《保险公司管理规定（2015年修订）》（中国保监会令2015年第3号），保险公司可以不逐级设立分支机构，但其在住所地以外的各省、自治区、直辖市开展业务，应当首先设立分公司。

二、保险公司治理相关法律法规梳理

本章对我国保险公司治理法律法规进行了梳理，收集到相对重要的相关法律法规一百余部，涵盖内部治理、外部治理、监管机构设立、外资保险公司监管等方方面面。例如，《中国人民保险公司全资直属企业暂行管理办法》（保发〔1995〕6号）、《中国人民保险（集团）公司海外机构管理暂行规定》（保发〔1995〕198号）、《中国人民保险公司对各级公司领导干部的监督管理的规定》（人保发〔1999〕56号）等文件规范了中国人民保险公司的治理。《中国保险监督管理委员会办公厅关于保险监管机构列席保险公司股东（大）会、董事会会议有关事项的通知》（保监厅发〔2006〕5号）、《关于定期报送保险公司基本资料和数据的通知》（保监厅发〔2006〕3号）、《公开发行证券的公司信息披露编报规则第4号——保险公司信息披露特别规定（2022年修订）》（中国证监会公告〔2022〕11号）等文件规定了外部治理相关事宜。《外资保险公司管理条例实施细则（2021修正）》（中国银保监会令2021年第2号）等文件规定了对外资保险公司的治理。《中国保监会关于加强保险公司筹建期治理机制有关问题的通知》（保监发〔2015〕61号）、《保险公司董事会提案管理指南》《保险公司管理规定（2015修订）》（中国保监会令2015年第3号）等文件规定了保险公司的内部治理事宜。我国保险公司治理主要法律法规文件列表详见附录5-3-2。

三、保险公司治理定义

（一）保险公司治理的提出

20世纪90年代中期之前，公司治理研究主要是针对非金融机构，对于金融机构的关注主要体现为商业银行的专家式债权监督和非银行金融机构的市场评价式监督，即参与非金融机构的治理。股东的“搭便车”[①]行为使经理人的机会

① 其基本含义是不付成本而坐享他人之利。“搭便车”问题（free rider problem）由美国经济学Mancur Olson于1965年在《集体行动的逻辑：公共利益和团体理论》（*The Logic of Collective Action Public Goods and the Theory of Groups*）一书中提出的。

主义行为缺乏必要的监督，其结果往往是股东的利益遭受损失。而债务的硬预算约束[①]特点和独特的破产制度可以给非金融机构经理人不同于股权的压力，从而赋予金融机构在公司治理中的独特和重要角色，这便是金融机构专家式债权监督。公司治理的市场评价式监督主要依赖保险公司、证券公司、各类基金公司等机构客观公正的评价和相应的信息发布活动对经理人产生监督效果，进而降低代理成本，提高治理绩效。因此，此时的金融机构治理更多指的是金融机构参与一般公司的治理，而不是严格意义上的金融机构治理。

对于金融机构自身治理的关注源于金融危机。研究金融危机的原因时，人们更习惯于将目光聚焦于当时爆发的具体金融风险，而忽略了公司治理缺陷往往才是机构一夜倾覆的内在症结。否则，我们很难解释，为何这些金融机构明明已经建立了金融风险预警与控制制度，却依然难逃“垮台”命运——这往往是因为这些机构本身的公司治理结构与治理机制上存在着极大的问题与不足。金融机构多数具有外部性强、财务杠杆率高、信息严重不对称的特征。只有规范的公司治理结构，才能使之形成有效自我约束，进而树立良好市场形象，获得社会公众信任，实现健康可持续发展（郭树清，2020）。1998 年开始的亚洲金融危机，以及美国发生包括安然、安达信等在内的一系列大公司的财务丑闻，都进一步引起了人们对银行和非银行类金融机构自身治理问题的重视。与非金融机构相比较，保险公司、商业银行、证券公司等金融机构具有许多与生俱来的特殊性质，并由此决定了金融机构治理并不能是公司治理理论在金融机构领域的简单运用，而是结合其特殊性进行治理结构与治理机制的创新。

在 20 世纪 90 年代中期之后，公司治理的研究和实践无疑已经进入到非金融机构和金融机构并重的新阶段（李维安，2005）。正是由于金融机构自身治理和对业务对象治理的双重问题，如果金融机构的治理不善，必将使得其治理风险日积月累达到阈值，并最终以风险事故的形式爆发，进而导致其自身陷入经营困境，甚至破产倒闭。从这个意义上来讲，金融机构最大、最根本的风险是治理风险；

---

① 硬预算约束（也称预算硬约束）是相对于软预算约束（也称预算软约束，是 Janos Kornai 在 1979 年提出的概念）而言的，是指企业开展的一切活动都以资金来源和运用条件为限制。硬预算约束下的企业自负盈亏，当企业资不抵债时需要破产。软预算约束是指当一个企业遇到财务困境时，没有被清算而破产，而是被支持体救助并得以继续存活下去。

将着力点放在治理风险，是金融机构治理研究的明确选择和指导各类金融机构改革和发展的主要方向。

金融机构运营的对象是资金或有价证券等重要社会资源，鉴于它们在整个社会中的重要地位，金融机构还会受到来自监管机构、行业组织等有关部门的相应管制和治理。这是金融机构自身治理问题的重要内容之一。作为金融机构的重要组成部分，保险公司的治理问题也逐渐受到国际保险监督官协会[①]（International Association of Insurance Supervisors，IAIS）和经济合作与发展组织（OECD）等国际组织、各国政府以及保险公司自身的广泛关注。IAIS 十分重视保险公司治理问题，在 1997 年首次发布的《保险核心原则》（*Insurance Core Principles*，ICPs）中，即将保险公司治理监管列为重要内容。此后，在 2000 年、2003 年的 ICPs 中，保险公司治理监管的内容不断得到强化和细化。2004 年，IAIS 专门颁布《保险公司治理核心原则》（*Insurance Core Principles on Corporate Governance*），将此前核心原则中与公司治理监管相关的内容汇集起来，并做了较为完整的阐述，他可以视为 IAIS 对公司治理监管的完整思路。《保险公司治理核心原则》分为公司治理核心原则、高管资格、控制权变化、内控体系、现场检查、风险评估与管理、信息披露与透明度七部分。2005 年 OECD 出台了《保险公司治理指引》（*Guidelines for Insurers' Governance*）。基于保险公司特性的保险公司治理由此在全球范围内兴起（杨馥，2009），保险公司治理的理论研究也正是基于这样的现实背景逐步深入。郝臣、李艺华和董迎秋（2019）基于监管函和行政处罚决定书对我国保险公司治理风险进行了分析识别并提出了防范治理风险的对策建议。

保险公司治理的英文翻译有“insurance company governance”和“insurer governance”两种方式，这两种翻译在学术文献和各类文件中均有出现。我国《保险法》英文版本中将保险公司翻译为“insurance company”，而“insurer”则对应“保险人”。我国《保险法》中的保险人是指与投保人订立保险合同并按照合同

① 国际保险监管官协会（IAIS）成立于 1994 年，成员来自 130 多个国家、180 个司法管辖区的保险监管机构和保险监督官，是一个推动保险监管主体之间的合作、建立保险监管的国际标准、为成员国提供培训以及同其他部门的监管者和国际金融组织合作的国际组织，我国于 2000 年 10 月正式成为国际保险监督官协会成员。

约定承担赔偿或者给付保险金责任的保险公司，因此二者没有本质区别；保险人多与“proposer”或“applicant”即投保人一词一起出现。可以这样理解，在涉及保险公司投保业务时，对于保险公司的翻译多用“insurer”一词；而涉及保险公司设立、管理和监管等内容而强调其法人地位时，多用“company”一词。因此本章关于保险公司治理的翻译采用了第一种翻译方式。

（二）保险公司治理的目标

1. 公司治理目标的三种观点

目标是对活动预期结果的主观设想，是在人的头脑中形成的一种主观意识形态，也是活动的预期目的，为活动指明方向。公司治理目标（corporate governance goal）就是指在一定的治理环境下，公司治理主体和治理客体通过开展各类治理活动所要达到的预期目的。公司治理目标作为牵引公司治理动力的方向，其优化无疑是当前我国完善公司治理结构，提升公司治理水准的一项重要内容（李小平，2003）。还有学者发现，公司治理目标选择不同，带来的经济后果即对公司绩效的影响也不一样（宋炜，2013）。在一般公司治理领域，关于公司治理的目标主要有股东价值最大化、利益相关者利益最大化和股东利益为主导的利益相关者利益最大化三种观点。

1）股东价值最大化

McConnell 和 Servaes（1990）是这一观点的代表学者。公司治理缘起于内部人控制带来的所有者和经营者的委托代理问题，因此这种观点在公司治理研究的早期较为流行。但股东价值最大化会让公司承担更高的风险，例如近年来随着大小股东之间委托代理问题的出现，发现大股东常常会通过关联交易、担保贷款等方式掏空公司，因此股东价值最大化这一治理目标在目前研究中应用较少。

2）利益相关者利益最大化

Mitchell、Agle 和 Wood（1997）是这一观点的代表学者。伴随利益相关者理论的发展和相关理念的普及，公司治理从“股东至上”的单边发展到利益相关者的共同治理，这种表达方式是目前的主流表达方式。

3）股东利益为主导的利益相关者利益最大化

Jensen（2000；2001；2002）是这一观点的代表学者。这种表达方式综合了前两种观点，但还是把股东利益放在第一位。

在国内，吴淑琨、柏杰和席酉民（1998）、冯根福（2001）、苏冬蔚和林大庞（2010）、李豫湘和孟祥龙（2010）、赵清辉（2013）等学者在研究公司治理的过程中提出制衡是公司治理的目标或者强调制衡机制的作用。实际上，制衡机制的最终目标还是保护股东等利益相关者的利益。

每一种公司治理目标都有其适用的条件和背景，界定公司治理目标需要考虑各利益相关者对公司投入专用性资产的程度（investment）和参与治理的可行性（feasibility），两大因素共同决定了对其利益保护的程度（protect），即 $P = I \times F$。因此，对于处于弱势地位利益相关者利益的保护，特别是其中投入较多专用性资产的利益相关者的利益保护就是公司治理的重要目标。例如郎咸平（2004）认为，公司治理就是中小股东权益保护。当然，在保护重要利益相关者利益的同时，也不能忽视其他的利益相关者利益。公司治理目标是一个动态的概念，会受到公司所在国家和地区外部环境、公司所在行业与经营特点等内外部因素的影响。

2. 保险公司治理目标的提出

1）保护投保人利益是保险公司治理的重要目标

保险公司在经营目标、经营产品、经营范围、社会影响、经营过程、交易过程、成果核算、收益分配、资本结构等方面体现出来的经营特殊性导致投保人是保险公司所有利益相关者中的弱势利益相关者，因此，相较于保险公司的股东，尤其是大股东、高级管理人员等利益相关者来说，其利益更易受到侵害。

投保人为保险公司的发展贡献了重要资源，既是保险公司的客户或消费者，也是保险公司的债权人，因此投保人是保险公司非常重要的利益相关者（本手册将其称为核心利益相关者），将其纳入保险公司治理的参与者十分必要。在一般公司中，债权人可以通过在借款合同中加入限制性条款、提出重整、接受和解、破产清算环节通过债权人委员会行使相应的权利等各种治理方式或者途径来保护自身的利益。而保险公司投保人参与治理的途径相对有限，上述治理方式或者途径基本上行不通。投诉是投保人参与治理的主要方式，但消费者投诉机制的有效性受到多种因素影响，同时投保人的分散性导致了其参与治理的动力不足。总体来说，参与治理的途径不充分和参与治理的动力不足使得保险公司投保人治理或者债权治理严重缺失。

投保人是保险公司重要的利益相关者，一方面其利益容易受到侵害，另一方面他们缺乏有效的参与治理途径和充足的动力，这就使得保护投保人的利益成为保险公司治理的重要目标或者首要目标。

2）保险公司治理目标的分类

李维安（2001）提出公司治理的目标是决策科学，而非制衡。类似地，谢志华（2008）专门针对公司治理目标进行了讨论，提出传统公司治理的目标包括防止信息做假、防止损害所有者的权益和防止经营效率低下（或防止决策失误）三个方面，而把这三者作为公司治理的平行目标看待是不准确的，他认为防止决策失误即决策科学是三个目标中最重要的目标。

结合一般公司治理目标的多种表达方式以及上述保险公司治理特点的分析，本节提出保险公司治理目标（insurance company governance goal）可以划分为过程目标（process goal）和最终目标（final goal），具体如图 5-3 所示。

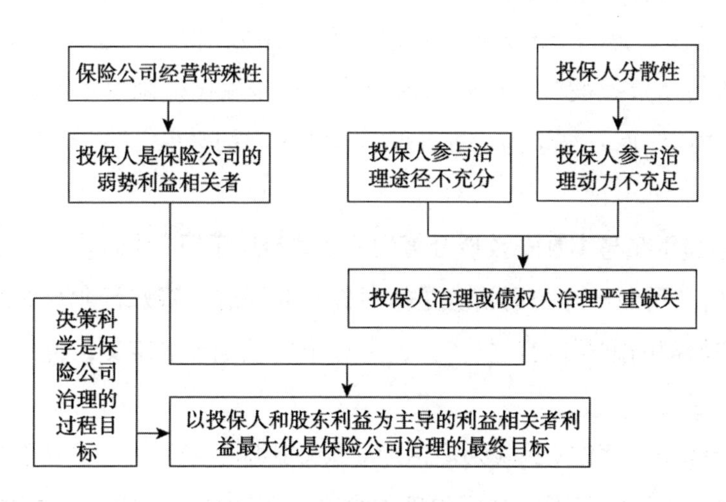

图 5-3　保险公司治理目标图

保险公司治理的过程目标是决策科学，即通过治理结构搭建、治理机制建立和治理活动的开展，实现保险公司在承保和投资两大核心业务上的科学决策。保险公司治理的最终目标是保护投保人、股东等利益相关者的利益，即通过科学决策，降低代理成本，实现以投保人和股东为主体的利益相关者利益最大化。过程目标是最终目标的前提或者基础，如果保险公司没有实现科学决策，所有利益相关者的利益都会受到影响。需要说明的是，强调投保人利益保护并不是说其股东、董事、高级管理人员、员工、监管机构、政府等其他的公司内部和公司外部利益相关者的利益不重要。保险公司在实现股东利益最大化的过程中，不能以牺牲投保人的利益、中小股东的利益乃至行业的健康发展作为代价。

（三）四个版本保险公司治理定义比较

学术界对保险公司治理的研究源于 1972 年 Spiller 从所有权视角对保险公司财务绩效所进行的分析。国外对保险公司治理的研究已经进入到深入研究的阶段，而国内对于保险公司治理问题的研究处于起步阶段，保险公司治理研究的基本理论框架还没有建立，保险公司治理的合规性（是否按照规定建立了基本的治理结构与治理机制）、保险公司治理的有效性（治理结构与治理机制是否发挥了应有的作用）、治理绩效等科学问题有待研究，研究方法较为单一，研究样本也较少（郝臣、李慧聪和罗胜，2011）。保险公司治理研究相关文献详见附录 5-4-2。保险公司治理领域遇到的第一个基础问题就是何谓保险公司治理，即先界定保险公司治理的含义，这与一般公司治理研究发展历程相似，也是从基本概念着手。完善的保险公司治理被广泛认同为保险业进一步深化体制改革和建立现代企业制度的核心内容，而且被认为是提升保险业竞争力的必由之路（李维安和曹廷求，2005）。

2015 年郝臣在与李维安教授合著的《公司治理手册》中首次给出了保险公司治理的定义，“所谓保险公司治理是指对保险公司这一特殊行业企业的治理，也是金融机构治理的重要内容之一”。这是一个比较笼统的定义，也是保险公司治理的第一版定义。

2016 年郝臣在著作《保险公司治理对绩效影响实证研究——基于公司治理评价视角》进一步界定了保险公司治理的含义，保险公司治理是指对财产险[①]、人身险[②]、再保险[③]和相互制保险公司这一特殊行业公司的治理，即“保险公司+治理”，而不是公司治理理论在保险公司上的简单运用，即“公司治理+保险公司”。

---

① 财产险包括财产损失险、责任险、信用险、保证险等。

② 人身险包括人寿险、健康险、意外伤害险、养老保险等。

③ 再保险亦称“分保”，是指保险人在原保险合同的基础上，通过签订分保合同，将其所承保的部分风险和责任向其他保险人进行保险的行为。

这是保险公司治理的第二版定义。

随着对保险公司治理研究的深入，需要进一步科学、准确地界定好保险公司治理的内涵与外延，郝臣（2017）给出了保险公司治理的第三版定义。首先保险公司治理具有狭义和广义之分。狭义的保险公司治理是指关于保险公司“三会一层”构成、地位与性质、基本职权、运作规则等的治理制度安排。广义的保险公司治理是指协调股东、投保人、高级管理人员、员工、社区、政府等利益相关者利益的，一套来自公司内部和外部、正式和非正式的，以实现保险公司决策科学化进而实现利益相关者利益最大化的治理制度安排。

郝臣等（2019）在上述保险公司治理第三版定义的基础上提出了第四版保险公司治理的定义。他们认为保险公司治理有狭义和广义之分。狭义的保险公司治理是指保险公司的内部治理结构与治理机制，即通过有关“三会一层”的构成、地位与性质、基本职权、运作规则等方面的治理制度安排来解决股东与高级管理人员以及大股东与小股东之间的委托代理问题，治理的目标是实现股东利益的最大化。狭义的保险公司治理与狭义的一般公司治理没有本质区别。广义的保险公司治理是在狭义的基础上，导入外部治理机制，同时利益相关者范畴也不仅仅局限于股东和高级管理人员，而是拓展到包括投保人在内的保险公司所有利益相关者。具体来说，广义的保险公司治理是指一套综合公司内部的治理结构与机制和监管机构监管、信息披露、各类市场约束、外部利益相关者治理等公司的外部治理机制，协调公司与投保人、股东、高级管理人员、员工、社区、政府等利益相关者的利益，以实现保险公司决策科学化，进而实现利益相关者利益最大化的治理制度安排。

2018 年发布的，由董迎秋、肖然、熊莹等人起草的中国保险行业标准文件《保险业公司治理实务指南——总体框架》（T/IAC 21-2018）对保险公司治理的定义如下：一套包括正式或非正式的、内部或外部的制度或机制来协调保险机构与所有利益相关者之间的利益关系，以保证公司决策的科学化，从而最终维护保险机构各方面利益的一种制度安排。该指南还制定了保险业公司治理所要遵循的原则：合规治理、科学治理、审慎治理、系统治理、过程治理、共同治理。

基于学术视角的研究文献中的四个版本保险公司治理定义以及基于实践视角的行业标准文件中的保险公司治理定义的主要区别详见表 5-1。

表 5-1　理论界与实务界对保险公司治理的定义

比较内容	第一版	第二版	第三版	第四版	中国保险行业协会标准
提出时间	2015 年	2016 年	2017 年	2019 年	2018 年
提出学者或起草人	李维安和郝臣	郝臣	郝臣、李慧聪和崔光耀	郝臣、李艺华、崔光耀、刘琦和王萍	中国保险行业协会
提出文献	《公司治理手册》	《保险公司治理对绩效影响实证研究——基于公司治理评价视角》	《治理的微观、中观与宏观——基于中国保险业的研究》	《金融治理概念之辨析与应用——基于习近平总书记 2013—2019 年 567 份相关文件的研究》	《保险业公司治理实务指南——总体框架》
所在页码	第 328 页	第 3 页	第 27 页	第 78 页	第 1 页
文献出处	清华大学出版社	科学出版社	南开大学出版社	《公司治理评论》	中国保险业协会
主要优点	首次提出	考虑了保险公司治理的特殊性	提出了广义和狭义的保险公司治理	细化了广义和狭义的保险公司治理	框架完整，表述清晰
主要不足	比较笼统	缺乏相对详细和细致的定义	仅从制度安排视角界定保险公司治理	没有区别利益相关者的类别，没有考虑分支机构治理	从结构与机制角度构建体系，但没有考虑内部治理与外部治理的区别

（四）第五个版本保险公司治理定义

本手册在保险公司治理第四版定义的基础上进一步细化其内涵，提出保险公司治理的第五版定义。保险公司治理按照治理目标不同有狭义和广义之分。

狭义的保险公司治理是指保险公司的治理结构与内部治理机制，即通过有关“三会一层”的构成、地位与性质、基本职权、运作规则等方面的制度安排来解决股东与高级管理人员以及大股东与小股东之间的委托代理问题，治理的目标是实现股东利益的最大化。狭义的保险公司治理从内容上来说主要包括保险公司治理结构和内部治理机制，这与一般公司治理没有本质区别。保险公司治理结构侧重于保险公司的内部治理，是指涵盖股东（大）会、董事会、监事会、经理层之间责权利的制度安排。因此，简单来说，保险公司治理结构就是指保险公司的“三会一层”。保险公司内部治理机制主要通过“三会一层”来发挥其作用，主要包括决策机制、激励约束机制、监督机制、内控与风险管理、内审与合规管理和内部利益相关者治理等。需要补充说明的是，保险公司治理机制在本质上也是一种制度安排，但与“三会一层”的具体制度安排不同，治理机制方面的制度安排比较抽象和特殊，是对已有制度安排的进一步提炼，比如内部治理机制中的激励约束机制，是对董事、监事、高级管理人员相关激励约束制度的总称。

上述定义中的“三会”是指股东（大）会、董事会和监事会，这一点比较明确和统一。定义中的“一层”是指经理层，即高级管理人员组成的团队，也被称为经营层、经营管理层、高管层、管理层、高级管理层等，不同保险公司治理法律法规文件对经理层的称呼略有不同。原中国保监会在《保险中介机构法人治理指引（试行）》（保监发〔2005〕21号）和《保险中介机构内部控制指引（试行）》（保监发〔2005〕21号）中使用“经理层”一词。《保险公司开业验收指引》（保监发〔2011〕14号）中使用“经营层”一词。原中国保监会在2018年发布的《保险资金运用管理办法》（中国保监会令〔2018〕第1号）、中国保险行业协会发布的《保险公司董事会提案管理指南》等文件中使用“经营管理层”一词。在《中国银保监会关于推动银行业和保险业高质量发展的指导意见》（银保监发〔2019〕52号）文件中使用“高管层”一词，《银行保险机构公司治理监管评估办法（试行）》（银保监发〔2019〕43号）也使用“高管层”一词。《关于规范保险公司治理结构的指导意见（试行）》（保监发〔2006〕2号）使用“管理层”一词，原中国保监会发布的《保险机构独立董事管理办法》（保监发〔2007〕22号）也使用“管理层”一词。《银行保险机构公司治理准则》（银保监发〔2021〕14号）则使用“高级管理层”一词。本手册则使用学术文献使用出现频率相对较高的“高级管理人员”一词。

广义的保险公司治理是在狭义的基础上，导入外部治理机制，利益相关者范畴也不仅仅局限于股东和高级管理人员，而是拓展到包括投保人在内的保险公司所有利益相关者。具体来说，广义的保险公司治理是指一套综合内部治理结构、内部治理机制以及外部治理机制，用来协调保险公司与投保人、股东、高级管理人员、员工、社区、政府等利益相关者的利益，以实现保险公司决策科学化，进而实现利益相关者利益最大化的多方面、多层次的治理制度安排体系。其中，内部治理结构由股东大会或股东会、董事会、监事会和高级管理人员所构成。内部治理机制由决策机制、激励机制、内部审计、风险管理、合规管理、内部利益相关者治理等组成。外部治理机制由监管机构监管、信息披露、各类市场约束、外部审计、整顿与接管机制、重组机制、责令关闭机制、撤销机制、破产机制、外部利益相关者治理等形成。

接管机制是保险公司的重要外部治理机制，也是保险公司治理特殊性的重要体现。2018 年 2 月 23 日，原中国保监会公告称，鉴于安邦保险集团股份有限公司存在违反《保险法》规定的经营行为，可能严重危及公司偿付能力，依照《保险法》规定，决定对安邦保险集团股份有限公司实施接管，接管期限一年；2019 年 2 月 22 日，中国银保监会决定将安邦保险集团股份有限公司接管期限延长一年。2020 年 7 月 17 日，中国银保监会官网发布公告称，鉴于天安财产保险股份有限公司、华夏人寿保险股份有限公司、天安人寿保险股份有限公司、易安财产保险股份有限公司触发了《保险法》第 140 条规定的接管条件，为保护保险活动当事人，维护社会公共利益，中国银保监会决定对上述 6 家机构实施接管；2021 年 7 月 16 日，中国银保监会决定延长监管期限一年。

破产机制也是保险公司的重要外部治理机制，但不同于一般公司。根据《保险法》规定，保险公司有《中华人民共和国企业破产法》第二条规定情形的，经国务院保险监督管理机构同意，保险公司或者其债权人可以依法向人民法院申请重整、和解或者破产清算；国务院保险监督管理机构也可以依法向人民法院申请对该保险公司进行重整或者破产清算。经营有人寿保险业务的保险公司，除因分立、合并或者被依法撤销外，不得解散。经营有人寿保险业务的保险公司被依法撤销或者被依法宣告破产的，其持有的人寿保险合同及责任准备金，必须转让给其他经营有人寿保险业务的保险公司；不能同其他保险公司达成转让协议的，由国务院保险监督管理机构指定经营有人寿保险业务的保险公司接受转让。2022 年 7 月 15 日，中国银保监会官网发布《中国银保监会关于易安财产保险股份有限公司破产重整的批复》，于 2022 年 6 月 29 日同意易安财产保险股份有限公司依法进入破产程序，要求该公司应严格按照有关法律法规要求开展后续工作，如遇重大情况，及时向中国银保监会报告。易安财产保险股份有限公司（简称易安财险）成为我国首家进入破产程序的保险公司，该案例资料详见附录 5-2-1。在此之前，我国还有三家保险公司一直被误认为是“破产”的保险公司，这三家公司分别是东方人寿保险股份有限公司、国信人寿保险股份有限公司和安邦保险集团股份有限公司。实际上，这三家公司都不是破产公司，东方人寿保险股份有限公司是第一家被勒令停业的保险公司，该案例资料详见附录 5-2-2；国信人寿保险股份有限公司是第一家被直接撤销的保险公司，该案例资料详见附录 5-2-3；安邦保险集团股份有限公司是第一家解散清算的保险公司，该案例资料详见附录 5-2-4。

狭义的保险公司治理与一般公司治理并无明显差别，其治理的目标是股东利益最大化。广义的保险公司治理目标是包括投保人在内的所有利益相关者利益的最大化。郝臣（2021）在《保险公司治理》教材中指出，狭义的保险公司治理并没有很好地体现出保险公司治理的特殊性，与一般公司的狭义公司治理定义完全相同。广义的保险公司治理定义则更好地体现了保险公司治理的特殊性：一是在治理参与主体上考虑了投保人，并将投保人放在所有利益相关者的第一位；二是治理机制上考虑了外部治理，监管机构的监管是保险公司外部治理中非常重要的内容。所以，在没有加以说明的情况下，保险公司治理主要采用其广义的定义，本手册的研究也是在这样的框架下进行的。

我国保险公司治理体系如图 5-4 所示，保险公司治理包括保险公司法人治理和保险公司分支机构治理。其中保险公司法人治理按照保险公司业务类型不同分为财产险保险公司治理、人身险保险公司治理和再保险公司治理。保险公司分支机构治理按照分支机构层级不同可以分为保险分公司治理、保险中心支公司治理、保险支公司治理、保险营业部或者营销服务部治理和保险公司专属机构治理。

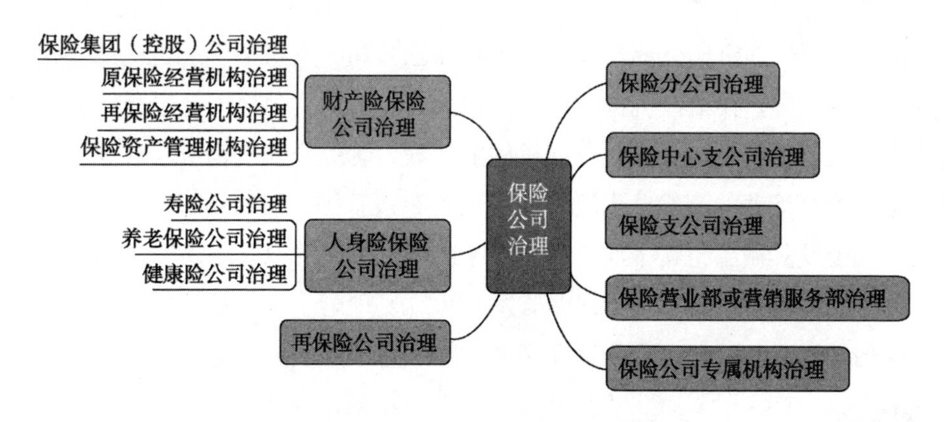

图 5-4　我国保险公司治理体系框架图

保险公司治理按照治理制度安排不同有治理结构与治理机制两个层面内容。治理结构是治理机制有效发挥作用的基础。按照治理力量来源不同有内部治理和外部治理两个方面内容，内部治理与外部治理相互区别又相互联系。其中内部治理包括治理结构与内部治理机制，而外部治理突破了法人边界因此只有外部治理机制。需要强调的是，保险公司治理不是公司治理理论在保险公司上的简单运用，即“公司治理+保险公司”。保险公司经营特殊性决定了保险公司治理特殊性，因此保险公司治理是“保险公司+治理”。

（五）保险公司分支机构治理定义

保险公司分支机构重要性日益凸显，监管机构出台专门的法律法规进一步规范保险公司分支机构行为，如《中国银保监会关于印发保险公司分支机构市场准入管理办法的通知（2021）》（银保监发〔2021〕37号）。

保险公司分支机构治理（insurance company branch governance），是指一套综合了保险公司分支机构内部治理结构与机制和保险公司分支机构上级机构管控、监管部门监管等外部治理机制，以保障保险公司分支机构合法稳定经营、实现上级机构整体经营规划、维护包括投保人在内的利益相关者合法权益的治理制度安排，具体包括保险分公司治理、保险中心支公司治理、保险支公司治理、保险营业部或者营销服务部治理以及保险各类专属机构治理。

保险公司分支机构治理可以分为内部治理和外部治理两个方面。保险公司分支机构内部治理主要包括构建合理高效的组织架构、选择恰当的业务模式、培养高素质的人才队伍、建立严谨有效的内控制度等，以实现决策科学化，为客户提供更加优质可靠的服务。

保险公司分支机构外部治理主要包括保险公司分支机构上级机构的管控、监管部门的监管等。在上级机构管控方面，保险公司总公司根据规定和发展需要制定分支机构管理制度，加强对分支机构的管理，督促分支机构依法合规经营，确保上级机构对管理的下级分支机构能够实施有效管控。在监管部门监管方面，中国银保监会及其派出机构依照《中国银保监会关于印发保险公司分支机构市场准入管理办法的通知（2021）》（银保监发〔2021〕37号）等法律法规，对保险公司分支机构的设立、改建、变更营业场所、撤销等事项实施管理。

本章附录[①]

金融机构名录附录

附录5-1-1：我国保险集团（控股）公司名录

① 可通过公众号“治理大百科”阅读本章附录具体内容。

附录 5-1-2：我国财产保险机构名录

附录 5-1-3：我国人寿保险机构名录

附录 5-1-4：我国养老保险机构名录

附录 5-1-5：我国健康保险机构名录

附录 5-1-6：我国出口信用保险机构名录

附录 5-1-7：我国中资再保险机构名录

附录 5-1-8：我国外资再保险机构名录

附录 5-1-9：我国保险资产管理机构名录

附录 5-1-10：我国其他保险机构名录

附录 5-1-11：我国保险中介集团名录

附录 5-1-12：我国保险专业代理机构名录

附录 5-1-13：我国保险公估机构名录

附录 5-1-14：我国保险经纪机构名录

附录 5-1-15：我国保险机构分支机构名录

金融机构简介附录

附录 5-2-1：易安财险保险股份有限公司——第一家进入破产程序的保险公司

附录 5-2-2：东方人寿保险股份有限公司——第一家被勒令停业的保险公司

附录 5-2-3：国信人寿保险股份有限公司——第一家被直接撤销的保险公司

附录 5-2-4：安邦保险集团股份有限公司——第一家解散清算的保险公司

法律法规列表附录

附录 5-3-1：我国保险机构治理主要法律法规文件列表

附录 5-3-2：我国保险公司治理主要法律法规文件列表

其他相关内容附录

附录 5-4-1：保险机构治理研究文献目录

附录 5-4-2：保险公司治理研究文献目录

第六章
证券期货业金融机构治理

证券期货业金融机构是指由中国证监会监督管理的，具备从事证券业和期货业合法资格的金融机构。我国证券期货业金融机构主要包括证券公司、证券投资基金管理公司、证券投资咨询机构和期货公司。本章对上述四类证券期货业金融机构治理的定义进行了界定和分析。

第一节　证券公司治理

一、证券公司简介

证券公司（securities company）是指依照《公司法》和《证券法》规定设立的经营证券业务的有限责任公司或者股份有限公司。我国证券公司的业务范围包括：证券经纪，证券投资咨询，与证券交易、证券投资活动有关的财务顾问，证券承销与保荐，证券融资融券，证券做市交易，证券自营，以及其他证券业务（如证券资产管理业务）等。

我国证券公司诞生于 20 世纪 80 年代。1987 年以前，公司股票发行通过工商银行上海信托投资公司代理。1987 年 9 月 27 日，深圳经济特区证券公司成立，标志着我国第一家专业性证券公司成立。1992 年，全国已有专业证券公司 59 家，它们分为三种类型。第一类是由财政部和四大国有商业银行出资的三大全国性证券公司，包括国泰君安证券股份有限公司、华夏证券股份有限公司和南方证券有限公司。第二类也是最大的一类，是由中国人民银行各地分行或商业银行独资兴办的证券公司。第三类是由财政部门创办的主要经营国债业务的财政证券公司。到 1996 年年底，我国共有 94 家作为证券专营机构的证券公司，共有 244 家作为证券兼营机构的信托投资公司。根据中国证监会官网（http://www.csrc.gov.cn）公布的数据，截至 2022 年 4 月 30 日，我国共有 140 家登记状态为存续或在业的证券公司，具体名录详见附录 6-1-1。本手册对其中的中信证券股份有限公司和中国国际金融股份有限公司进行了介绍，详见附录 6-2-1 和附录 6-2-2。证券公司还有资管、投行、另类投资、金融科技、私募基金等总计 200 余家子公司。

二、证券公司治理相关法律法规梳理

1998 年《证券法》颁布以来，我国出台了一系列证券公司治理相关法律法规，涵盖了证券交易所内部治理和外部治理两个方面，对证券公司股东和股东（大）会、董事和董事会、监事和监事会、高级管理人员、激励与约束机制、证券公司与客户关系基本原则、履行社会责任等做出规定，并对证券公司各项业务做出规定与评价准则等。关于证券公司治理的法律法规较多，针对其内部治理和外部治理都有所规定。我国证券公司治理主要法律法规文件列表详见附录 6-3-1。

在证券公司内部治理方面，《证券公司治理准则（2020 年修订）》（中国证监会公告〔2020〕20 号）规定，证券公司不得挪用客户交易结算资金，不得挪用客户委托管理的资产，不得挪用客户托管在公司的证券。《证券公司风险控制指标管理办法（2020 修正）》（中国证监会令第 166 号）建立了以净资本和流动性为核心的风险控制指标体系和经营风险控制制度。《证券公司和证券投资基金管理公司合规管理办法（2020 修正）》（中国证监会令第 166 号）要求证券公司全面建立内部合规管理制度。

在证券公司外部治理方面，《证券公司监督管理条例》（中华人民共和国国务院令第 653 号）规定，证券公司经营证券经纪业务、证券资产管理业务、融资融券业务和证券承销与保荐业务中两种以上业务的，其董事会应当设薪酬与提名委员会、审计委员会和风险控制委员会，行使公司章程规定的职权。

三、证券公司治理定义

证券公司治理是金融机构治理领域的热点研究方向，证券公司治理研究相关文献详见附录 6-4-1。陈共炎（2004，2004，2005）分析了股权结构、内部控制和会计制度与证券公司治理间的关系。牛建波（2004）从股权结构、董事会、激励制度和信息披露制度对中美证券公司的治理结构进行比较分析。冯根福和丁国荣（2011）研究发现，我国证券公司股权集中度、是否为国有控股性质、董事长与总经理两职设置、管理层规模和管理报酬会影响其经营效率。王聪和宋慧英（2012）研究发现，国有性质证券公司的效率低于非国有性质的证券公司；股权集中度与证券公司成本效率之间呈现U形关系，市场竞争度与证券公司市场效率之间呈现倒U形关系，且现阶段效率处于下降区间。林长青（2014）发现在短期的发展时间内，证券公司资产负债率对经营绩效有正面影响。李江涛、秦玉霞和纪建悦（2016）认为由于边际效用递减规律，高管薪酬激励和证券公司经营绩效会呈现倒U形关系。

本章认为证券公司治理（securities company governance）是指为促进证券公司规范运作，保护证券公司股东、客户及其他利益相关者的合法权益，而构建的一系列治理制度安排。证券公司治理包括内部治理与外部治理两个方面和治理结构与治理机制两个层面。

证券公司内部治理是指“三会一层”治理结构和包括合规管理、风险管理、绩效考核、薪酬管理、内部控制制度等在内的相关制度安排，以提升证券公司风险控制能力，实现证券公司决策科学化，进而实现利益相关者利益最大化。

证券公司外部治理包括外部监管、信息披露、媒体监督、外部利益相关者治理、接管机制、重组机制、关闭与撤销、破产机制、撤销业务许可等。在外部监管方面，中国证监会及其派出机构以证券公司风险管理能力、持续合规状况为基础，结合公司业务发展状况，按照《证券公司分类监管规定（2020年修订）》（中国证监会公告〔2020〕42号）评价和确定证券公司的类别，并根据证券公司分类结果对不同类别的证券公司实施区别对待的监管政策。

2006年12月，中国证监会公布了一批对证券期货行业违法违规机构人员的处罚通知。统计数字显示，截至2006年年底，共有19家[①]高风险的证券公司被

① 包括南方证券有限公司、大鹏证券有限责任公司、汉唐证券有限责任公司、闽发证券有限责任公司、西北证券有限责任公司、兴安证券有限责任公司、德恒证券有限责任公司、恒信证券、亚洲证券有限责任公司、北方证券有限责任公司、武汉证券有限责任公司、甘肃证券有限责任公司、天勤证券经纪有限公司、五洲证券有限公司、民安证券有限责任公司、广东证券股份有限公司、华夏证券股份有限公司、昆仑证券有限责任公司和天同证券有限责任公司。

责令关闭，9 家被托管，另有 1 家破产重组。2007 年 8 月 31 日，中国证监会在京召开证券公司综合治理工作总结表彰视频会议，会议指出：（1）历时三年的券商综合治理已经结束，目前 104 家正常经营的证券公司各项风险控制指标均已达到规定标准；（2）在综合治理期间，共 31 家高风险公司得到平稳处置，同时指导、支持有关方面对 27 家风险公司实施了重组；（3）截至 2007 年 9 月 2 日，19 家证券公司被责令关闭，7 家证券公司被撤销，4 家证券公司被撤销业务许可，14 家公司和 9 家营业部被暂停业务，一批涉嫌刑事犯罪的公司及其责任人被移送公安、司法部门调查。

证券公司破产机制是其重要的外部治理机制之一。1995 年成立的大鹏证券有限责任公司（简称大鹏证券），因挪用巨额客户交易资金于 2005 年 1 月 14 日被中国证监会取消证券业务许可并责令关闭。大鹏证券的资产负债率高达 185.87%，中国证监会于 2005 年 10 月 13 日同意大鹏证券破产清算，这是我国首家破产的证券公司。1992 年成立的南方证券有限公司（简称南方证券）于 2001 年开始出现危机，到 2004 年 1 月因为挪用客户准备金高达 80 亿元以及自营业务巨额亏损，负债高达 228 亿元，严重资不抵债。2004 年 1 月 2 日由中国证监会以及深圳市政府实行行政接管。2005 年 11 月 4 日南方证券所属营业部依法关闭，正常客户自动转入中国中投证券有限责任公司（简称中投证券）；2006 年 6 月 6 日，中国证监会批复同意南方证券破产还债。2006 年 8 月 16 日，深圳市中级人民法院宣告，南方证券因资不抵债破产还债，该公司成为迄今为止中国最大证券公司破产案例。1995 年成立的网信证券有限责任公司（简称网信证券），2019 年因深陷债务危机而被风险监控，随后网信证券向沈阳市中级人民法院提出破产重整的申请以化解公司风险，沈阳市中级人民法院依法裁定受理了破产重整申请。截至 2022 年 7 月。该公司还在重整过程中[①]。

证券公司子公司也是独立法人，在证券公司子公司治理过程中，既要满足集团整体战略发展需要，又要保证子公司个体发展。证券公司子公司治理需要集团建立完备的公司治理结构，并通过制度建设强化母公司对子公司的管控。

① 2021 年 8 月 20 日闭幕的十三届全国人大常委会第三十次会议听取了关于检查《企业破产法》实施情况的报告，该报告指出，迄今为止，金融机构破产实施办法尚未出台。原华夏证券股份有限公司、德恒证券有限责任公司等 9 家进入破产程序的高风险证券公司因程序衔接等原因多年未能完成破产。

第二节 证券投资基金管理公司治理

一、证券投资基金管理公司简介

基金（fund）是指为了某种目的而设立的具有一定数量的资金。根据募资对象的不同，基金分为公开募集基金（也称公募基金）与非公开募集基金（也称私募基金，即向累计不超过 200 人的合格投资者[①]募集）两类。按照《证券投资基金法（2015 年修正）》（中华人民共和国主席令第 23 号），非公开募集基金不得向合格投资者之外的单位和个人募集资金，不得通过报刊、电台、电视台、互联网等公众传播媒体或者讲座、报告会、分析会等方式向不特定对象宣传推介。根据主投资标的的不同，基金可分为证券投资基金、股权投资基金、创业投资基金等多种形态。

根据《证券投资基金法（2015 年修正）》（中华人民共和国主席令第 23 号），公开募集基金的基金管理人由基金管理公司或者经国务院证券监督管理机构按照规定核准的其他机构担任。根据《公开募集证券投资基金管理人监督管理办法》（中国证监会令第 198 号），公募基金管理人由基金管理公司或者经中国证监会核准取得公募基金管理业务资格的其他资产管理机构（简称其他公募基金管理人）担任。其他资产管理机构包括在境内设立的从事资产管理业务的证券公司资产管理子公司、保险资产管理公司、商业银行理财子公司、在中国证券投资基金业协会（以下简称基金业协会）登记的专门从事非公开募集证券投资基金管理业务的机构以及中国证监会规定的其他机构。需要说明的是，未取得公募基金管理业务资格的机构，不得从事公募基金管理业务。

公开募集基金的基金管理人中的基金管理公司一般也被称为证券投资基金管理公司（securities investment fund management company）或公募基金管理公司（public fund management company）。1997 年 10 月，随着《证券投资基金管理暂行办法》（证监基字〔1997〕3 号）的出台，我国基金行业迎来新的发展阶段。有人说我国公募基金行业的开端是 1998 年，当年一共设立国泰基金管理有限公司、

---

① 合格投资者是指达到规定资产规模或者收入水平，并且具备相应的风险识别能力和风险承担能力、其基金份额认购金额不低于规定限额的单位和个人。

南方基金管理有限公司、华夏基金管理有限公司、华安基金管理有限公司、博时基金管理有限公司和鹏华基金管理有限公司 6 家基金管理公司，1999 年嘉实基金管理有限公司、长盛基金管理有限公司、大成基金管理有限公司和富国基金管理有限公司 4 家基金管理公司获准成立。这 10 家基金管理公司是我国第一批规范的公募基金管理公司，被业内称为“老十家”。

根据《证券投资基金管理公司管理办法（2020 年修正）》（中国证监会令第 166 号）规定，证券投资基金管理公司（简称基金管理公司）是指经中国证监会批准，在中华人民共和国境内设立，从事证券投资基金管理业务和中国证监会许可的其他业务的企业法人。中国证监会及其派出机构依照《证券投资基金法》《公司法》等法律、行政法规、中国证监会的规定和审慎监管原则，对证券投资基金管理公司及其业务活动实施监督管理。

《证券投资基金管理公司管理办法（2020 年修正）》（中国证监会令第 166 号）规定，设立证券投资基金管理公司，应当具备下列条件：（1）股东符合《证券投资基金法》和本办法的规定；（2）有符合《证券投资基金法》《公司法》以及中国证监会规定的章程；（3）注册资本不低于 1 亿元人民币，且股东必须以货币资金实缴，境外股东应当以可自由兑换货币出资；（4）有符合法律、行政法规和中国证监会规定的拟任高级管理人员以及从事研究、投资、估值、营销等业务的人员，拟任高级管理人员、业务人员不少于 15 人，并应当取得基金从业资格；（5）有符合要求的营业场所、安全防范设施和与业务有关的其他设施；（6）设置了分工合理、职责清晰的组织机构和工作岗位；（7）有符合中国证监会规定的监察稽核、风险控制等内部监控制度；（8）经国务院批准的中国证监会规定的其他条件。

证券投资基金管理公司可以根据专业化经营管理的需要，设立子公司、分公司或者中国证监会规定的其他形式的分支机构。子公司可以从事特定客户资产管理、基金销售以及中国证监会许可的其他业务。分公司或者中国证监会规定的其他形式的分支机构，可以从事基金品种开发、基金销售以及证券投资基金管理公司授权的其他业务。证券投资基金管理公司应当结合自身实际，合理审慎构建和完善经营管理组织模式，设立子公司、分支机构应当进行充分的评估论证，并履行必要的内部决策程序。

中国证监会官网（http://www.csrc.gov.cn）公布的数据显示，截至 2022 年 4

月 30 日，我国登记状态为存续或在业的公募基金管理公司共有 138 家（本手册对其中的华夏基金管理有限公司和天弘基金管理有限公司进行了介绍，详见附录 6-2-3 和附录 6-2-4），其中外资基金管理公司 45 家，具体名录详见附录 6-1-2；基金管理公司资管子公司 80 家，具体名录详见附录 6-1-3；基金管理公司销售子公司 7 家，具体名录详见附录 6-1-4。此外，登记状态为存续或在业的取得公募资格的资产管理机构共 14 家，具体名录详见附录 6-1-5。我国私募基金管理公司名录详见附录 6-1-6 到附录 6-1-9。

二、证券投资基金管理公司治理相关法律法规梳理

关于证券投资基金管理公司的法律法规主要针对其内部治理和外部治理两个方面进行了细致的规定。为推动基金管理公司完善公司治理，规范经营运作，保护基金份额持有人、公司及股东合法权益，中国证监会早在 2006 年 6 月 15 日就制定了《证券投资基金管理公司治理准则（试行）》（证监基金字〔2006〕122 号）。我国证券投资基金管理公司治理主要法律法规文件列表详见附录 6-3-2。

《证券投资基金管理公司管理办法（2020 年修正）》（中国证监会令第 166 号）指出，基金管理公司应当遵守法律、行政法规、中国证监会的规定和中国证券投资基金业协会的自律规则，恪守诚信，审慎勤勉，忠实尽责，为基金份额持有人的利益管理和运用基金财产。

在证券投资基金管理公司内部治理方面，《证券投资基金管理公司治理准则（试行）》（证监基金字〔2006〕122 号）从股东和股东（大）会、董事和董事会、监事和执行监事、经理层人员、督察长、关联交易和激励约束机制等不同方面对证券投资基金管理公司内部治理方面进行了明确的规定。《关于进一步完善基金管理公司治理相关问题的意见》（中基协发〔2014〕7 号）就基金公司治理相关问题的完善提供了指南和方向，并从行业特点、治理模式、组织形式和企业文化四个维度对基金管理公司的治理问题提出意见。《证券投资基金管理公司管理办法（2020 修正）》（中国证监会令第 166 号）规定，基金管理公司应当建立健全督察长制度，督察长由董事会聘任，对董事会负责，对公司经营运作的合法合规性进行监察和稽核。

在证券投资基金管理公司外部治理方面，《证券投资基金监管职责分工协作指引》（证监基金字〔2005〕133 号）对证券投资基金管理公司外部监管机构职责

划分做出了细致规定。《证券投资基金信息披露管理办法》（中国证监会令第 19 号）对公开披露的基金信息进行规定，例如规定了公开披露基金信息不得违规承诺收益或者承担损失，不得登载任何自然人、法人或者其他组织的祝贺性、恭维性或推荐性的文字等。根据《证券投资基金管理公司管理办法（2020 年修正）》（中国证监会令第 166 号），申请设立基金管理公司，申请人应当按照中国证监会的规定报送设立申请材料，主要股东应当组织、协调设立基金管理公司的相关事宜，对申请材料的真实性、完整性负主要责任。中国证监会批准设立证券投资基金管理公司的，申请人应当自收到批准文件之日起 30 日内向工商行政管理机关办理注册登记手续，凭工商行政管理机关核发的《企业法人营业执照》向中国证监会领取《基金管理资格证书》。中外合资证券投资基金管理公司还应当按照法律、行政法规的规定，申领《外商投资企业批准证书》，并开设外汇资本金账户；证券投资基金管理公司应当自工商注册登记手续办理完毕之日起 10 日内，在符合中国证监会规定条件的全国性报刊上将公司成立事项予以公告；此外，中国证券投资基金业协会依据法律、行政法规、中国证监会的规定和自律规则，对证券投资基金管理公司及其业务活动进行自律管理。

三、证券投资基金管理公司治理定义

（一）证券投资基金管理公司治理定义的提出

多位学者围绕证券投资基金管理公司治理展开了研究。何杰（2005）分析了基金及基金管理公司治理结构特征、基金管理公司独立董事与基金业绩的关系。冯军（2006）指出，证券投资基金管理公司的治理问题主要来源于基金份额持有人和基金管理公司之间的委托代理关系。杨雄胜和谭安杰（2008）研究发现，独立董事的引入可以帮助基金持有人降低委托成本。李学峰和张舰（2008）研究发现，股东数、大股东持股比例、大股东控制力、金融类股东持股比例可以对基金绩效产生正面影响。郝臣（2009）认为，应该从提高管理人的独立性、引入第三方监督机制、实行管理人动态激励和开展基金管理人的评价四个方面解决基金管理公司问题。胡泽远（2012）认为，要从政府监管机构作用的加强、行业协会自律建设的提升和基金托管人监督职能的提高等方面入手，为实现基金持有人的利益增强保障。

本章认为证券投资基金管理公司治理（securities investment fund management company governance），也简称为基金管理公司治理（fund management company governance），是指为确保基金管理公司科学决策和保护基金份额持有人利益，所构建的用来协调内部治理主体（包括股东、董事、监事、监察长、高管、员工等）和外部治理主体（包括基金份额持有人、基金托管人、中国证监会、中国证券投资基金业协会、媒体等）在内的所有利益相关者利益的一套治理制度安排，包括内部治理与外部治理两个方面和治理结构与治理机制两个层面。

证券投资基金管理公司内部治理涵盖内部治理结构和内部治理机制两个方面。相对于一般公司内部治理来说，证券投资基金管理公司内部治理具有一定的特殊性。《证券投资基金管理公司治理准则（试行）》（证监基金字〔2006〕122号）规定，证券投资基金管理公司应当建立独立董事制度，独立董事的人数和比例应当符合中国证监会的有关规定；独立董事应当保证独立性，以基金份额持有人利益最大化为出发点，对基金财产运作等事项独立做出客观、公正的专业判断，不得服从于某一股东、董事和他人的意志。证券投资基金管理公司应当设立督察长，负责监督检查基金和公司运作的合法合规情况及公司内部风险控制情况，行使法律、行政法规及中国证监会和公司章程规定的职权。督察长由董事会聘任，对董事会负责，督察长在任期届满前，在无正当理由的情况下，证券投资基金管理公司不得解除其职务。

证券投资基金管理公司外部治理包括外部监管、信息披露、行业自律、外部审计、媒体监督、破产机制等外部治理机制。具体而言，中国证监会及其派出机构依照法律、行政法规、中国证监会的规定和审慎监管原则，对基金管理公司及其业务活动实施监督管理。中国证券投资基金业协会依据法律、行政法规、中国证监会的规定和自律规则，对基金管理公司及其业务活动进行自律管理。

从理论角度来说，任何金融机构都可能破产。我国证券投资基金管理公司或公募基金管理公司目前没有破产的[①]。根据中国证监会监管的规定，基金管理公司只负责交易，基金资产则是托管在第三方银行。也就是说，即便是基金管理公司倒闭了，受到影响的也只有基金管理公司的注册资金，投资资金并不会受到影

① 由于私募基金管理公司数量较多、鱼龙混杂，不能正常开展活动、失联甚至倒闭等现象在所难免。

响，破产清算的是基金管理公司的资产，而基金并不是基金管理公司的资产。此外，基金管理公司倒闭后，根据签订的合伙协议或基金合同，基民可以通过基金份额持有人大会更换基金管理人。综上所述，基金管理公司破产机制方面与银行、保险公司等金融机构并不相同，尤其是在破产程序中保护金融机构重要利益相关者利益机制设计上。

（二）概念拓展：基金管理人治理

本章主要关注了针对公开募集基金的基金管理人治理，特别是其中的证券投资基金管理公司治理[①]。私募基金管理人也是我国基金管理人的重要组成部分，且在数量上远超过公开募集基金管理人。根据中国证券投资基金业协会官网（https://www.amac.org.cn）公布的数据，截至 2022 年 4 月 15 日，我国共有私募基金管理人 41213 家，其中有 23607 家正常经营，另外还有 17195 家已经注销，277 家属于异常经营机构，134 家属于失联机构，这些机构名录详见附录 6-1-6 至附录 6-1-9。

根据《证券投资基金法（2015 年修正）》（中华人民共和国主席令第 23 号），基金管理人由依法设立的公司或者合伙企业担任。对于非公开募集基金的管理人来说，基金管理人可以是非公司制的合伙企业，这方面规定与公开募集基金管理人的要求不同。担任非公开募集基金的基金管理人，应当按照规定向基金行业协会履行登记手续，报送基本情况。

因此，如图 6-1 所示，基金管理人治理或者基金管理机构治理包括了公募基金管理人治理和私募基金管理人治理。

公募基金管理人治理可以分为公募证券投资基金管理人治理（也经常被简称为证券投资基金管理人治理或证券投资基金管理公司治理）、公募证券投资基金管理人子公司治理（也经常被称为证券投资基金管理人子公司治理或证券投资基金管理公司子公司治理）和其他公募基金管理人治理。

私募基金管理人治理按照私募基金管理人投资对象不同可以分为私募证券投资基金管理人治理、私募股权投资基金管理人治理、私募创业投资基金管理人治理、私募资产配置类基金管理人治理和其他私募投资基金管理人治理。

---

① 实际上，其他公募基金管理人也是我国金融机构体系的重要组成部分，并且会出现在本手册相应的章节，因此本章没有专门探讨其他公募基金管理人治理。

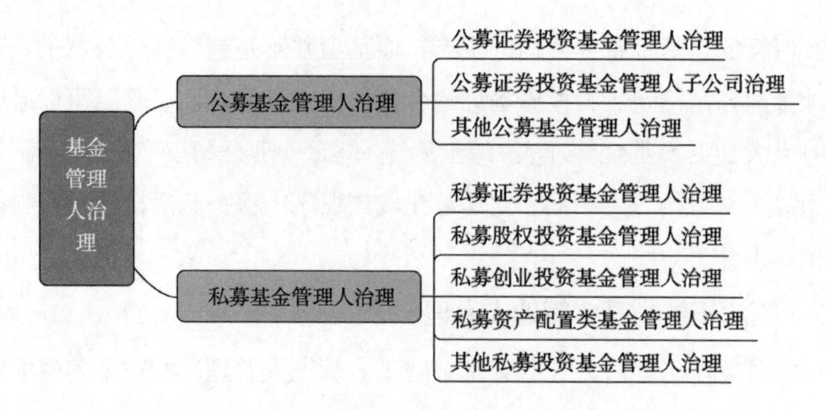

图 6-1 我国基金管理人治理体系框架图

基金管理人治理或基金管理机构治理（fund manager governance）是指以保护基金份额持有人利益为根本目的，所构建的一套来自于基金管理人内部和外部的用以协调基金运作过程中所有利益相关者利益的治理制度安排。按照基金管理人法人形态划分，基金管理人治理可以分为公司制基金管理人治理和合作制基金管理人治理。

（三）概念拓展：基金治理与基金业治理

基金在运作过程中，基金管理人、基金托管人和基金份额持有人（也被称为基民）是重要的参与主体，他们都有着各自的权利与义务，并在基金合同中进行明确约定。在基金管理人治理概念的基础上，本章对其定义进行了拓展，将其拓展为基金治理和基金业治理。

所谓基金治理（fund governancc）是指为确保基金有效运作，保护基金持有人的利益，为协调基金管理人、基金托管人和基金份额持有人等利益相关者的利益所设计的一套多边治理制度安排，具体如图 6-2 所示。因此，基金治理包括了基金管理人治理，而证券投资基金管理公司治理则是基金管理人治理的子集。基金治理是金融机构治理研究领域的重要细分领域，基金治理研究相关文献详见附录 6-4-2。

在基金治理概念的基础上，进一步拓展便是基金业治理。所谓基金业治理（fund industry governance）是指为实现基金业的健康发展所做出的一系列重要治理制度安排。基金业治理是金融业治理的重要内容，证券投资基金管理公司治理、基金管理人治理、基金治理等均是基金治理的重要内容。

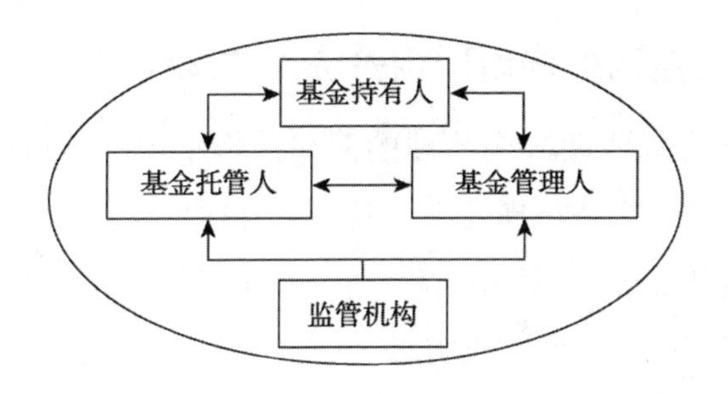

图 6-2 我国基金治理体系框架图

第三节 证券投资咨询机构治理

一、证券投资咨询机构简介

依据《证券、期货投资咨询管理暂行办法》(证委发〔1997〕96 号)的相关规定，证券投资咨询是指从事证券投资咨询业务的机构及其投资咨询人员，以各种形式为证券投资人或者客户提供证券投资分析、预测或者建议等直接或者间接有偿咨询服务的活动。具体包括以下几种形式:(1)接受投资人或者客户委托，提供证券投资咨询服务;(2)举办有关证券投资咨询的讲座、报告会、分析会等;(3)在报刊上发表证券投资咨询的文章、评论、报告，以及通过电台、电视台等公众传播媒体提供证券投资咨询服务;(4)通过电话、传真、电脑网络等电信设备系统，提供证券投资咨询服务;(5)中国证监会认定的其他形式。

依据《证券、期货投资咨询管理暂行办法》(证委发〔1997〕96 号)及其实施细则的规定，我国的证券投资咨询机构(securities investment consulting institution)是专门为投资者或客户提供证券投资分析、预测或者建议等直接或间接有偿咨询服务活动的机构，即依照《公司法》设立的从事证券投资咨询业务的有限责任公司或者股份有限公司。证券投资咨询机构须持牌经营，根据中国证监会官网(http://www.csrc.gov.cn)公布的数据显示，截至 2022 年 4 月 30 日，我国登记状态为存续或在业的持牌经营的证券投资咨询机构有 81 家，具体名录详见附录 6-1-10。1992 年 1 月 16 日注册成立的深圳市新兰德证券投资咨询有限公司是经中国人民银行深圳分行和深圳市工商行政管理局批准成立的我国第一家持牌经营的证券投资咨询机构。

二、证券投资咨询机构治理相关法律法规梳理

关于我国证券投资咨询机构治理的法律法规主要围绕机构的内部治理和外部监管来制定。另外，法律法规还涉及从事证券投资咨询的媒体的监管，具有很多独特内容。我国证券投资咨询机构治理主要法律法规文件列表详见附录 6-3-3。

在证券投资咨询机构内部治理方面，《证券投资咨询机构执业规范（试行）》（中证协发〔2019〕147 号）规定了证券投资咨询机构内部治理的相关制度安排，详细规定了证券投资咨询机构信息隔离墙机制的具体要义。《关于拓宽证券投资咨询公司业务范围的通知》（中证协发〔2015〕17 号）与《关于规范面向公众开展的证券投资咨询业务行为若干问题的通知》（证监机构字〔2001〕207 号）也都强调建立信息隔离墙制度，减少内部利益冲突，加强内部控制。《证券投资顾问业务暂行规定》（中国证监会公告〔2020〕20 号）、《发布证券研究报告暂行规定》（中国证监会公告〔2020〕20 号）以及《证券基金投资咨询业务管理办法（征求意见稿）》同样强调两种业务基本形式的合规管理与内部控制。

在证券投资咨询机构外部治理方面，《证券法》和《证券、期货投资咨询管理暂行办法》（证委发〔1997〕96 号）规定中国证监会及其授权的地方证券监管部门负责对证券投资咨询业务的监督管理。《证券基金投资咨询业务管理办法（征求意见稿）》（2020）与《证券投资顾问业务暂行规定》（中国证监会公告〔2020〕20 号）进一步明确两大监管主体对证券投资咨询机构以及咨询业务的监管责任。《关于规范证券投资咨询机构和广播电视证券节目的通知》（证监机构字〔2006〕104 号）规定，对证券投资咨询媒体传播方式的外部监管，进一步明确和强化媒体在证券期货投资咨询信息传播中的义务和责任。《关于规范面向公众开展的证券投资咨询业务行为若干问题的通知》（证监机构字〔2001〕207 号）从信息披露的角度为证券投资咨询外部治理机制的完善提供法规支持。

三、证券投资咨询机构治理定义

已有学者开始研究证券投资咨询机构治理问题。李雪（2011）研究发现，独立证券投资咨询公司及其从业人员独立性较强，但从业人员能力素质不一，公司内部治理制度不完善，缺乏有效的内部监督机制。季松和叶蜀君（2013）认为，证券投资法律体系管制过度和监管空白同时存在。倪受彬和张艳蓉（2014）提出将信义义务引入证券投资咨询，明确投资者向证券投资咨询机构及其从业人员请

求损害赔偿的法律依据。沈朝晖（2017）同样认为，证券投资咨询机构与客户之间应强化信义义务。杨艳和李文国（2018）提出，要完善有关证券投资咨询机构、业务及从业人员的管理规定，明确和强化媒体在证券投资咨询信息披露中的义务和责任。王宏宇（2019）提出，以合格投资者保护和一般欺诈条款为核心的原则性监管思路和建立以行政监管为主体的监管框架。

本章认为证券投资咨询机构治理（securities investment consulting institution governance）是指为规范证券投资咨询机构业务行为，保护投资者合法权益，维护证券市场正常秩序，有效防范化解金融风险而实施的相辅相成的来自内部和外部治理制度安排，包括内部治理与外部治理两个方面和治理结构与治理机制两个层面。

证券投资咨询机构内部治理是指内部治理结构和配套的内部治理制度安排。内部治理结构包括公司股东（大）会、董事会、监事会和高管层的构成、性质、基本职权等。配套的内部治理制度安排包括合规管理、内部控制、风险管理、信息隔离墙制度等，以协调公司与投资人、股东、实际控制人、从业人员等利益相关者的利益，促进证券投资咨询机构健康发展。

证券投资咨询机构外部治理是相对内部治理而言的，外部治理主要包括外部监管、信息披露、行业自律、媒体监督等。具体而言，中国证券业协会、中国证券投资基金业协会等行业自律组织，依照法律、行政法规和中国证监会的规定，对证券投资咨询机构实施自律管理和强制性的信息披露，从而促进证券市场信息供给和传播，增加市场透明度，监督和促进上市公司规范运作，并促进投资者理性投资，充分发挥证券投资咨询机构的投资者教育作用。

证券投资咨询机构治理存在其特殊性。我国相关法律法规明确规定证券投资咨询机构必须建立信息隔离墙机制，实现合规管理。但在现行市场环境下，证券投资咨询机构内部治理体系不完善，因而需要依靠外部监管发挥主体作用，行政监管与自律管理相结合，具有一定的行政色彩。

第四节　期货公司治理

一、期货公司简介

期货（futures）是包含金融工具或未来交割实物商品销售的金融合约。在期货交易者当中，对冲者通过买卖期货以锁定利润与成本，降低时间带来的价格波动风险；投机者则可以通过期货交易承担更多风险以伺机在价格波动中牟取利润。

期货公司（futures company）是依照《公司法》《期货交易管理条例》（中华人民共和国国务院令第 676 号）、《期货公司监督管理办法》（中国证监会令第 155 号）等规定设立的经营期货业务的金融机构。设立期货公司，应当在公司登记机关登记注册，并经国务院期货监督管理机构批准。未经国务院期货监督管理机构批准，任何单位或者个人不得设立或者变相设立期货公司，经营期货业务。

期货公司接受客户委托，按照客户的指令，以自己的名义为客户进行期货交易并收取交易手续费，交易结果由客户承担。期货公司是交易者与期货交易所之间的桥梁。

由于期货公司代理客户进行交易，向客户收取保证金，因此，期货公司还有保管客户资金的职责。为了保护投资者利益，增加期货公司抵抗风险能力，各国政府期货监管部门及期货交易所都制定有相应的规则，对期货公司的行为进行约束和规范。

根据中国证监会官网（http://www.csrc.gov.cn）公布的数据，截至 2022 年 4 月 30 日，我国有 150 家登记状态为存续或在业的期货公司。我国第一家期货公司是广东万通期货经纪公司，成立于 1992 年 10 月 13 日。较新成立的期货公司是山东港信期货有限公司，成立于 2021 年 2 月 22 日。我国期货公司名录详见附录 6-1-11。本手册对其中的永安期货股份有限公司进行了介绍，详见附录 6-2-5。

期货公司受由中国证监会、中国证监会各地派出机构、中国期货业协会、期货交易所和中国期货市场监控中心共同组成的集中监管与自律管理相结合的“五位一体”监管体系监管。

二、期货公司治理相关法律法规梳理

自 2007 年起，我国出台多部法律法规文件来规范期货公司的治理，其中主要的有《期货公司监督管理办法》（中国证监会令第 155 号）、《期货公司董事、监事和高级管理人员任职管理办法》（中国证监会令第 179 号）、《期货交易管理条例》（中华人民共和国国务院令第 676 号）等。我国期货公司治理主要法律法规文件列表详见附录 6-3-4。

在期货公司内部治理方面，《期货公司监督管理办法》（中国证监会令第 155

号）规定，期货公司应当设首席风险官，对期货公司经营管理行为的合法合规性、风险管理进行监督、检查。首席风险官发现涉嫌占用、挪用客户保证金等违法违规行为或者可能发生风险的，应当立即向住所地中国证监会派出机构和公司董事会报告。《期货公司董事、监事和高级管理人员任职管理办法》（中国证监会令第179号）规定，期货公司独立董事应当重点关注和保护客户、中小股东的合法利益，发表客观、公正的独立意见。

在期货公司外部治理方面，《期货交易管理条例》（中华人民共和国国务院令第676号）规定，国务院期货监督管理机构依法履行职责，进行监督检查或者调查时，被检查、调查的单位和个人应当配合，如实提供有关文件和资料，不得拒绝、阻碍和隐瞒。《期货公司监督管理办法》（中国证监会令第155号）规定，中国证监会及其派出机构可以对期货公司及其分支机构进行定期或者不定期现场检查。中国证监会及其派出机构可以对期货公司子公司以及期货公司的股东、实际控制人进行延伸检查。《期货交易管理条例》（中华人民共和国国务院令第676号）规定，期货交易所应当及时公布上市品种合约的成交量、成交价、持仓量、最高价与最低价、开盘价与收盘价和其他应当公布的即时行情，并保证即时行情的真实、准确；期货交易所不得发布价格预测信息。《期货公司监督管理办法》（中国证监会令第155号）规定，期货公司应当在本公司网站、营业场所等公示业务流程；期货公司应当提供从业人员资格证书等资料供客户查阅，并在本公司网站和营业场所提示客户可以通过中国期货业协会网站查询。

三、期货公司治理定义

在经过多次恶性违法违规事件后，期货监管部门和期货公司都进一步认识到风险管理的重要性，我国期货公司自此走上探索建设期货公司治理结构和内部控制机制的良性道路（严心辉，2007）。王仲会（2008）指出，在中国特色条件下的期货公司治理，重点强调股东、董事、总经理、监事和首席风险官的任职选取条件和相关制度安排，重点强化股东（大）会、董事会、监事会、经营团队以及相关利益团体的监督管理体系建设。王耀辉和姚广（2011）总结了期货行业合规管理的思路和解决办法。薛智胜和张凡（2016）认为，由于路径依赖，我国期货公司治理结构依然维持传统的格局，与现代金融企业的治理结构还有一段距离。杜娟（2020）认为，期货公司内控存在缺乏完善的治理结构、经营管理层缺乏对内部控制的重视、缺乏有效信息沟通、内控制度执行不到位等问题。期货公司治理研究相关文献详见附录 6-4-3。

根据《期货经纪公司治理准则（试行）》（证监期货字〔2004〕13 号）的规定，期货公司治理是指以股东（大）会、董事会、监事会和经理层等内部机构为主体的组织架构和保证各内部机构有效运作、相互制衡的制度安排以及与此相关的决策、激励和约束机制。

经过上述分析，本章认为，期货公司治理（futures company governance）是指为促进期货公司安全、稳健、高效运营，维护股东、期货投资者和其他利益相关者的合法权益，促进期货市场规范发展而建立的一系列正式或非正式、内部或外部的治理制度安排，包括内部治理与外部治理两个方面和治理结构与治理机制两个层面。

期货公司内部治理包含治理结构和内部治理机制。具体而言，治理结构是指以股东（大）会、董事会、监事会、经营管理层为主体的组织架构。内部治理机制是指对内部各主体之间相互制衡的责、权、利关系做出制度安排，包括激励约束机制、内控机制、内审机制、关联交易管理机制、风险管理机制等。

期货公司外部治理是相对于内部治理而言的，包括外部监管、信息披露、外部审计、媒体监督、破产机制[①]等。外部监管是指中国证监会、中国证监会各地派出机构、中国期货业协会、期货交易所和中国期货市场监控中心共同组成的集中监管与自律管理相结合的“五位一体”监管体系。信息披露制度明确规定了信息披露的内容和管理办法。

本章附录[②]

金融机构名录附录

附录 6-1-1：我国证券公司名录

附录 6-1-2：我国公募基金管理公司名录

---

① 广东星汉国际期货公司于 1995 年 9 月 7 日向广州市中级人民法院申请破产，这是我国首家申请破产的期货公司。该公司是由中国广东国际合作（集团）公司投资创办的全民所有制企业，于 1992 年 11 月 24 日成立。

② 可通过公众号“治理大百科”阅读本章附录具体内容。

附录 6-1-3：我国基金管理公司资管子公司名录

附录 6-1-4：我国基金管理公司销售子公司名录

附录 6-1-5：我国取得公募资格的资产管理机构名录

附录 6-1-6：我国正常经营的私募基金管理人名录

附录 6-1-7：我国已注销的私募基金管理人名录

附录 6-1-8：我国异常经营的私募基金管理人名录

附录 6-1-9：我国失联的私募基金管理人名录

附录 6-1-10：我国证券投资咨询机构名录

附录 6-1-11：我国期货公司名录

金融机构简介附录：

附录 6-2-1：中信证券股份有限公司简介

附录 6-2-2：中国国际金融股份有限公司简介

附录 6-2-3：华夏基金管理有限公司简介

附录 6-2-4：天弘基金管理有限公司简介

附录 6-2-5：永安期货股份有限公司简介

法律法规列表附录：

附录 6-3-1：我国证券公司治理主要法律法规文件列表

附录 6-3-2：我国证券投资基金管理公司治理主要法律法规文件列表

附录 6-3-3：我国证券投资咨询机构治理主要法律法规文件列表

附录 6-3-4：我国期货公司治理主要法律法规文件列表

其他相关内容附录：

附录 6-4-1：证券公司治理研究文献目录

附录 6-4-2：基金治理研究文献目录

附录 6-4-3：期货公司治理研究文献目录

第七章
金融服务机构治理

本手册中的金融机构是广义的金融机构，包括了各类金融服务机构。金融服务机构是指为金融监管机构、金融业务机构、类金融机构、境外金融机构等金融机构和非金融机构提供专业金融服务的一类金融机构。我国金融服务机构主要包括金融业自律性组织、金融业学会组织、金融科技机构、征信机构、信用评级机构、交易类金融机构、登记结算类金融机构、第三方支付机构、印钞与造币机构、三保类基金公司治理（即保障、保险或保护基金公司）、金融指数机构、金融媒体机构、金融博物馆类机构、金融培训机构和其他金融服务机构。本章对上述 15 类金融服务机构治理定义进行了界定和分析。

第一节　金融业自律性与学会组织治理

一、金融业自律性组织治理

（一）我国主要金融业自律性组织

金融业自律性组织（financial industry self-discipline organization）是金融安全体系的重要组成部分。我国不仅在银行、保险、证券、期货等传统金融行业建立起各类自律性组织，随着时代发展，在一些新兴的金融领域，如互联网金融、支付清算等，也建立起了相应的自律性组织。不同金融领域内的金融业自律性组织按照协会会员所覆盖的范围可以分为全国性的金融业自律性组织和地方性的金融业自律性组织。中国现有的全国性金融业自律性组织按照成立时间先后顺序，具体包括：中国证券业协会、中国银行业协会、中国期货业协会、中国投资协会、中国保险行业协会、中国信托业协会、中国银行间市场交易商协会、中国支付清算协会、中国上市公司协会、中国证券投资基金业协会、中国融资担保业协会、中国融资租赁企业协会、中国保险资产管理业协会、中国互联网金融协会等。我国全国性金融业自律性组织简介详见附录 7-2-1。在企查查网站（https://www.qcc.com）搜索名称中包含“协会”和“公会”的组织，在搜索到的结果中筛选名称中包含“金融”“银行”“保险”“证券”“期货”“基金”“支付清算”“上市公司”“融资”“互联网金融”“金融消费权益保护”和“金融服务”的组织，之后筛选出组织经营范围中含有行业自律和行业规范等职能的组织形成最终结果。根据统计结果，截至 2022 年 4 月 15 日，我国目前登记状态为存续、在业或正常登记状态的金融业自律性组织一共有 1247 家。按照金融行业的不同可以划分为 10 类，具体包括：银行业自律性组织 325 家，保险行业自律性组织 375 家，证券、期货与基金业自律性组织 104 家，支付清算自律性组织 9 家，上市公司自律性组织 49 家，融资相关行业自律性组织 96 家，互联网金融行业自律性组织 29 家，金融消费权益保护协会 66 家，金融相关服务协会 21 家以及其他金融业自律性组织 179 家，具体名录详见附录 7-1-1 到附录 7-1-10。此外，需要说明的是，我国处于注销或者撤销登记状态的金融业自律性组织有 259 家。对机构登记状态类型及其含义的说明详见表 7-1。其中“存续”和“在业”没有本质区别，且多应用于企业；在非企业机构中常用“正常”。

表 7-1　机构登记状态及其含义

序号	登记状态类型	登记状态含义
1	存续	机构依法存在并继续正常运营
2	在业	机构正常开工生产
3	吊销	机构营业执照被吊销，是工商等部门对违法机构做出的行政处罚
4	撤销	工商部门或其上级机关做出的撤销设立登记行为等的决定
5	注销	机构已不复存在，法人资格丧失
6	停业	机构因某种原因在期末停止生产经营，待条件改变后恢复生产
7	清算	机构破产或者解散后进行收取债权、清偿债务和分配剩余财产
8	迁入	机构登记主管机关的变更，迁入某主管机关
9	迁出	机构登记主管机关的变更，迁离某主管机关

（二）金融业自律性组织治理定义

已有学者开始研究金融业自律性组织治理问题。唐秀琴（2005）认为，加强金融业自律性组织治理不仅有利于维护金融业的行业利益，更重要的是有助于进一步完善我国金融监管体系。许开国、倪乐竞和郁苗（2015）总结了境外金融行业自律性组织在建设运行方面行之有效的做法，并阐述了值得借鉴的经验，如规范内部组织架构、明确权责划分等。

金融业自律性组织治理（financial industry self-discipline organization governance）是指为了保证金融业自律性组织发挥在各金融行业中的自律、维权、协调、传导和服务作用，以实现金融行业健康有序发展而设计的内部和外部的一系列治理制度安排，包括内部治理与外部治理两个方面和治理结构与治理机制两个层面。

金融业自律性组织内部治理主要是指通过制定组织章程，召开会员大会，选举理事会、常务理事会或秘书处，设立监事会等形式对金融业自律性组织各分支机构及其工作人员依法依章履行职责的情况进行监督。

金融业自律性组织的外部治理主要是指来自各业务指导单位如中国证监会、中国人民银行、中国银保监会、地方相关金融监管部门、团体登记管理机关中国民政部、地方民政部门等的监管，以及来自新闻媒体、社会公众等的监督，以保证金融业自律性组织工作人员依法依章履行职责。

二、金融业学会组织治理

（一）我国主要金融业学会组织

我国金融业学会组织（financial industry society）按照专业服务类型划分，主要包括七大类。（1）金融学会，包括中国金融学会（该协会的发展历程详见附录7-4-1）、天津市金融学会、鞍山市金融学会、上海虹口北外滩国际金融学会、陇南市金融学会等。（2）保险学会，包括中国保险学会、湖北省保险学会、新疆维吾尔自治区保险学会、福建省保险学会、江苏省保险学会等。（3）金融会计学会，包括中国金融会计学会、青海省金融会计学会、陕西省金融会计学会、吉林省金融会计学会、江苏省金融会计学会等。（4）钱币学会，包括中国钱币学会、荆州市钱币学会、许昌市钱币学会、乳山市钱币学会、潮州市钱币学会等。（5）证券学会，包括长沙证券学会、徐州市证券与期货学会、延边朝鲜族自治州证券与期货学会等。（6）投资学会，包括扬州市投资资本学会、吉林省投资学会、内蒙古投资学会、湖南省投资理财学会、上海北外滩绝对收益投资学会等。（7）其他学会，包括成都市天府新区对冲基金学会、包头大学生创业金融服务促进会、北京市金融服务法学研究会等。

截至 2022 年 4 月 15 日，企查查网站（https://www.qcc.com）的检索结果显示，目前登记状态为正常的金融业学会一共有 734 家，包括，金融学会 494 家，保险学会 45 家，金融会计学会 11 家，钱币学会 170 家，证券学会 3 家，投资学会 8 家，其他学会 3 家。其中金融学会、保险学会、金融会计学会、钱币学会和投资学会名录详见附录 7-1-11 到附录 7-1-15。我国主要金融业学会组织简介详见附录 7-2-2。

（二）金融业学会组织治理定义

金融业学会组织治理（financial industry society governance）是为了聚集带动社会力量开展理论和实务研究，实现具有中国特色的金融业发展，所构建的来自于机构内部和外部的一系列治理制度安排。按照专业服务类型不同，金融业学会组织治理可以分为金融学会组织治理、保险学会组织治理、金融会计学会组织治理、钱币学会组织治理、证券学会组织治理、投资学会组织治理和其他学会组织治理。下面将以中国保险学会为例具体阐释金融业学会组织治理。

在中国保险学会内部治理方面，中国保险学会建立了较为完善的组织架构，设立了会员代表大会、理事会、常务理事会和领导层。最高权力机构是会员代表大会；会员代表大会每届 4 年，须有 2/3 以上会员出席方能召开，其决议须经到会会员代表过半数通过方能生效；会员代表由业务主管单位或者会员单位推荐。理事会是会员代表大会的执行机构，在会员代表大会闭会期间领导学会工作，对会员代表大会负责；理事会须有 2/3 以上理事出席方能召开，其决议须经到会理事 2/3 以上表决通过方能生效。常务理事会由理事会选举产生，在理事会闭会期间行使理事会的部分职权，对理事会负责；常务理事会须有 2/3 以上常务理事出席方能召开，其决议须经到会常务理事 2/3 以上表决通过方能生效。会长、副会长、秘书长由理事会从常务理事中选举产生。此外，为进一步加强学会组织建设，完善会员结构，中国保险学会根据《中国保险学会章程》和《中国保险学会个人会员管理办法》(保学〔2018〕68号)相关规定，逐步发展个人会员。

在中国保险学会外部治理方面，中国保险学会接受业务主管单位中国银保监会和社团登记管理机关国家民政部的业务指导和监督管理。为加强中国保险学会建设，切实发挥保险业社团组织职能，原中国保监会出台了《关于加强保险业社团组织建设的指导意见》(保监发〔2007〕118号)《中国保监会办公厅关于加强保险业全国性社团组织规范化建设的通知》(保监厅发〔2017〕21号)《全国性保险业社团组织收费管理暂行办法》(保监财会〔2018〕47号)等文件。

第二节 金融科技机构治理

一、我国主要金融科技机构

根据金融稳定理事会(Financial Stability Board，FSB)的定义，金融科技是基于大数据、云计算、人工智能、区块链等技术的一系列技术创新，全面应用于支付清算、借贷融资、财富管理、零售银行、保险、交易结算等六大金融领域。金融科技机构(fintech institution)是指通过利用各类科技手段创新传统金融行业所提供的产品和服务，提升效率并有效降低运营成本的机构。我国金融科技机构包括两大类：第一类是非公司制金融科技机构，包括中国人民银行金融信息中心、中国证监会信息中心等；第二类是公司制金融科技机构，包括中国金融电子化集团有限公司、中国银行保险信息技术管理有限公司、银保信科技(北京)有限公司、深圳证券信息有限公司、上交所技术有限公司、上交所信息网络有限公司、上海上证数据服务有限责任公司、上证信息技术有限责任公司、深圳证券通信有限公司、中汇信息技术(上海)有限公司、中钞油墨有限公司、上海清算信息技术有限公司、成方金融信息技术服务有限公司、中债金科信息技术有限公司、建信金融科技有限责任公司、中钞长城金融设备控股有限公司、中钞设计制版有限公司、北京中钞钞券设计制版有限公司、沈阳中钞造币技术研究有限公司、中钞特种防伪科技有限公司、中证期证券期货业信息基地开发建设有限公司、中证信息技术服务有限责任公司、中证数据有限责任公司、深圳证券通信有限公司、上海上证金融服务有限公司、深圳市深圳金融服务有限公司、金腾科技信息(深圳)有限公司、山证科技(深圳)有限公司等。我国主要金融科技机构简介详见附录7-2-3。

二、金融科技机构治理定义

金融科技机构治理（fintech institution governance）是指为了加快金融数字化转型的步伐，提升金融产业的运营效率和服务半径，所构建的一套来自于机构内部和外部的治理制度安排，包括股东（大）会、董事会、监事会、高管层的职责分工、权限分配和履职要求、内部控制、风险管理、外部监管、信息披露等。按照法人资格类型不同，金融科技机构治理可以分为公司制金融科技机构治理和非公司制金融科技机构治理，其中非公司制金融科技机构治理主要是事业单位法人金融科技机构治理。

第三节　征信与信用评级机构治理

一、征信机构治理

（一）我国主要征信机构

征信机构（credit investigation institution）是指依法设立的、独立于信用交易双方的第三方主要经营征信业务的机构。该类机构从事收集、整理、加工和分析企业和个人信用信息资料工作，出具信用报告，提供多样化征信服务，帮助客户判断和控制信用风险等。

按照征信机构处理的信用信息主体的不同，我国征信机构可以分为个人征信机构和企业征信机构两类。2013 年 11 月 15 日中国人民银行发布的《征信机构管理办法》（中国人民银行令〔2013〕第 1 号）规定，中国人民银行依法履行对征信机构的监督管理职责，中国人民银行分支机构在总行的授权范围内，履行对辖区内征信机构的监督管理职责。根据中国人民银行分支机构陆续发布企业征信机构备案情况登记表，截至 2022 年 4 月 30 日，我国登记状态为存续或在业的个人征信机构只有 2 家——百行征信有限公司（简称百行征信）和朴道征信有限公司（简称朴道征信），具体信息详见附录 7-1-16。全国登记状态为存续或在业的已备案企业征信机构有北京金融大数据有限公司、中电联（北京）征信有限公司、爱信诺征信有限公司、北京金堤征信服务有限公司、益博睿征信（北京）有限公司等共 134 家，名录详见附录 7-1-17。另有 48 家企业征信备案机构已被注销，名录详见附录 7-1-18。我国主要征信与资信评级机构简介详见附录 7-2-4。

（二）征信机构治理定义

为加强对征信机构的监督管理，促进征信业健康发展，2013 年 11 月 15 日，中国人民银行发布《征信机构管理办法》(中国人民银行令〔2013〕第 1 号)，对征信机构的设立、变更、终止，高级任职人员的管理以及对征信机构的监管管理和处罚做出了相关的规定。例如，该办法对征信机构内部治理做出相关规定：设立个人征信机构应有健全的组织机构，有完善的业务操作、信息安全管理、合规性管理等内控制度。该办法还对征信机构外部治理做出相关规定：个人征信机构应当在每年第一季度末，向中国人民银行报告上一年度征信业务开展情况；企业征信机构应当在每年第一季度末，向备案机构报告上一年度征信业务开展情况；报告内容应当包括信用信息采集、征信产品开发、信用信息服务、异议处理、信用信息系统建设情况、信息安全保障情况等。我国征信机构治理主要法律法规文件详见附录 7-3-1。

征信机构治理（credit investigation institution governance）是指为了保护交易双方基于信用关系而进行的各种赊销、买卖以及转让等交易行为，实现信用信息的规范使用和征信机构的合规运行，所构建的一套来自于征信机构内部和外部的一系列治理制度安排，包括内部治理与外部治理两个方面和治理结构与治理机制两个层面。征信机构内部治理是指建立健全的治理结构和完善的业务操作、信息安全管理、合规性管理等内控制度，以促进征信机构健康发展。征信机构外部治理包括中国人民银行及其分支机构的监管、信息披露等，以保证征信机构及其工作人员合法合规、公正廉洁地开展业务。

二、信用评级机构治理

（一）我国主要信用评级机构

根据《信用评级业管理暂行办法》(中国人民银行、国家发展改革委、中华人民共和国财政部、中国证监会令〔2019〕第 5 号）规定：信用评级，也叫资信评级，是指信用评级机构对影响经济主体或者债务融资工具的信用风险因素进行分析，就其偿债能力和偿债意愿做出综合评价，并通过预先定义的信用等级符号进行表示。信用评级业务是指为开展信用评级而进行的信息收集、分析、评估、审核和结果发布等活动。

《信用评级业管理暂行办法》（中国人民银行、国家发展改革委、中华人民共和国财政部、中国证监会令〔2019〕第5号）规定：信用评级机构，是指依法设立，主要从事信用评级业务的社会中介机构。中国人民银行是信用评级行业主管部门，主管全国的信用评级监督管理工作。国家发展改革委、财政部、中国证监会为信用评级业务管理部门，在职责范围内依法对信用评级业务实施监督管理。此外，设立信用评级机构，应当符合《公司法》规定的公司设立条件，自公司登记机关准予登记之日起30日内向所在地的信用评级行业主管部门省一级派出机构办理备案。因此，中国人民银行是信用评级机构的主管部门，设立信用评级机构需要向其备案申请，国家发展改革委、财政部、中国证监会共同对评级机构进行业务监管。

1987年我国第一家信用评级机构上海远东资信评估有限公司获得中国人民银行批准成立。根据中国人民银行官网（http://www.pbc.gov.cn）统计的数据，截至2022年4月15日，登记状态为存续或在业的在中国人民银行备案的法人信用评级机构共54家，其中国家发展改革委监管7家；中国证监会监管12家；中国银行间市场交易商协会监管12家；由中国证监会和中国银行间市场交易商协会共同监管的有2家，分别是标普信用评级（中国）有限公司和安融信用评级有限公司；由国家发展改革委、中国证监会和中国银行间市场交易商协会共同监管的机构有7家，分别是联合资信评估股份有限公司、上海新世纪资信评估投资服务有限公司、远东资信评估有限公司、大公国际资信评估有限公司、东方金诚国际信用评估有限公司、中证鹏元资信评估股份有限公司和中诚信国际信用评级有限责任公司。我国备案信用评级机构具体名录详见附录7-1-19。

目前我国除备案的法人信用评级机构外，还有很多未备案的信用评级机构。企查查网站（https://www.qcc.com）检索的数据显示，截至2022年4月15日，我国登记状态为存续或在业的未在中国人民银行备案的信用评级或资信评级机构共有179家，具体名录详见附录7-1-20。

（二）信用评级机构治理相关法律法规梳理

2006年3月29日，中国人民银行发布《中国人民银行信用评级管理指导意见》（银发〔2006〕95号），为国内信用评级机构管理提供法规指导。之后原中国保监会在2007年1月8日颁发《保险机构债券投资信用评级指引（试行）》，中国证券业协会在 2015 年 1 月 6 日颁布《证券市场资信评级机构评级业务实施细则（试行）》，分别为各自监管的信用评级机构提供指引。在 2019 年 11 月 26 日，由中国人民银行、国家发展改革委、财政部、中国证监会共同发布了《信用评级业管理暂行办法》（中国人民银行、国家发展改革委、中华人民共和国财政部、中国证监会令〔2019〕第 5 号），作为当前信用评级机构统一的适用法规。我国信用评级机构治理主要法律法规文件列表详见附录 7-3-2。2021 年 8 月 6 日发布的《中国人民银行、国家发展改革委、财政部、银保监会、证监会关于促进债券市场信用评级行业健康发展的通知》强调，信用评级机构需要完善信用评级机构公司治理和内部控制机制，坚守评级独立性。该通知的发布标志着信用评级行业新一轮改革拉开了序幕，给信用评级行业带来了很大的机会与挑战。

关于信用评级机构外部监管，1987—1997 年中国人民银行是信用评级行业的唯一监管主体，全面负责信用评级机构的审批、资质认证和管理。1992—2003 年，我国金融业逐渐确立了分业经营、分业监管的格局，对信用评级行业的监管也呈现出多主体、多层次的模式，这一点集中体现在不同的监管主体各自负责评定、发布允许市场准入的信用评级机构名单。目前，我国信用评级机构受中国人民银行主管，由国家发展改革委、财政部、中国证监会共同监管。《中国人民银行、国家发展改革委、财政部、银保监会、证监会关于促进债券市场信用评级行业健康发展的通知》再一次强调了要严格对信用评级机构监督管理，加大处罚力度。《信用评级业管理暂行办法》（中国人民银行、国家发展改革委、中华人民共和国财政部、中国证监会令〔2019〕第 5 号）也明确了监管部门的监管职责。2021 年 8 月 6 日发布的《中国人民银行、国家发展改革委、财政部、银保监会、证监会关于促进债券市场信用评级行业健康发展的通知》强调，加强信息披露，强化市场约束机制，还要优化评级生态，营造公平、公正的市场环境。

（三）信用评级机构治理定义

已有学者开始关注信用评级机构治理问题。刘久彪和马广珺（2012）从市场准入监管、业务行为监管两个方面，探讨了对评级机构的业务条件、市场退出机制、内部治理、信息披露、利益冲突防范等进行规范的政策设计。孔令强、黄雨昕和俞春江（2021）从声誉机制、行业监管等方面梳理国内评级行业的发展历程、评级行业公司治理概况及问题。

信用评级机构治理（credit rating institution governance）是指为规范信用评级业务，保护当事人合法权益，促进信用评级业健康发展而设计的一系列正式或非正式、内部或外部的治理制度安排。信用评级机构治理包括内部治理与外部治理两个方面和治理结构与治理机制两个层面。

信用评级机构内部治理是指“三会一层”治理结构和包括回避制度、内部控制制度等在内的相关治理制度安排，以增强信用评级机构的独立性和透明性。具体而言，信用评级机构应当建立健全防火墙，确保信用评级业务部门独立于营销等其他部门；建立独立的合规部门，负责监督并报告评级机构及其员工的合规状况；确保主要股东及实际控制人在出资比例、股权比例或投票权等方面不存在足以影响评级独立性的情形；信用评级从业人员的薪酬不得与评级对象的信用级别、债务融资工具发行状况等因素相关联。

信用评级机构外部治理包括外部监管、信息披露、市场约束等。在外部监管方面，监管主体包括信用评级行业主管部门和业务管理部门。中国人民银行是信用评级行业主管部门，主管全国的信用评级监督管理工作。国家发展改革委、财政部、中国证监会为信用评级业务管理部门，在职责范围内依法对信用评级业务实施监督管理。在信息披露方面，信用评级机构通过信用评级行业主管部门和业务管理部门指定的网站和其公司网站进行信息披露。

信用评级在金融市场运行中发挥着揭示信用风险、辅助市场定价、提高市场效率、改善融资环境等积极作用。加强信用评级机构治理是贯彻落实习近平总书记 2017 年 7 月 15 日在第五次全国金融工作会议上关于“优化结构，完善金融市场、金融机构、金融产品体系”重要讲话内容的重大举措，是在具体制度层面落实党中央、国务院关于扩大金融业对外开放的重要部署，有助于构建公平有序的竞争环境，促进信用评级业高水平对外开放。

第四节　交易类金融机构治理

一、我国主要交易类金融机构

交易类金融机构（trading financial institution）是指在政府和监管部门监督和管理下，为证券交易提供场所和设施、组织和监督证券交易的金融机构。我国交易类金融机构包括两大类。第一类是非公司制交易类金融机构，包括上海证券交易所、深圳证券交易所等，非公司制交易类金融机构主要是实行自律管理的会员制法人。第二类是公司制交易类金融机构，包括中国金融交易中心有限责任公司、中证机构间报价系统股份有限公司、全国中小企业股份转让系统有限责任公司、北京证券交易所有限责任公司、中国金融期货交易所股份有限公司、上海票据交易所股份有限公司、上海保险交易所股份有限公司、中国创盈市场服务有限公司、证通股份有限公司、中国证券金融股份有限公司等。我国交易类金融机构简介详见附录 7-2-5。

二、交易类金融机构治理定义

《证券交易所管理办法（2021 年修订）》（中国证监会令第 192 号）制定的宗旨是加强对证券交易所的管理，促进证券交易所依法全面履行一线监管职能和服务职能，维护证券市场的正常秩序，保护投资者的合法权益，促进证券市场的健康稳定发展。

结合我国交易类金融机构现状和相关法律法规，本章认为交易类金融机构治理（trading financial institution governance）是指为了促进交易类金融机构规范经营和健康发展，有效防范市场风险和提高市场效率，确保交易安全和有序，所构建的来自机构内部和外部的一系列治理制度安排。按照法人资格类型不同，交易类金融机构治理可以分为公司制交易类金融机构治理和非公司制交易类金融机构治理。公司制交易类金融机构治理可以进一步细分为股份有限公司交易类金融机构治理和有限责任公司交易类金融机构治理，其中大部分为有限责任公司交易类金融机构治理。非公司制交易类金融机构治理主要指实行自律管理的会员制法人治理。对交易类金融机构治理的详细展开参考本手册第八章内容。

第五节　登记结算类金融机构治理

一、我国主要登记结算类金融机构

（一）登记结算类金融机构的总体说明

登记结算类金融机构（registration and clearing financial institution）是指在金融市场上提供登记结算服务的各类机构的总称。我国登记结算类金融机构包括两大类：第一类是非公司制登记结算类金融机构，包括中国外汇交易中心、中国人民银行清算总中心等；第二类是公司制登记结算类金融机构，包括中国证券登记结算有限责任公司、中央国债登记结算有限责任公司、银行间市场清算所股份有限公司、网联清算有限公司、跨境银行间支付清算有限责任公司、银行业信贷资产登记流转中心有限公司、中国信托登记有限责任公司、银行业理财登记托管中心有限公司、中国银联股份有限公司、持有基金支付牌照的第三方支付机构等。根据中国证监会官网（https://www.csrc.gov.cn）的数据，截至 2022 年 5 月 20 日，我国登记状态为存续或在业的为公开募集基金销售机构提供支付结算服务的第三方支付机构共有 40 家，具体名录详见附录 7-1-21。我国主要登记结算类金融机构简介详见附录 7-2-6。

（二）登记结算类金融机构的具体说明

中国外汇交易中心于 1994 年 2 月 15 日成立，总部设在上海张江高科技园区，在北京设有北京中心，在上海外滩和北京建有数据备份中心和异地灾备中心。其主要职能包括：为银行间货币市场、债券市场、外汇市场的现货及衍生产品提供交易、交易后处理、信息、基准、培训等服务；承担市场交易的日常监测工作；为中央银行货币政策操作、传导提供服务；根据中国人民银行的授权，发布人民币汇率中间价、上海银行间同业拆放利率（Shibor）①、贷款基础利率（LPR）②、人民币参考汇率、CFETS③人民币汇率指数等；提供业务相关的信息、查询、咨询、培训服务；经中国人民银行批准的其他业务。

中央国债登记结算有限责任公司，为中央金融企业，成立于 1996 年，注册

---

① Shibor 是 Shanghai Interbank Offered Rate 的缩写，即上海银行间同业拆放利率。每个交易日全国银行间同业拆借中心根据各报价行的报价，剔除最高、最低各 4 家报价，对其余报价进行算术平均计算后，得出每一期限的 Shibor，并于 11:00 通过上海银行间同业拆放利率网对外发布。Shibor 报价行包括：工商银行、农业银行、中国银行、建设银行、交通银行、招商银行、中信银行、光大银行、兴业银行、浦发银行、北京银行、上海银行、汇丰银行、华夏银行、广发银行、邮储银行、国开行和民生银行。

② LPR 是 Loan Prime Rate 的缩写，即贷款市场报价利率。该利率是由具有代表性的报价行，根据本行对最优质客户的贷款利率，以公开市场操作利率（主要指中期借贷便利利率）加点形成的方式报价，由中国人民银行授权全国银行间同业拆借中心计算并公布的基础性的贷款参考利率。各金融机构应主要参考 LPR 进行贷款定价。

③ CFETS 是 China Foreign Exchange Trade System 的缩写，即中国外汇交易中心。

资本 50 亿元人民币，总部设在北京市。2000 年公司改制为国有独资金融机构，公司主要负责人由中共中央金融工作委员会管理。该公司是财政部唯一授权主持建立、运营全国国债托管系统的机构，是中国人民银行指定的全国银行间债券市场债券登记、托管、结算机构和商业银行柜台记账式国债交易一级托管人。该公司主要职能包括：国债、金融债券、企业债券和其他固定收益证券的登记、托管、结算、代理还本付息；为中国人民银行公开市场业务系统和债券发行系统提供技术支持；担任债券基金与货币市场基金资产的托管人并办理基金单位的登记、托管、结算；债券市场与货币市场中介服务与信息服务；因特网信息服务；债券市场及货币市场的研究、咨询、培训与宣传；办理外币固定收益证券的托管、跨境结算并组织办理相关的资金结算和国际业务；根据管理部门授权对债券次级托管进行监督；经中国人民银行、财政部批准的其他业务。中央国债登记结算有限责任公司是为全国债券市场提供国债、金融债券、企业债券和其他固定收益证券的登记、托管、交易结算等服务的国有独资金融机构。

除了上述两家，我国登记结算类金融机构还有中保保险资产登记交易系统有限公司、银行间市场清算所股份有限公司和一些地方性登记结算类金融机构等。

二、登记结算类金融机构治理定义

登记结算类金融机构治理（registration and clearing financial institution）是指为了促进登记结算类金融机构规范经营和健康发展，有效防范市场风险和提高市场效率，确保交易安全和有序，所构建的来自机构内部和外部的一系列治理制度安排。按照法人资格类型不同，登记结算类金融机构治理可以分为公司制登记结算类金融机构治理和非公司制登记结算类金融机构治理。公司制登记结算类金融机构治理可以进一步细分为股份有限公司登记结算类金融机构治理和有限责任公司登记结算类金融机构治理，其中大部分是有限责任公司登记结算类金融机构治理，如中国证券登记结算有限责任公司治理、中央国债登记结算有限责任公司治理、跨境银行间支付清算有限责任公司治理等，只有少数是股份有限公司登记结算类金融机构治理，如银行间市场清算所股份有限公司治理。非公司制登记结算类金融机构治理主要是指事业单位法人登记结算类金融机构治理。对登记结算类金融机构治理的详细介绍请参考本手册第八章内容。

第六节　第三方支付机构治理

一、我国主要第三方支付机构

根据《非金融机构支付服务管理办法》（中国人民银行令〔2012〕第2号）规定，第三方支付机构（third-party payment institution）是指取得中国人民银行核发的《支付业务许可证》，获准办理网络支付、预付卡的发行与受理、银行卡收单和中国人民银行确定的其他支付服务等部分或全部货币资金转移服务的非金融机构。

根据支付业务许可证的不同，第三方支付公司的业务类型包括以支付宝（中国）网络技术有限公司（简称支付宝）、财付通支付科技有限公司为代表的网络支付业务，以支付宝、资和信电子支付有限公司（简称资和信）为代表的预付卡发行和受理业务，以银联商务股份有限公司（简称银联商务）、拉卡拉支付股份有限公司为代表的线下银行卡收单业务。

截至2022年4月15日，根据中国人民银行官网（http://www.pbc.gov.cn）和其他公开资料的数据，我国登记状态为存续或在业的持牌第三方支付机构共有224家，已注销牌照的第三方支付机构有47家。易智付科技（北京）有限公司是我国首家第三方支付机构，该公司于2011年12月获得中国人民银行颁发的第三方支付业务许可证。我国持牌的第三方支付机构名录详见附录7-1-22，我国已注销牌照的第三方支付机构名录详见附录7-1-23。我国主要第三方支付机构简介详见附录7-2-7。

二、第三方支付机构治理相关法律法规梳理

对我国第三方支付机构治理的相关法律法规文件进行的梳理，主要聚焦在备付金存管、信息披露和监管评级方面。《中国人民银行办公厅关于实施支付机构客户备付金集中存管有关事项的通知》（银办发〔2017〕10号）、《中国人民银行办公厅关于支付机构客户备付金全部集中交存有关事宜的通知》（银办发〔2018〕114号）、《非银行支付机构客户备付金存管办法》（中国人民银行令〔2021〕第1号）等法律法规对备付金存管有关事项进行了规定。《中国人民银行关于建立支付机构监管报告制度的通知》（银发〔2012〕176号）、《中国人民银行关于非银行支付机构开展大额交易报告工作有关要求的通知》（银发〔2018〕163号）、《非银

行支付机构重大事项报告管理办法》（银发〔2021〕198号）等文件对信息披露相关事宜进行了规定。《中国人民银行办公厅关于修订非银行支付机构分类评级相关指标的通知》（银办发〔2017〕21号）等文件对第三方支付机构评级有关事项进行了规定。我国第三方支付机构治理主要法律法规文件列表详见附录7-3-3。

三、第三方支付机构治理定义

鲜有学者专门研究第三方支付机构治理。危怀安和李松涛（2018）从信息安全监管角度提出引入第三方评估机构实行外部评估并定期汇报、加大对重点机构信息安全检查和披露等多个方面的政策措施。白慧鑫和刘明显（2022）认为，我国第三方支付机构存在客户信息泄露、法律责任不明确等各种风险，需要通过完善法律法规、健全市场准入制度、保护消费者合法权益等措施加强监管。

第三方支付机构治理（third-party payment institution governance）是指为了规范第三方支付机构行为，保护消费者资金安全、支付安全和信息安全，实现支付市场稳定发展，所构建的一套综合公司"三会一层"内部治理结构、决策机制、激励约束机制等内部治理机制与监管机构监管和评级、备付金存管、信息披露等外部治理机制，协调公司与消费者、股东、经理人、雇员、社区、政府等利益相关者的利益，以实现第三方支付机构决策科学化，进而实现利益相关者利益最大化的多方治理制度安排。

第七节　印钞与造币机构治理

一、我国主要印钞与造币机构

印钞与造币机构（banknote printing and minting institution）是聚焦货币设计、研发、印制并服务于现金全生命周期管理的机构。当前我国所有印钞与造币机构都由中国人民银行直属的中国印钞造币集团有限公司统一管理。中国印钞造币集团有限公司是由中国人民银行出资，集人民币设计、研发、印制并服务于现金全生命周期管理，致力于成为全球领先的货币综合解决方案服务商的大型国有企业。

中华人民共和国成立后，我国印制事业从小到大，从偏到全，从分散到集中，走出了一条自强自立的发展道路。1948年12月1日，中国人民银行成立并设立发行处。1949年12月，中国人民银行设立印刷管理局，开始对全国印钞造币企业进行统一管理。1980 年，国务院批准成立中国人民银行印制总公司，为企业性质，同时保留“印刷管理局”名称，对外交往时行使部分行政职能。1992 年，经国务院批准，“中国人民银行印制总公司”正式更名为“中国印钞造币总公司”。2021 年 12 月 20 日，经中国人民银行批准，国家市场监管相关部门核准，原中国印钞造币总公司改制为中国印钞造币集团有限公司。

在全球印钞造币领域，中国印钞造币拥有最大的产业规模、最齐全的专业门类和最完整的产业链条，关于我国印钞造币产业的具体介绍详见附录 7-4-2。根据中国印钞造币集团有限公司官网（http://www.cbpm.cn/cn）显示，中国印钞造币集团有限公司下辖 23 家子公司，包括 7 家印钞公司、3 家造币公司、2 家钞票纸生产企业、3 家特种防伪、特种油墨、雕刻制版等专业公司和 7 家市场型企业，分布在北京市、上海市、广州市、深圳市、沈阳市、南京市、成都市、西安市、石家庄市、南昌市、海口市、保定市、昆山市等城市。23 家子公司中，第一家建立的印钞与造币公司是 1980 年 11 月 1 日建立的北京印钞有限公司，最近建立的是 2018 年 7 月 5 日建立的中钞印制技术研究院有限公司。根据中国印钞造币集团有限公司官网（http://www.cbpm.cn/cn）和企查查网站（https://www.qcc.com）检索的数据整理，中国印钞造币集团有限公司的 39 家登记状态为存续或在业的独资、绝对控股、相对控股或参股子公司（上述 23 家子公司均在其中），这些子公司详细信息见附录 7-1-24。

中国印钞造币集团有限公司是标准国库金的制造者，是以金融票据、身份证、不动产权证、护照、结婚证等为代表的高端防伪产品综合解决方案供应商，是以国徽、奥运奖牌、国家级荣誉奖章及纪念章为代表的重要证章和货币文化产品的制造者。同时，它紧跟时代步伐，积极布局货币信息化的研发。中国印钞造币集团有限公司综合设计能力、技术研发能力、生产制造能力、管理运营能力已跻身世界先进行列，实现了印钞、造币和专业设备制造全产业链国产化输出，成为国际印钞造币舞台上一支举足轻重的力量。

二、印钞与造币机构治理相关法律法规梳理

与印钞造币机构治理有关的法律法规包括《中国人民银行法》《人民币管理条例（2018 修订）》（中华人民共和国国务院令第 698 号）、《中国人民银行人民币样币管理办法》（银发〔2006〕354 号）、《中国人民银行人民币防伪事项管理办法》

（银办发〔2017〕16号）、《普通纪念币普制币发行管理暂行规定》（银发〔2020〕173号）等。其中，《人民币管理条例（2018年修订）》（中华人民共和国国务院令第698号）规定，印制人民币的企业由中国人民银行指定，中国人民银行是国家管理人民币的主管机关。我国印钞与造币机构治理主要法律法规文件列表详见附录7-3-4。

三、印钞与造币机构治理定义

印钞与造币机构治理（banknote printing and minting institution governance）是指为了实现印钞与造币机构的科学发展，保障印制国有资产产权清晰，推动国家货币功能化、数字化、国际化转型，维护国家货币安全，所构建的一套具有明显行业特色的来自于印钞与造币机构内部和外部的治理制度安排。根据印钞与造币机构的功能定位不同可分为印钞造币集团公司治理（即中国印钞造币集团有限公司治理）和各印钞造币子公司治理。

改制是指一个组织制度安排的系统性调整或者变化，也是一个组织治理的重要内容。1980年，印钞造币行业在体制机制上进行重大改革，中国人民银行印制管理局改为中国人民银行印制总公司，实行党委领导下的总经理负责制，试行企业性组织形式，行使印制行政管理和企业经营管理两种职能，并努力由行政管理向企业职能转化。为更好地适应市场经济发展需要，经过批准，中国人民银行印制总公司于1992年正式更名为中国印钞造币总公司，开启了印钞造币行业向企业职能的历史转变。随后实施的"劳动、人事、工资、保险制度"四配套改革，进一步调整了企业与职工的关系，形成了岗位竞争机制，促进了行业整体快速发展。2005年，中国人民银行党委决定，在印钞造币行业进行现代企业制度改革试点，构建以董事会为核心的公司法人治理结构、完善公司内部控制制度和业务流程、建立有效的绩效评价体系和激励约束机制、深化科技体制改革。2021年12月20日，经中国人民银行批准，国家市场监管相关部门核准，原中国印钞造币总公司（1984年7月2日—2021年12月20日）于2021年12月20日改制为有限责任公司（法人独资），名称变更为中国印钞造币集团有限公司。作为国有独资公司的原中国印钞造币总公司权利义务由法人独资的中国印钞造币集团有限公司承继。

现代公司治理的核心是决策权、执行权和监督权的合理配置。在内部治理方面，中国印钞造币集团有限公司既注意吸取和借鉴国内外成功经验和通行做法，也充分考虑行业的实际情况，力求做到机构既互相制衡又相对简化。其通过对董事会、党委、经理部等不同治理层级职能及议事规则的明确，形成董事会层面负责决策但不能直接执行，经理部层面负责执行但不能进行决策的制衡机制。在外部治理方面，中国印钞造币集团有限公司主要由中国人民银行下属货币金银局根据《中国人民银行主要职责内设机构和人员编制规定》（国办发〔2008〕83 号）进行监管。

中国印钞造币集团有限公司的成员企业在发展过程中经历了从工厂到公司的改制过程。来自母公司的管控是印钞造币子公司外部治理的重要方面。中国印钞造币集团有限公司坚持实事求是、区别对待的原则来推进成员企业的治理建设，因企制宜，探索出董事会制和委派执行董事、专职监事制两种治理模式。董事会制为实行董事会领导下的总经理负责制。委派执行董事、专职监事制则指实行总经理负责制，同时建立总公司委派监事制度，通过完善监控机制加强对其生产经营活动的监督和制约，保证总公司决策的有效落实和企业的规范经营。2017 年以来，中国印钞造币集团有限公司所属企业涉及公司治理、科技管理体制、财务管理体制、激励约束机制、本部内设机构的“五项改革”政策相继出台，为行业未来的发展定位、转型方向、组织架构做出了全面系统的战略安排。

相对于一般金融机构，印钞造币行业的特殊性、经营产品的特殊性和管理的特殊性，使得印钞与造币机构在治理上也具有一定的特殊性。在内部治理上，我国印钞与造币机构更加注重党组织的治理作用。中国人民银行从 1999 年开始对印钞造币行业党的关系实行垂直管理，党的领导核心和政治核心作用得到进一步加强，保证了中国印钞造币事业始终沿着正确的方向、正确的道路不断前进。在外部治理上，产品市场竞争、经理人市场竞争等机制则相对弱化。

第八节　保障、保险或保护基金公司治理

一、我国主要保障、保险或保护基金公司

保障、保险或保护基金公司（security，insurance or protection fund company）

是指筹集、管理和运行保障、保险或保护基金从而对系统性金融风险进行防范、化解和处置的机构。本手册将其简称为三保类基金公司。我国保障、保险或保护基金公司主要包括中国保险保障基金有限责任公司、中国信托业保障基金有限责任公司、中国证券投资者保护基金有限责任公司、存款保险基金管理有限责任公司及中国期货市场监控中心有限责任公司等。我国保障、保险或保护基金公司简介详见附录 7-2-8。

二、保障、保险或保护基金公司治理定义

近年来，较为典型的几起风险处置案例较好地诠释了保障、保险或保护基金公司对金融风险进行防范、化解和处置的作用。例如，2008 年保险保障基金公司对新华人寿保险股份有限公司的处置案例，2013 年及 2014 年证券投资者保护基金公司先后对万福生科股份有限公司（股票简称：万福生科，股票代码：300268）和深圳海联讯科技股份有限公司（股票简称：海联讯，股票代码：300277）进行的基金专项补偿案例。投保基金公司专项补偿基金工作组、黄子波和王旭（2015）将这两起基金专项补偿案例总结为：开创了我国证券市场投资者保护的新模式，是对证券投资者保护新机制的有益探索。

这些金融风险案例妥善处理的背后离不开这些金融机构的高效运转，而机构高效运转的前提是完善的公司治理体制。完善的公司治理体制可以降低企业的代理成本，增强企业的核心竞争力、提高经营业绩、实现企业的可持续发展。

保障、保险或保护基金公司治理（security，insurance or protection fund company governance）是指为了推动保障、保险或保护基金公司机构持续健康稳定经营，发挥保障、保险或保护基金对行业风险的救助作用，所构建的一套来自机构内部和外部以明确股东（大）会、董事会、监事会和经理层相关职责分工、权限分配和履职要求的治理制度安排。下面将以保险保障基金公司、信托业保障基金公司和证券投资者保护基金公司为例具体阐释保障、保险或保护基金公司治理。

保险保障基金公司的设立与实施，是原中国保监会、财政部、国家税务总局、中国人民银行和国务院法制办等部门通力合作的结果，是以制度完善有效、各自功能作用充分发挥、相关信息充分共享等为目的的制度机制（刘晶，2012）。在内部治理上，保险保障基金公司依法建立健全治理结构、业绩考评制度、内部控

制制度和风险管理制度；设立董事会，董事会成员由中国银保监会、财政部、中国人民银行、国家税务总局、国务院法制办推荐；董事长为公司法定代表人，由中国银保监会推荐，报国务院批准。在外部治理上，保险保障基金公司的业务和保险保障基金的筹集、管理、运作受到中国银保监会的监管，国有资产管理和财务监督由财政部负责，应当定期向保险公司披露保险保障基金的相关财务信息。

信托业保障基金公司定位为市场化的“金融机构”，是监管层对信托业保障制度设计的另一大创新（屈燕等，2016）。在内部治理上，信托业保障基金公司设立股东（大）会、董事会、监事会和经营层；董事长为法定代表人，由国务院银行业监督管理机构核准，并向国务院报备；董事会下设战略发展委员会、风险管理委员会、提名与薪酬委员会、审计委员会、关联交易控制委员会 5 个专门委员会。在外部治理上，信托业保障基金公司受到国务院银行业监督管理机构的监督管理；建立报告制度，按年度编制保障基金筹集、管理和使用情况，并经外部审计机构审计后报送国务院银行业监督管理机构和财政部；按年度向信托公司披露保障基金筹集、管理和使用等相关信息。

证券投资者保护基金公司是金融安全保障体系的重要环节，在出现重大的市场风险时运用筹集来的资金维护投资者合法权益，维护国家金融安全（巩海滨，2019）。这里以国有独资的中国证券投资者保护基金有限责任公司为例介绍证券投资者保护基金公司治理。在内部治理上，公司设立董事会，董事会由 9 名董事组成，其中 4 人为执行董事，其他为非执行董事；董事长人选由中国证监会、财政部和中国人民银行确定后，报国务院备案；董事会为证券投资者保护基金公司的决策机构，负责制定基本管理制度，决定内部管理机构设置，聘任或者解聘高级管理人员，对基金的筹集、管理和使用等重大事项做出决定，并行使证券投资者保护基金公司章程规定的其他职权；设总经理 1 人，副总经理若干人；总经理、副总经理由中国证监会提名，董事会聘任或者解聘；总经理负责主持公司的经营管理工作，执行董事会决议。在外部治理上，公司的业务受到中国证监会监管；国有资产管理和财务监督由财政部负责；向中国人民银行借用再贷款资金的合规使用情况受到中国人民银行的检查监督；建立信息报告制度，编制基金筹集、管理、使用的月报信息，报送中国证监会、财政部和中国人民银行。

第九节　金融指数机构治理

一、我国主要金融指数机构

（一）金融指数机构的总体说明

金融指数机构（financial index institution）是指专业从事指数及指数衍生产品开发服务的机构。我国公司制金融指数机构包括中证指数有限公司、中证商品指数有限责任公司、华证指数信息服务（深圳）有限公司、上海华证指数信息服务有限公司、深圳证券信息有限公司等。我国主要金融指数机构简介详见附录 7-2-9。

（二）金融指数机构的具体说明

1. 中证指数有限公司

中证指数有限公司成立于 2005 年 8 月 25 日，是由沪深证券交易所各出资 50% 成立的金融市场指数提供商，注册资本 10 亿元，专业从事证券指数及指数衍生产品的开发服务。中证指数有限公司目前管理各类指数 5000 余条，覆盖股票、债券、商品、指数期货、基金等多个资产类别，指数体系覆盖以沪港深市场为核心的全球 16 个主要国家和地区，已成为具有境内外影响力的指数供应商。

2. 中证商品指数有限责任公司

中证商品指数有限责任公司是经中国证监会批准，由上海期货交易所、郑州商品交易所、大连商品交易所、中国金融期货交易所各出资 25%共同发起设立的有限责任公司，于 2020 年 12 月 16 日在河北雄安新区注册成立，注册资本 10 亿元。中证商品指数有限责任公司是由中国证监会直接管理的证券期货类金融机构，具体职能和经营范围包括：设计、编制及维护包括单交易所、跨交易所期货指数等相关产品；设计、编制、维护现货指数及产品；开展指数产品定制服务；为宏观经济决策、监管政策的制定提供指数产品及研究支持；开展指数相关产品授权业务；经营数据信息业务；开展指数业务相关技术服务；开展国际合作与交流；中国证监会批准的其他业务。

3. 华证指数信息服务（深圳）有限公司

华证指数信息服务（深圳）有限公司成立于 2019 年 8 月 22 日，注册资本为

5000 万元人民币，地址位于深圳市，大股东为上海门洛投资中心（有限合伙）（持股比例为 85%），所属行业为软件和信息技术服务业。其经营范围包含数据分析，函数、指数编制，指数开发、推广及提供云数据信息咨询，指数的技术开发、技术维护、技术服务，信息技术咨询服务。

4. 上海华证指数信息服务有限公司

上海华证指数信息服务有限公司是一家专业从事指数与指数化投资综合服务的公司，主要控制人为刘忠（直接及间接持股比例共计 29%），成立于 2017 年 9 月 12 日，注册资本 8094 万元，面向各类资产管理机构提供指数与指数化投资综合服务，重点围绕指数与指数化投资的研发，提供包括研究咨询、产品授权、运作管理、营销推广、估值以及数据信息等全产业链服务，旨在推动指数与指数化投资在我国的深入发展。上海华证指数信息服务有限公司已获得上海证券交易所、深圳证券交易所和香港证券交易所的指数编制行情授权。

5. 深圳证券信息有限公司

深圳证券信息有限公司是深圳证券交易所全资子公司，成立于 1996 年 10 月 25 日，注册资本 5832 万元，是法定的信息披露服务机构，是我国最早从事互联网证券信息服务的公司。公司服务深圳证券交易所核心战略，负责深圳证券市场上市公司信息公告发布、股东（大）会网络投票服务、摇号抽签服务、深圳证券交易所“互动易”平台运营、指数编制及运维推广、深市行情授权经营、财经数据库产品研发、科技金融信息服务平台运营等业务，是我国资本市场信息数据服务枢纽企业。

二、金融指数机构治理定义

金融指数机构治理（financial index institution governance）是指为了规范金融指数机构业务行为，更好地反映市场活动以及经济整体活动，推动金融市场有效发展，所构建的一套来自于机构内部和外部的治理制度安排。金融指数机构内部治理是指通过规定股东（大）会、董事会、监事会、高管层的职责分工、权限分配和履职要求，有效发挥决策机制、激励约束机制和监督机制的作用。金融指数机构外部治理主要包括外部监管、信息披露、媒体监督等。按照法人资格类型的不同，该类机构可以分为公司制金融指数机构治理和非公司制金融指数机构治理。我国金融指数机构治理主要为公司制金融指数机构治理，且主要为有限责任公司金融指数机构治理。

第十节　金融媒体与博物馆类机构治理

一、金融媒体机构治理

按照金融媒体类型不同，金融媒体机构可以分为电视、广播、报纸、期刊（杂志）、互联网、手机等具体类型的金融机构。本手册重点以金融报纸期刊机构为例，分析金融媒体机构治理。

（一）我国主要金融报纸期刊机构

报纸期刊（简称报刊）是利用纸张传播思想文化和社会信息的重要工具，在近代中国政治、经济发展和社会、文化变迁中扮演着十分重要的角色。我国金融报纸期刊机构（financial journal institution）是指在中华人民共和国境内从事金融类报纸、期刊等有版权物品出版活动的金融服务机构，是党和国家在金融经济领域的重要舆论阵地。金融报纸期刊机构主要包括两大类：第一类是非公司制金融报纸期刊机构，包括《中国保险年鉴》社（全民所有制企业）、《中国金融电脑》杂志社（全民所有制企业）、金融时报社等。第二类是公司制金融报纸期刊机构，包括中国金融出版社有限公司、《中国农村金融》杂志社有限责任公司、《中国货币市场》杂志社有限公司、中国证券报有限责任公司、《中国银行保险报》社有限责任公司、《中国银行业》杂志社有限责任公司等。

根据企查查网站（https://www.qcc.com）检索的数据，截至 2022 年 4 月 15 日，我国存续、在业或正常的金融报纸期刊机构共有 83 家，具体名录详见附录 7-1-25。我国主要金融报纸期刊机构简介详见附录 7-2-10。

根据新闻出版总署 2012 年 7 月 30 日印发的《关于报刊编辑部体制改革的实施办法》，非独立法人报刊编辑部体制不再保留，因此，本书界定的金融报纸期刊机构不包括编辑部。《新闻出版总署关于报刊编辑部体制改革的实施办法》强调，原则上不再保留报刊编辑部体制。党政部门、民主党派、人民团体、行业协会、社会团体、事业单位和国有企业主管主办的报刊编辑部，并入本部门本单位新闻出版传媒企业；本部门本单位没有新闻出版传媒企业、其主管主办的报刊编辑部有 3 个（含 3 个）以上的，经新闻出版总署批准，可合并建立 1 家报刊出版企业；主管主办报刊编辑部不够 3 个的，并入其他新闻出版传媒企业。《新闻出版总署关于报刊编辑部体制改革的实施办法》鼓励和支持党报党刊出版单位和大型新闻出版传媒集团公司对报刊编辑部进行整合，鼓励和支持以党报党刊的子报子刊、实力雄厚的行业性报刊出版企业为龙头对报刊编辑部进行整合，形成大型综合性或专业性报刊出版传媒集团公司。

（二）金融报纸期刊机构治理定义

金融报纸期刊机构治理（financial journal institution governance）是指为促进金融报纸期刊机构健康发展，充分发挥期刊报纸在金融经济领域的宣传“喉舌”作用，而构建的一系列正式或非正式、内部或外部的治理制度安排，是金融媒体机构治理的重要组成部分。金融报纸期刊机构内部治理与一般公司内部治理类似。在金融报纸期刊机构外部治理方面，由于其经营的特殊性，来自发起单位或者举办单位的监督是该机构的重要外部治理机制。

二、金融博物馆类机构治理

（一）我国主要金融博物馆类机构

金融博物馆（financial museum institution）是指以教育、研究、欣赏为目的，征集、保护、研究、传播并展出与金融业相关的物质和非物质遗产的博物馆。按照金融博物馆的藏品及展示的内容，金融博物馆可以划分为两个层次：一层是行业博物馆的一种，是对金融业这个行业的历史和现状进行物的收集、整理、研究和展示；另一层是和金融行业相关的专题博物馆集合体，如钱币博物馆、货币博物馆、票据博物馆、银行博物馆等。专题博物馆集合体通过对金融业某一领域的展示，单独体现金融学的某一分支。

按照不同的组织类型，我国金融博物馆类机构包括两大类：第一类是非公司制金融博物馆类机构，包括中国钱币博物馆、长安古钱币博物馆、东莞市钱币博物馆、天津泉香阁钱币博物馆、天津金融博物馆、沈阳金融博物馆、井冈山革命金融博物馆、临沂现代金融博物馆、西安市民间金融博物馆、上海市银行博物馆、河北钱币博物馆等。第二类是公司制金融博物馆类机构，包括上海中证博物馆运营有限公司等。

截至 2022 年 4 月 15 日，企查查网站（https://www.qcc.com）的检索结果显

示，我国目前登记状态为存续或正常的金融博物馆类机构一共有 40 家，具体名录详见附录 7-1-26。我国主要金融博物馆类机构简介详见附录 7-2-11。

（二）金融博物馆类机构治理定义

金融博物馆类机构治理（financial museum institution governance）是指为了规范金融博物馆类机构行为，推动金融文化宣传与交流，所构建的一套来自机构内部的和外部的、正式的和非正式的一系列治理制度安排。按照法人资格类型不同，金融博物馆类机构治理可以分为公司制金融博物馆类机构治理和非公司制金融博物馆类机构治理。其中，非公司制金融博物馆类机构治理又分为事业单位法人治理和民办非企业单位治理。例如，中国钱币博物馆治理和沈阳金融博物馆治理为事业单位法人治理，长安古钱币博物馆治理、东莞市钱币博物馆治理、天津泉香阁钱币博物馆治理、天津金融博物馆治理、井冈山革命金融博物馆治理、临沂现代金融博物馆治理、西安市民间金融博物馆治理、上海市银行博物馆治理和河北钱币博物馆治理为民办非企业单位治理。

第十一节　金融培训与其他服务机构治理

一、金融培训机构治理

（一）我国主要的金融培训机构

金融培训机构（financial training institution）是指以提升能力、培养技能等为目的，为金融市场、政府单位、社会和企业等提供金融专业人才技能和业务水平培训的教育培训机构。我国金融培训机构包括两大类：第一类是非公司制金融培训机构，包括中国金融培训中心、中国人民银行党校、中国人民银行郑州培训学院、中国人民银行集中采购中心、资本市场学院、深圳证券交易所创业企业培训中心等。第二类是公司制培训机构，包括秦皇岛金管干部培训中心等。

截至 2022 年 4 月 15 日，企查查网站（https://www.qcc.com）的检索结果显示，我国目前登记状态为存续或正常的金融培训机构一共有 42 家，具体名录详见附录 7-1-27。我国主要金融培训机构简介详见附录 7-2-12。

（二）金融培训机构治理定义

金融培训机构治理（financial training institution governance）是指为促进金融

培训机构健康有序地发展，从而为金融市场提供人才智力支持，所构建的一套来自机构内部的和外部的、正式的和非正式的一系列治理制度安排。按照法人资格类型不同，金融培训机构治理可以分为公司制金融培训机构治理和非公司制金融培训机构治理。其中，非公司制金融培训机构治理主要是指事业单位法人治理。

二、其他金融服务机构治理

（一）我国主要其他金融服务机构

其他金融服务机构是指除证券投资基金管理公司、金融资产管理公司、财务公司、金融科技机构、金融媒体机构、金融指数机构、印钞与造币机构、交易类金融机构、登记结算类金融机构、第三方支付机构、资信评级机构、金融博物馆类机构、金融培训机构之外的金融服务机构。我国其他金融服务机构包括两大类：第一类是非公司制其他金融服务机构，包括中国反洗钱监测分析中心、中国人民银行征信中心、中国人民银行机关服务中心、中国证监会稽查总队、国家外汇管理局外汇研究中心、国家外汇管理局中央外汇业务中心、国家外汇管理局机关服务中心等。第二类是公司制其他金融服务机构，包括中证中小投资者服务中心有限责任公司、中保投资有限责任公司、北京国家金融标准化研究院有限责任公司、中债金融估值中心有限公司、中债信用增进投资股份有限公司、深圳中国金币经销中心有限公司、北京开元中国金币经销中心有限公司、上海金币投资有限公司、中国期货市场监控中心有限责任公司、万得信息技术股份有限公司、东方财富信息股份有限公司、浙江核新同花顺网络信息股份有限公司等。我国其他金融服务机构简介详见附录 7-2-13。

（二）其他金融服务机构治理定义

其他金融服务机构治理（other financial service institution governance）是其他各种金融服务机构治理的总称，是指为了规范其他金融服务机构服务行为，保护当事人的合法权益，防范金融风险，促进金融服务市场健康发展，所构建的一套来自于机构内部和外部的治理制度安排。按照法人资格类型不同，其他金融服务机构治理可以分为公司制其他金融服务机构治理和非公司制其他金融服务机构治理，其中非公司制其他金融服务机构治理又可以进一步细分为事业单位法人治理和国有企业法人治理。

本章附录[1]

金融机构名录附录

附录 7-1-1：我国银行业自律组织名录

附录 7-1-2：我国保险行业自律组织名录

附录 7-1-3：我国证券、基金与期货行业自律组织名录

附录 7-1-4：我国支付清算行业自律组织名录

附录 7-1-5：我国上市公司自律组织名录

附录 7-1-6：我国融资相关行业自律组织名录

附录 7-1-7：我国互联网金融行业自律组织名录

附录 7-1-8：我国金融消费权益保护协会名录

附录 7-1-9：我国金融相关服务协会名录

附录 7-1-10：我国其他金融业自律性组织名录

附录 7-1-11：我国金融学会组织名录

附录 7-1-12：我国保险学会组织名录

附录 7-1-13：我国金融会计学会组织名录

附录 7-1-14：我国钱币学会组织名录

附录 7-1-15：我国投资学会组织名录

附录 7-1-16：我国个人征信机构名录

附录 7-1-17：我国企业征信机构名录

附录 7-1-18：我国注销征信机构名录

附录 7-1-19：在中国人民银行备案的信用评级机构名录

附录 7-1-20：在中国人民银行未备案的信用评级机构名录

附录 7-1-21：为公开募集基金销售机构提供支付结算服务的第三方支付机构名录

附录 7-1-22：我国持牌的第三方支付机构名录

附录 7-1-23：我国已注销牌照的第三方支付机构名录

附录 7-1-24：中国印钞造币集团有限公司子公司名录

附录 7-1-25：我国主要的金融报纸期刊机构名录

① 可通过公众号“治理大百科”阅读本章附录具体内容。

金融机构简介附录

附录 7-2-1：我国全国性金融业自律性组织简介

附录 7-2-2：我国主要金融业学会组织简介

附录 7-2-3：我国主要金融科技机构简介

附录 7-2-4：我国主要征信与资信评级机构简介

附录 7-2-5：我国交易类金融机构简介

附录 7-2-6：我国主要登记结算类金融机构简介

附录 7-2-7：我国主要第三方支付机构简介

附录 7-2-8：我国保障、保险或保护基金公司简介

附录 7-2-9：我国主要金融指数机构简介

附录 7-2-10：我国主要金融报纸期刊机构简介

附录 7-2-11：我国主要金融博物馆类机构简介

附录 7-2-12：我国主要金融培训机构简介

附录 7-2-13：我国其他金融服务机构简介

法律法规列表附录

附录 7-3-1：我国征信机构治理主要法律法规文件列表

附录 7-3-2：我国信用评级机构治理主要法律法规文件列表

附录 7-3-3：我国第三方支付机构治理主要法律法规文件列表

附录 7-3-4：我国印钞与造币机构治理主要法律法规文件列表

其他相关内容附录

附录 7-4-1：中国金融学会发展历程

附录 7-4-2：解密中国印钞造币产业

第八章 交易与登记结算类金融机构治理

交易类和登记结算类金融机构是金融服务机构中较为重要的两类，本章对第七章第四节、第五节内容进行了细化分析，从金融机构大类深入到具体金融机构。本章关注了交易类金融治理中的证券交易所治理、期货交易所治理、上海黄金交易所治理和中国外汇交易中心治理，以及登记结算类金融机构治理中的中国证券登记结算有限责任公司治理。

第一节 证券交易所治理

一、证券交易所简介

证券交易所（stock exchange）[①]是证券买卖双方公开交易的场所，是一个高度组织化、集中进行证券交易的市场，是整个证券市场的核心。证券交易所本身并不买卖证券，也不决定证券价格，而是为证券交易提供一定的场所和设施，配备必要的管理和服务人员，并对证券交易进行周密的组织和严格的管理，为证券交易顺利进行提供一个稳定、公开、高效的市场。《中华人民共和国证券法》规定，证券交易所是为证券集中交易提供场所和设施，组织和监督证券交易，实施自律管理的法人。

① 证券交易所按照字面应该翻译为“security exchange”。例如，我国上海证券交易所在1990年11月26日成立之初将名称中的“证券”翻译为“security”，主要考虑当时证券交易所交易的主要对象是债券而不是股票，同时也方便交易所的设立审批。但目前证券交易所交易的主要对象是股票，所以我国证券交易所均将“证券”翻译为“stock”，世界上绝大多数证券交易所官方名称中也使用“stock”。

从世界各国的情况看，证券交易所有公司制的营利性法人和会员制的非营利性法人。我国的北京证券交易所（成立于 2021 年 9 月 3 日）属于公司制证券交易所，而上海证券交易所（成立于 1990 年 11 月 26 日）和深圳证券交易所（成立于 1990 年 12 月 1 日）属于会员制证券交易所。根据企查查网站（https://www.qcc.com）检索的数据，截至 2022 年 5 月 25 日，登记状态为存续或在业的上海证券交易所对外投资公司共有 21 家，公司名录详见附录 8-1-1；登记状态为存续或在业的深圳证券交易所对外投资公司共有 16 家，名录详见附录 8-1-2。我国主要证券交易所简介详见附录 8-2-1。

我国证券交易所由中国证监会监督管理。证券交易所组织和监督证券交易，实施自律管理，应当遵循社会公共利益优先原则，维护市场的公平、有序、透明。

二、我国证券交易所治理相关法律法规梳理

我国关于证券交易所治理的相关法律法规分别从内部治理和外部治理两方面进行了规定，涵盖交易所章程、交易所机构建设、交易所监管等多个方面。我国证券交易所治理主要法律法规文件列表详见附录 8-3-1。

在证券交易所内部治理方面，《证券交易所管理办法》（中国证监会令第 166 号）规定，实行会员制的证券交易所设会员大会、理事会、总经理和监事会，明确了证券交易所的内部治理结构。《上海证券交易所章程》（上证发〔2021〕16 号）与《深圳证券交易所章程》（深证会〔2021〕131 号）具体规定各证券交易所的内部治理制度。

在证券交易所外部治理方面，《国务院办公厅关于将上海证券交易所和深圳证券交易所划归中国证监会直接管理的通知》（国办函〔1997〕39 号）宣告，国务院决定将上海证券交易所和深圳证券交易所划归中国证监会直接管理。《证券法》明确规定，证券交易所设总经理一人，由国务院证券监督管理机构任免。《证券交易所管理办法》（中国证监会令第 166 号）规定，证券交易所理事会成员中，非会员理事由中国证监会委派。

三、我国证券交易所治理定义

（一）证券交易所治理定义的提出

证券交易所公司化改制、治理结构与机制等受到学者广泛关注，交易所治理

研究相关文献详见附录 8-4-1。杨大楷和刘伟（2003）指出，我国证券交易所只有通过公司化改制，才能解决“所有者缺位”带来的低效率。谢增毅（2006）认为，我国证券交易所治理结构的主要弊端在于政府证券监管机构对交易所的干预过度。巴曙松、刘润佐和赵晶（2007）认为，以盈利为目的的公司制是推进交易所对外扩张的根本动力。冯果和田春雷（2009）认为，当务之急是通过改革率先使交易所成为真正自主、自治、自律的独立法人。曹潇（2011）认为，需要设置证券交易所执行经营与监管两项任务的激励平衡机制。金强（2013）认为，我国证券交易所是一个应有职能缺失，所有权人不清，政府强力控制，其他治理参与主体极度弱化，内部人控制严重的组织形式。邢孔禹（2020）提出我国证券交易所公司化的具体设计。

我国会员制证券交易所属于特殊的非营利组织。对于非营利组织的治理，李维安（2008）提出狭义和广义的非营利组织治理的概念，“狭义的非营利组织治理是一种合同关系，其交易成本低于市场组织的交易成本，在非对称信息的条件下，体现为一种关系合同，以简约的方式规范非营利组织各利害相关者的关系，约束他们之间的活动。”“从广义层面上看，非营利组织治理涉及广泛的利害相关者，包括出资人、债权人、理事会、管理层、组织员工、受益者、供应商、行业协会、政府和社区等与非营利组织有利害关系的主体，通过一套正式及非正式的制度来协调非营利组织与所有利害相关者之间的利益关系，最终的目的是实现非营利组织决策科学化，从而实现非营利组织的宗旨和各类主体利益的最大化。”上述定义，从狭义上明确了在信息不对称情况下，有效进行内部治理结构设计的重要性，从广义上强调了在拥有复杂的利益相关者的情况下，有效进行外部治理机制设计的重要性，是一个较为全面的定义，有利于更好地理解非营利组织的治理。

我国公司制证券交易所是独立的法律主体，在法律上与证券公司相互独立。证券交易所是独立的经济实体，只为证券公司从事证券交易活动提供所需的物质条件和服务，证券交易所的职员不参与具体的证券交易活动。证券交易所有权向证券发行公司索取证券上市费，并向证券公司收取证券成交的其他费用，具体收费比例按照证券交易所的规定执行，亦可以采取合同方式约定。

基于前文论述，证券交易所治理（stock exchange governance）是指为提高证券交易所的科学化决策效率，维护市场交易秩序和各方利益，保障市场稳定运行，而设计的包括业务规则、风险防范机制、监督检查制度、信息披露制度等在内的一系列正式或非正式、内部或外部的治理制度安排，并包括内部治理与外部治理两个方面和治理结构与治理机制两个层面。

证券交易所内部治理主要是指证券交易所治理结构与内部治理机制。证券交易所的治理结构由股东（大）会（会员制交易所为会员大会）、董事会（会员制交易所为理事会）、监事会、总经理等组成。内部治理机制主要由各证券交易所的内部规章制度予以详细规定。

会员大会为会员制证券交易所的最高权力机构，由全体会员组成，行使以下职权：制定和修改证券交易所章程；选举和罢免会员理事、会员监事；审议和通过理事会、监事会和总经理的工作报告；审议和通过证券交易所的财务预算、决算报告；法律、行政法规、部门规章和证券交易所章程规定的其他重大事项。

理事会是会员制证券交易所的决策机构，由 7~13 人组成，其中非会员理事人数不少于理事会成员总数的 1/3，不超过理事会成员总数的 1/2，会员理事由会员大会选举产生，非会员理事由中国证监会委派。理事会行使以下职权：召集会员大会，并向会员大会报告工作；执行会员大会的决议；审定总经理提出的工作计划；审定总经理提出的年度财务预算、决算方案；审定对会员的接纳和退出；审定取消会员资格的纪律处分；审定证券交易所业务规则；审定证券交易所上市新的证券交易品种或者对现有上市证券交易品种作出较大调整；审定证券交易所收费项目、收费标准及收费管理办法；审定证券交易所重大财务管理事项；审定证券交易所重大风险管理和处置事项，管理证券交易所风险基金；审定重大投资者教育和保护工作事项；决定高级管理人员的聘任、解聘及薪酬事项，但中国证监会任免的除外；会员大会授予和证券交易所章程规定的其他职权。

证券交易所外部治理是相对内部治理而言的，外部治理主要包括中国证监会对证券交易所的监督管理、信息披露等。在外部监管方面，中国证监会对证券交易所具有人事控制权、章程与规则的批准权和要求修改权、业务的审批权以及日常的监管权这四项重大权力。

（二）证券交易所治理的特殊性

证券交易所作为在证券市场中连接各方参与者和利益相关者的纽带和核心节点，其治理具有极大的重要性与特殊性，表现在以下四个方面。

（1）作为一个独立的、有具体运作目标的实体法人组织，证券交易所本身需要一个稳定的内部治理结构，保证其能健康运转。

（2）除了本身的内部治理外，证券交易所还形成了内部治理结构与外部治理机制的良性互动。

（3）证券交易所一般集中了各个国家和地区最优秀的上市企业。证券市场和证券交易所本身是其他上市公司外部治理的重要环节和手段，是上市公司股东“用脚投票”的场所，其治理有效性直接影响到上市公司的治理水平。

（4）证券交易所通过上市公司、机构投资者、证券公司等与社会公众产生连接，拥有广泛的利益相关者，其健康发展直接触动广大人群的直接利益，因此其治理的重要性和关注度都较高。

证券交易所治理要突出交易所高度自律和高效管理的属性，发挥证券交易所公正、权威的第三方的作用，以保障证券市场的有序和繁荣。对于我国证券交易所而言，要始终朝着建设具有自身特色的、一流的、国际化的证券交易所的目标前进，努力变得更加专业、透明、高效和公正。

第二节　期货交易所治理

一、期货交易所简介

期货交易所（futures exchange）是专门进行标准期货合约买卖的场所，是期货市场运作的主要载体。虽然很多国家中存在着其他交易市场或系统，但期货交易所交易的品种和规模往往占主要地位，在期货市场中占据着举足轻重的地位。在特定的情况下，也可以称之为狭义的期货市场。

期货交易所按照其章程的规定实行自律管理，以其全部财产承担民事责任。期货交易所本身不拥有合约标的商品，且不参与直接交易活动，因此其并不参与期货价格的形成，只为期货交易参与者提供设施和服务，是一种具有高度系统性和严密性、高度组织化和规范化的交易服务组织。

此外，期货交易所是一种非营利机构，其非营利性指交易所本身不进行交易活动，不以盈利为目的。但期货交易所也需要进行利益核算，在这个意义上，期货交易所也可以被看作一个财务独立的营利组织，旨在为交易者提供一个公开、公平、公正的交易场所，并在有效监督服务基础上实现合理的经济利益，包括会员会费收入、交易手续费收入、信息服务收入及其他收入。

根据企查查网站（https://www.qcc.com）检索的数据，截至 2022 年 5 月 25 日，我国共有 6 家登记状态为存续或在业的期货交易所，具体名录详见附录 8-1-3。我国 6 家期货交易所中，1990 年 10 月 12 日成立的郑州商品交易所（简称郑商所）、1990 年 11 月 26 日成立的上海期货交易所（简称上期所）、1993 年 2 月 28 日成立的大连商品交易所（简称大商所）是商品期货交易所，均采用会员制。2013 年 11 月 6 日成立的上海国际能源交易中心股份有限公司（简称上海国际能源交易中心或上期能源）和 2021 年 4 月 19 日成立的广州期货交易所股份有限公司（简称广州期货交易所或广期所）采用公司制。唯一的一家金融期货交易所即中国金融期货交易所股份有限公司（简称中国金融期货交易所或中金所，2006 年 9 月 8 日成立）也采用公司制，注册资本金为 5 亿元人民币。我国主要期货交易所简介详见附录 8-2-2。

会员制期货交易所在法律上通常注册为事业型机构或不以盈利为目的的法人机构，交易所的所有权、控制权与其产品或服务的使用权相联系。交易所由全体会员共同出资组建，把会员缴纳的会员资格费汇总作为注册资本。其中，缴纳会员资格费是取得会员资格的基本条件之一，不属于会员投资行为，故而不存在投资回报问题。交易所作为非营利性的会员制法人，以全额注册资本对其债务承担有限责任。会员制期货交易所的权力机构是由全体会员组成的会员大会，会员大会的常设机构是由其选举产生的理事会。目前世界上大多数期货交易所都采用会员制，包括我国的 3 家商品期货交易所。

上海期货交易所、大连商品交易所和郑州商品交易所三家会员制期货交易所的组织架构基本类似。以大连商品交易所为例，大连商品交易所实行党委会领导下的“三会一层”（党委会、理事会、监事会和行政管理层）的法人治理结构，形成权责明确、功能完善、运行规范、运转协调、监督有力的管理体制和运行机制。交易所党委是交易所的政治领导核心。党委委员按照“双向进入、交叉任职”方式，分别进入理事会、监事会和经营层任职，党委成员在各自任职的治理机构中贯彻党组织的意见或决定。会员大会是交易所的权力机构，由全体会员组成。

理事会是会员大会的常设机构和执行机构，是交易所决策权的具体承担者，按照相关法规和交易所章程的规定行使决策权。经营管理层是交易所的决策执行机构，行使执行权和相应的决策权，负责交易所各项决策的组织实施。监事会是交易所的内部监督机构，行使监督权，防范运营风险、促进交易所规范运作、健康发展。

上海国际能源交易中心股份有限公司和广州期货交易所股份有限公司组织架构类似，均采用公司制（股份制）。以广州期货交易所股份有限公司为例，广州期货交易所股份有限公司党委是交易所的政治领导核心，发挥把方向、管大局、保落实的领导作用，全面履行对交易所党的建设和各项工作的领导职责，确保党的理论和路线方针政策在交易所得到全面贯彻落实。股东大会是交易所的权力机构。交易所设董事会，对股东大会负责，并行使股东大会授予的权利；设监事会，对股东大会负责，行使监督权。管理层负责日常管理工作。该交易所内设部门 11 个：办公室（党委办公室）、纪检办公室、人力资源部（党委组织部）、交易部、结算部、市场监察部、商品事业部、指数事业部、市场发展部、研究规划部、信息科技部。除了上述两家公司制期货交易所之外，中国金融期货交易所也是公司制的。中国金融期货交易所股东大会是公司的权力机构。公司设董事会，对股东大会负责，并行使股东大会授予的权利。董事会设执行委员会，作为董事会日常决策、管理、执行机构。董事会下设交易、结算、薪酬、风险控制、监察调解等专门委员会。

二、期货交易所治理相关法律法规梳理

通过对法律法规的梳理发现，目前期货交易所治理的法律法规主要针对内部治理和外部治理两个方面进行了细致的规定。内部治理包括会员制期货交易所的内部治理和公司制期货交易所的内部治理。我国期货交易所治理主要法律法规文件列表详见附录 8-3-2。

在期货交易所内部治理方面，《期货交易所管理办法》（中国证监会令第 179 号）规定，期货交易所设总经理 1 人、副总经理若干人，总经理、副总经理由中国证监会任免。总经理每届任期 3 年，连任不得超过两届。总经理是期货交易所的法定代表人，总经理是当然理事。期货交易所任免中层管理人员，应当在决定

之日起 10 日内向中国证监会报告。

外部治理方面，《期货交易管理条例》（中华人民共和国国务院令第 676 号）规定，国务院期货监督管理机构对期货市场实行集中统一的监督管理。

三、期货交易所治理定义

（一）期货交易所组织形式比较

全球期货交易所的组织形式主要有三种：不以盈利为目的的会员制、以盈利为目的的会员制和以盈利为目的的不限于会员所有的公司制。这三种形式各有其特点，分别适应于期货交易所不同的内外部环境。

不以盈利为目的的会员制在传统期货交易所中广为采用，其在法律上通常注册为事业性机构或不以盈利为目的的法人。交易所的组织所有权、控制权与其产品或服务的使用权相联系，其建设资金及营运资本由会员以缴纳会费的形式筹集，交易所也为会员所有和控制并只供会员使用。当交易所有收入结余时，会员即出资人不享有回报的权力，而当交易所亏损时，会员必须以增加会费的形式承担。所有同类型的会员，在交易所内享有同等的权利，并承担同等的义务。交易所采用“一员一票”的集体决策机制。交易所的权力机构是由会员组成的会员大会，会员大会选举产生理事会和监事会。交易所通过会员大会、理事会、监事会和专业委员会实行管理。

以盈利为目的的会员制期货交易所和不以盈利为目的的会员制期货交易所的特点基本相似，不同点在于采用这种组织形式的期货交易所的收益要向会员分配。通常，这种组织形式是期货交易所从不以盈利为目的的会员制改制为以盈利为目的的不限会员所有的股份公司制所采取的过渡形式。

以盈利为目的的公司制是当前世界各国期货交易所的发展趋势，其特点是：交易所采用以盈利为目的、由分散股东控制的股份公司制形式，其股东不限于会员，还有来自交易所外部的股东；公司制期货交易所的所有权、控制权和交易权是分离的；交易所的收益由股东分配，其经营目标是实现股东财富最大化。

表 8-1 从经营目标、法律地位、股东人数、股东构成、责任承担、权利制衡、决策机制、决策效率等方面对两种组织形式期货交易所的特点进行了比较分析，其中会员制期货交易所又进一步细分为不以盈利为目的和以盈利为目的的期货

交易所。

表 8-1　不同组织形式期货交易所特点比较

比较项目	会员制		公司制
	不以盈利为目的的会员制	以盈利为目的的会员制	
经营目标	不以盈利为目的（模糊）	以盈利为目的（模糊）	股东财富最大化
法律地位	事业性机构或不以盈利为目的的法人	以盈利为目的的法人	独立法人
股东人数	大于 2 人	大于 2 人	各国有区别
股东构成	股东=会员	股东=会员	不局限于会员
责任承担	无限责任	无限责任	有限责任
权利制衡	组织所有权、控制权与使用权相联系且只供会员使用	组织所有权、控制权与使用权相联系且只供会员使用	股东所有权、控制权、交易权分离
决策机制	一员一票	一员一票	一股一票
决策效率	低	低	高
筹资渠道	内部积累、发行债券、发行优先股等	内部积累、发行债券、发行优先股等	除以上外，还有发行普通股、增发、配股等
代理成本	会员与会员之间，会员与交易所之间	会员与会员之间，会员与交易所之间	所有者与经营者之间
收益分配	自身发展	向会员分配	股东支配
环境反应	迟钝	迟钝	迅速

资料来源：王凤海. 会员制与公司制期货交易所治理结构比较研究[J]. 财经问题研究，2005(10)：32-35.

（二）期货交易所治理定义的提出

同证券交易所类似，学者关注了期货交易所的改制以及内外部治理。范抒（2003）对会员制期货交易所和公司制期货交易所进行了分析与比较。王赛德（2006）重点分析了我国期货交易所公司制改制过程中需要克服的问题。王亚梅（2008）介绍了期货交易所公司制改制的基本理论、改制所要面临的治理结构与治理机制改变之类的核心问题，以及在交易所自律监管方面的难题。王一乙（2016）认为，完善期货市场法律体系应同时完善政府监管立法和行业自律立法，同时应明确政府监管与行业监管的关系及地位，合理分配监管权限。游鸿（2017）概括指出，会员制和公司制的区别主要体现在设立目的不同、承担责任不同以及资金来源与盈余分配方式不同。赵万福和 Zhang（2021）建议采用公司制与盈利性组织形式建构中国期货交易所。

期货交易所治理（futures exchange governance）是指在中国证监会的监督管理下，为了加强风险控制，促进期货交易所规范经营和健康发展，保障期货公司、机构投资者及普通投资人的合法权益，而构建的一系列治理制度安排，包括内部治理与外部治理两个方面和治理结构与治理机制两个层面。

期货交易所内部治理是指通过交易所章程的制定和执行，明确期货交易所内部管理人员、会员等的权利及义务，完善股东（大）会、董事会、监事会（会员制交易所为会员大会和理事会）、总经理的人员选聘制度、议事制度和决策流程，建立健全自律监督、激励约束、风险控制等机制，以保证期货交易所公开公正地履行其职责。

期货交易所外部治理主要包括外部监管、信息披露等。在外部监管方面，中国证监会依法对期货交易所实行集中统一的监督管理，中国证监会可以向期货交易所派驻督察员，督察员依照中国证监会的有关规定履行职责。

第三节　上海黄金交易所治理

一、上海黄金交易所简介

上海黄金交易所（Shanghai Gold Exchange，简称上金所）属于有形黄金市场，是经中国国务院批准，由中国人民银行组建，不以营利为目的，实行自律性管理的法人，于2002年10月30日正式运行。上海黄金交易所是我国唯一经国务院批准、专门从事黄金交易的国家级市场，可以为全球投资者提供黄金、白银、铂金等各类贵金属产品的交易、清算、交割和储运服务等。《上海黄金交易所章程》规定了会员大会、理事会、理事长和总经理等管理层和管理人员的设置规则和主要职权。

根据企查查网站（https://www.qcc.com）检索的数据，截至2022年5月25日，上海黄金交易所主要股东有157个，名录详见附录8-1-4；登记状态为存续或在业的上海黄金交易所对外投资公司共有9家，详见附录8-1-5。上海黄金交易所简介详见附录8-2-3。

二、上海黄金交易所治理相关法律法规梳理

上海黄金交易所自2002年10月30日正式运行以来，发布过多份较为重要的法律法规文件，涉及章程、管理办法、监管规定等多个方面。上海黄金交易所

治理主要法律法规文件列表详见附录 8-3-3。

在上海黄金交易所内部治理方面，《上海黄金交易所章程》规定了上海黄金交易所的组织架构。《上海黄金交易所会员管理办法（2019 年修订版）》主要针对交易所会员的资格管理、业务管理、监督管理和处罚等方面进行了规定。《中国人民银行、发展改革委、工业和信息化部、财政部、税务总局、证监会关于促进黄金市场发展的若干意见》（银发〔2010〕211 号）指出，要加大黄金市场监管力度，各相关部门应认真履行监督管理黄金市场相关职责，加大沟通协调力度，形成合力，切实维护市场主体利益，促进市场规范协调发展。

在上海黄金交易所外部治理方面，《上海黄金交易所业务监督管理规则》（银发〔2011〕93 号），对上海黄金交易所的信息披露进行了规范和规定。《中国人民银行、公安部、工商总局、银监会、证监会关于加强黄金交易所或从事黄金交易平台管理的通知》（银发〔2011〕301 号）强调，上海黄金交易所和上海期货交易所是经国务院批准或同意的开展黄金交易的交易所，两家交易所已能满足国内投资者的黄金现货或期货投资需求；任何地方、机构或个人均不得设立黄金交易所（交易中心），也不得在其他交易场所（交易中心）内设立黄金交易平台。

三、上海黄金交易所治理定义

有学者关注上海黄金交易所的监管和风险管理等。贺婵杜（2019）研究上海黄金交易所非金融类会员的监管现状，发现其存在三方面不足：监管法律资源供给不足，监管几乎处于真空状态以及上海黄金交易所管理约束力较弱。顾文硕（2021）认为，上海黄金交易所自成立以来始终致力于建设事前、事中、事后相衔接的制度体系和风险管理体系。

上海黄金交易所治理（Shanghai Gold Exchange governance）是指对上海黄金交易所这一特殊组织的治理，具体来说是指通过一套正式的或非正式的、内部的或外部的治理制度安排来规范和约束交易所的行为，协调交易所和黄金交易利益相关者的利益关系，保证黄金交易正常有序进行，其包含内部治理与外部治理两个方面和治理结构与治理机制两个层面。

上海黄金交易所内部治理主要是指在《上海黄金交易所章程》的指导下，建立健全会员大会、理事会、专门委员会等治理结构和包括内部控制、风险管理、复核制度等在内的相关治理制度安排，以保证交易所健康有序地发展。

上海黄金交易所外部治理主要包括外部监管、信息披露等。具体而言，中国人民银行依法对上海黄金交易所业务进行监督和指导。上海黄金交易所根据中国人民银行的要求，随时提供市场运行、业务系统运行、各项制度及业务规则实施情况等信息。

第四节　中国外汇交易中心治理

一、中国外汇交易中心简介

中国外汇交易中心暨全国银行间同业拆借中心（China Foreign Exchange Trade System & National Interbank Funding Center）成立于1994年4月18日，为中国人民银行直属事业单位，主要职能是：提供银行间外汇交易、人民币同业拆借、债券交易系统并组织市场交易；办理外汇交易的资金清算、交割，提供人民币同业拆借及债券交易的清算提示服务；提供外汇市场、债券市场和货币市场的信息服务；开展经中国人民银行批准的其他业务。中国外汇交易中心根据中国人民银行授权，计算并发布人民币汇率中间价、人民币外汇区域交易参考价等基准指标。中国外汇交易中心简介详见附录8-2-4。

中国外汇交易中心以电子交易和声讯经纪等多种方式，为银行间外汇市场、人民币拆借市场和债券市场，提供交易、清算、信息和监管等服务，在保证人民币汇率稳定、传导中国人民银行货币政策、服务金融机构和监管市场运行等方面发挥了重要的作用。

二、中国外汇交易中心治理相关法律法规梳理

自中国外汇交易中心成立以来，国务院、中国人民银行、国家外汇管理局等发布了诸多法律法规以进一步规范外汇市场交易行为，推动外汇市场健康发展，维护银行间外汇交易市场的正常秩序并保障交易各方的合法权益。中国外汇交易中心治理主要法律法规文件列表详见附录8-3-4。

在中国外汇交易中心内部治理方面，《中国外汇交易中心章程》(〔94〕汇业复字第43号）规定，经国家外汇管理局批准经营外汇业务的外汇指定银行、外资银行和其他金融机构向本中心提出申请经核准后，可成为本中心的会员。中心应将会员名单及有关情况报国家外汇管理局备案。国家外汇管理局有权根据有关

规定撤销会员资格。《银行间外汇市场管理暂行规定》（银发〔1996〕423 号）规定，外汇交易中心实行会员制，只有会员才能参与外汇市场的交易。

在中国外汇交易中心外部治理方面，《银行间人民币外汇市场交易规则（2019 修订）》（中汇交发〔2019〕401 号）规定，中国外汇交易中心在中国人民银行和国家外汇管理局的监管下提供交易平台，组织银行间人民币外汇市场交易和业务管理等。

三、中国外汇交易中心治理定义

已有学者开始尝试研究中国外汇交易中心治理问题。中国外汇交易中心、中国人民银行研究局联合课题组（2002）认为，可考虑将中国外汇交易中心（全国银行间同业拆借中心）由目前的中国人民银行直属事业单位改组为中国人民银行直属企业。改组后，中国外汇交易中心在重大决策上接受中国人民银行的指令，给予企业管理层以内部管理的高度自主权，在内部管理和内部分配上按企业制度进行调整和规范。在企业治理层面，则设立董事会，吸收大型市场参与者的代表作为非执行董事参加。在中国外汇交易中心仍实行目前中国人民银行直属事业单位模式的前提下，可以实行有别于国家机关的内部人事和分配制度。

中国外汇交易中心治理（China Foreign Exchange Trade System governance）是基于现有监管格局，为保证外汇交易中心职责的履行并维护交易各方的合法权益，从而推动外汇市场健康发展，所构建的一系列正式的或非正式的、内部的或外部的治理制度安排，包括内部治理与外部治理两个方面和治理结构与治理机制两个层面。

中国外汇交易中心内部治理主要为外汇交易中心内部治理结构与内部治理机制，包括会员大会、理事会、总裁和会员的构成、地位与性质、基本职权等，以保证外汇交易中心的正常运行，维护会员的合法权益。

中国外汇交易中心外部治理主要包括监管部门监管、信息披露等。中国外汇交易中心受到中国人民银行和国家外汇管理局的领导和监督，并遵守监管部门发布的一系列关于外汇市场交易管理的规定。

第五节　中国证券登记结算有限责任公司治理

一、中国证券登记结算有限责任公司简介

登记（registration）是指证券登记结算机构接受证券发行人的委托，通过设

立和维护证券持有人名册确认证券持有人持有证券事实的行为。结算（clearing）是指清算和交收。

在我国，登记结算公司包括中国证券登记结算有限责任公司、中央国债登记结算有限责任公司、银行间市场清算所股份有限公司、网联清算有限公司、跨境银行间支付清算有限责任公司、银行业信贷资产登记流转中心有限公司、中国信托登记有限责任公司、银行业理财登记托管中心有限公司、中国银联股份有限公司、持有基金支付牌照的第三方支付机构等。我国证券市场结算业务及架构情况详见附录 8-4-2。本章以证券登记结算公司为例对登记结算公司治理进行分析。需要说明的是，中国证券登记结算有限责任公司是我国唯一的证券登记结算公司，因此本章以中国证券登记结算有限责任公司为对象探讨其公司治理的问题。

根据企查查网站（https://www.qcc.com）检索的数据，截至 2022 年 5 月 25 日，登记状态为存续或在业的中国证券登记结算有限责任公司对外投资公司共有 14 家，名录详见附录 8-1-6。中国证券登记结算有限责任公司简介详见附录 8-2-5。

二、中国证券登记结算有限责任公司治理相关法律法规梳理

我国对中国证券登记结算有限责任公司的治理的法律法规文件主要有两部：《证券登记结算管理办法（2018 年修正）》（中国证监会令第 147 号）和《证券法》。中国证券登记结算有限责任公司治理主要法律法规文件列表详见附录 8-3-5。

在中国证券登记结算有限责任公司内部治理方面，《证券登记结算管理办法（2018 修正）》（中国证监会令第 147 号）规定，证券登记结算机构对其所编制的与证券登记结算业务有关的数据和资料进行专属管理，未经证券登记结算机构同意，任何组织和个人不得将其专属管理的数据和资料用于商业目的。证券登记结算机构依法动用证券结算互保金和证券结算风险基金，以及对违约结算参与人采取前条规定的处置措施的，应当在证券登记结算机构年度报告中列示。《证券法》规定，证券登记结算机构应当设立证券结算风险基金，用于垫付或者弥补因违约交收、技术故障、操作失误、不可抗力造成的证券登记结算机构的损失。

在中国证券登记结算有限责任公司外部治理方面，《证券登记结算管理办法（2018 修正）》（中国证监会令第 147 号）规定，中国证监会依法对证券登记结算机构及证券登记结算活动进行监督管理。

三、中国证券登记结算有限责任公司治理定义

关于证券登记结算公司治理，邓丽和丁文严（2009）认为，长期来看结算公司与投资者之间的证券登记和存管法律关系并不健全，投资者的委托人地位和合法权益一直未得到认可和保障。王艳（2013）提出建立中国人民银行与证券登记结算机构等组织的信息共享机制的建议。张阳和阎维博（2018）认为，在我国债券市场，市场化风险防范体系的塑造尤其强调对登记托管结算机构的培育与规范。

中国证券登记结算有限责任公司治理（China Securities Depository and Clearing Corporation governance）是指为规范证券登记结算行为，维护证券登记结算秩序，防范证券登记结算风险，建立具有开放性、拓展性特点的集中统一的证券登记结算体系，而设计的一系列正式或非正式、内部或外部的治理制度安排，包括内部治理与外部治理两个方面和治理结构与治理机制两个层面。

中国证券登记结算有限责任公司内部治理是指由股东会、董事会、监事会和经营管理层构成的内部治理结构，以及包括风险管理、内部控制等在内的相关治理制度安排。

中国证券登记结算有限责任公司外部治理是相对于内部治理而言的，主要包括外部监管、信息披露等。在外部监管方面，中国证监会依法对证券登记结算机构及证券登记结算活动进行监督管理。

本章附录[①]

金融机构名录附录

附录 8-1-1：上海证券交易所对外投资公司名录

附录 8-1-2：深圳证券交易所对外投资公司名录

附录 8-1-3：我国期货交易所名录

附录 8-1-4：上海黄金交易所主要股东名录

附录 8-1-5：上海黄金交易所对外投资公司名录

附录 8-1-6：中国证券登记结算有限责任公司对外投资公司名录

金融机构简介附录

附录 8-2-1：我国主要证券交易所简介

---

① 可通过公众号“治理大百科”阅读本章附录具体内容。

附录 8-2-2：我国主要期货交易所简介

附录 8-2-3：上海黄金交易所简介

附录 8-2-4：中国外汇交易中心简介

附录 8-2-5：中国证券登记结算有限责任公司简介

法律法规列表附录

附录 8-3-1：我国证券交易所治理主要法律法规文件列表

附录 8-3-2：我国期货交易所治理主要法律法规文件列表

附录 8-3-3：我国黄金交易所治理主要法律法规文件列表

附录 8-3-4：中国外汇交易中心治理主要法律法规文件列表

附录 8-3-5：中国证券登记结算有限责任公司治理主要法律法规文件列表

其他相关内容附录

附录 8-4-1：交易所治理研究文献目录

附录 8-4-2：我国证券市场结算业务及架构情况

第九章
类金融机构治理

类金融机构也是广义金融机构的重要组成部分，而地方金融组织是我国类金融机构的最主要组成部分。根据相关监管文件，我国有“7+4”类地方金融组织，地方金融组织为小额贷款公司、融资担保公司、区域性股权市场、典当行、融资租赁公司、商业保理公司和地方资产管理公司，以及地方交易场所、农民专业合作社、投资公司和社会众筹机构 4 类机构。本章对这 11 类地方金融组织治理的定义进行了界定与分析。此外，本章还分析了第三方财富管理公司和拍卖企业 2 类类金融机构治理的内容。

第一节　小额贷款公司治理

一、小额贷款公司简介

小额贷款公司（microfinance company）是由中央负责制定统一的监管制度和经营规则，地方负责实施具体监管和风险处置的类金融机构。

与作为正式金融机构的贷款公司相比，我国对小额贷款公司性质的界定，在不同规范性文件中采取了不同的界定方式，有些文件将小额贷款公司纳入金融机构的范围，还有一些文件没有将小额贷款公司纳入金融机构的范围。将小额贷款公司界定为金融机构的观点主要认为其业务属性和业务范畴涉及金融范畴，而没有将小额贷款界定为金融机构的观点则认为其属于民间融资机构，有别于属于金融机构的农村信用社等机构。《关于小额贷款公司试点的指导意见》（银监发

〔2008〕13号）没有明确小额贷款公司的性质。本章将小额贷款公司界定为类金融机构。

2005年，我国小额贷款公司试点起步，第一家是2005年7月1日建立的宁波市奉化区农业小额贷款担保有限公司。2008年，《关于小额贷款公司试点的指导意见》（银监发〔2008〕13号）下发，小额贷款公司明确由地方金融监管部门审批、监管。2009年6月9日，原中国银监会发布了《小额贷款公司改制设立村镇银行暂行规定》（银监发〔2009〕48号），允许符合条件的小额贷款公司改制成立村镇银行，以银行身份参与金融市场的竞争。2013年7月，国务院办公厅对外公布《关于金融支持经济结构调整和转型升级的指导意见》（国办发〔2013〕67号）提出，要进一步推动民间资本进入金融业，发挥民间资本在村镇银行中的积极作用，尝试由民间资本发起设立自担风险的民营银行、金融租赁和消费金融公司等金融机构。这对于小额贷款公司的发展、转型都释放出了积极的信号。2017年，全国小额贷款公司的贷款余额达到9799亿元。

2021年4月26日，中国人民银行发布《2021年一季度小额贷款公司统计数据报告》，截至2021年3月31日，全国共有小额贷款公司6841家，贷款余额8653亿元。《2021年一季度小额贷款公司统计数据报告》数据显示，江苏省小额贷款机构数量最多，达到564家，辽宁省、广东省、河北省、安徽省紧随其后，机构数量均超过350家，5个地区机构总数量达到2184家，占比31.9%。这2184家机构的贷款余额仅占全国总余额的28.2%，机构平均贷款规模并不算高。贷款余额最高的5个地区是重庆市、江苏省、广东省、浙江省、山东省，贷款总余额超过4150亿元，占比48%。江苏省、广东省、浙江省、山东省4个地区是GDP领跑全国且民间商业较为发达的地区。

根据企查查网站（https://www.qcc.com）检索的数据，截至2022年4月15日，我国登记状态为存续或在业的小额贷款公司共有6366家。从附录9-4-2来看，我国小额贷款企业在2008年《关于小额贷款公司试点的指导意见》（银监发〔2008〕13号）下发后快速增长，在2015年之后增速变缓，市场趋于成熟。小额贷款公司不同登记状态的数量详见图9-1，具体名录见附录9-1-1。中国人民银行2011年3月22日在其官网发布《2010年小额贷款公司数据统计报告》指出，截至2010年年底，全国共有小额贷款公司2614家，贷款余额1975亿元。中国人民银行2022

年7月27日在其官网发布《2022年二季度小额贷款公司统计数据报告》指出，截至2022年6月末，全国共有小额贷款公司6150家，贷款余额9258亿元。中国人民银行公布的2010—2022年历年全国及各地区的小额贷款公司数量与贷款余额详见附录9-4-3。

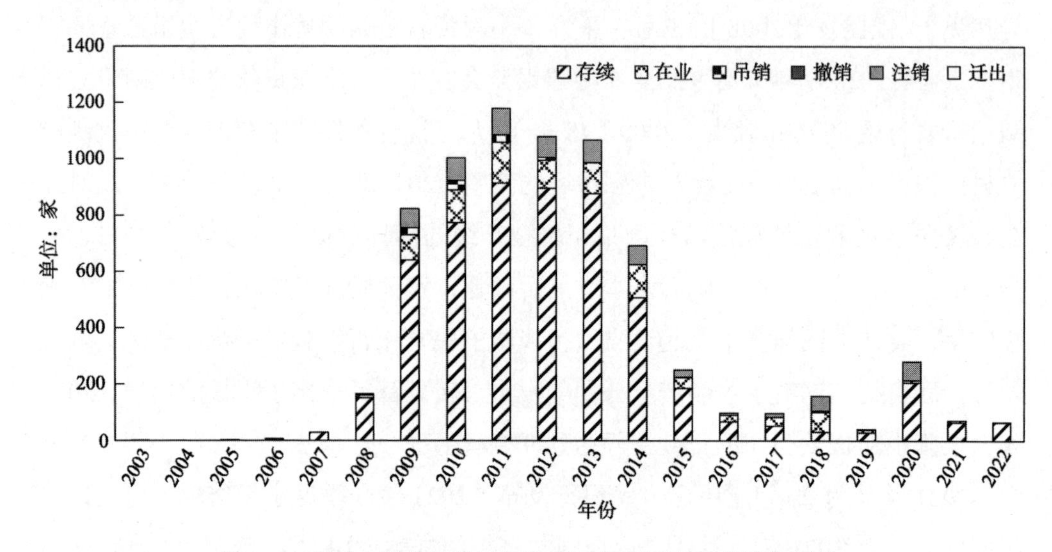

图9-1　我国小额贷款公司历年成立数量及其当前登记状态

资料来源：根据企查查网站（https://www.qcc.com）检索结果整理

二、小额贷款公司治理相关法律法规梳理

关于小额贷款公司的法律法规主要集中在2009年出台，但彼时的法律法规制定尚不完善，行业约束力仍然较弱。随着行业野蛮生长了近10年的时间，中国银保监会于2020年9月出台了新的监管政策，准金融机构的监管内容主要包括市场准入、业务运营、市场退出三个方面。2008年《关于小额贷款公司试点的指导意见》（银监发〔2008〕13号）明确要求，小额贷款公司明确由地方金融监管部门审批、监管，各监管地方都颁布了相应的小额贷款公司管理办法。我国小额贷款公司治理主要法律法规文件列表详见附录9-3-1。

在小额贷款公司内部治理方面，《天津市小额贷款公司管理暂行办法》（津政办发〔2011〕70号）要求，小额贷款公司要建立科学有效的风险管理和内部控制制度，制定较为完备的规章制度并严格执行，规范信贷管理流程，健全主要业务岗位间的监督制衡机制，加强内部审计稽核工作，防范风险。

在小额贷款公司外部治理方面，《关于加强小额贷款公司监督管理的通知》（银保监办发〔2020〕86号）明确了地方金融监管部门的监管责任，要求严把小额贷款公司准入关。《关于加强小额贷款公司监督管理的通知》（银保监办发〔2020〕86号）要求中国小额贷款公司协会等小额贷款公司行业自律组织应当积极发挥作用，加强行业自律管理，提高从业人员素质，加大行业宣传力度，维护行业合法权益，促进行业规范健康发展。

三、小额贷款公司治理定义

从整体视角研究地方金融组织治理的文献目录详见附录 9-4-1，小额贷款公司治理的研究主要集中于对其性质的界定。童芬芬（2011）认为在国家政策层面，未将小额贷款公司认定为金融机构。吴晓灵（2011）基于小额贷款公司的实际业务性质认为，小额贷款公司理应被视为金融机构。高晓燕、任丽华和赵颖（2011）认为，小额贷款公司是介于制度性与商业性之间的准金融机构。邓连生（2012）、龙华平和金敏敏（2012）指出，准金融机构与正规金融机构间存在风险传导，准金融机构易发生违法违规行为。何广文等（2012）和何子杰等（2013）指出，小额贷款公司等准金融机构监管薄弱，存在监管政策冲突、监管责任追究不到位等问题。

小额贷款公司治理（microfinance company governance）是指为了规范小额贷款公司经营行为、防范化解风险，促进小额贷款公司行业规范健康发展，从而改善农村地区金融服务，促进农业、农民和农村经济发展，所构建的来自小额贷款公司内部和外部的一套治理制度安排。小额贷款公司治理包括内部治理与外部治理两个方面和治理结构与治理机制两个层面。

小额贷款公司内部治理是指建立健全公司治理结构，明确股东、董事、监事和经理之间的权责关系，制定稳健有效的议事规则、决策程序和内审制度，加强内部控制，按照国家有关规定建立健全企业财务会计制度，真实记录和全面反映其业务活动和财务活动。

小额贷款公司外部治理包括监管部门监管、信息披露等。外部监管方面，中国银保监会会同中国人民银行等制定统一的监督管理制度和经营管理规则；省（自治区、直辖市）人民政府负责对辖内小额贷款公司进行监管和风险处置，地方金融监管部门具体落实；除设立、终止等重大事项外，省级地方金融监管部门可以委托地市级、县区级地方金融监管部门开展非现场监管、现场检查、违法违规行为查处等部分监管工作。信息披露方面，小额贷款公司应建立信息披露制度，按要求向公司股东、主管部门、向其提供融资的银行业金融机构、有关捐赠机构披露经中介机构审计的财务报表和年度业务经营情况、融资情况、重大事项等信息，必要时应向社会披露。

第二节　融资担保公司治理

一、融资担保公司简介

担保业务有融资担保和非融资担保两种。融资担保（financing guarantee）是指担保人为被担保人借款、发行债券等债务融资提供担保的行为。融资担保业务包括借款类担保业务、发行债券担保业务和其他融资担保业务。非融资担保（non-financing guarantee）是指除前述融资担保业务以外的其他担保业务，包括投标担保、工程履约担保和诉讼保全担保等。

融资担保公司（financing guarantee company），也称融资性担保公司，是指依法设立、经营融资担保业务的有限责任公司或者股份有限公司。除经营融资担保业务外，经营稳健、财务状况良好的融资担保公司还可以经营非融资担保业务以及与担保业务有关的咨询等服务业务。非融资担保公司（non-financing guarantee corporation）只能经营非融资担保业务。

融资担保公司是持牌的类金融机构，正常经营的前提是取得融资担保机构经营许可证，而且需要在工商部门注册并登记。非融资担保公司不实行准入管理，注册登记只需符合《公司法》规定，不需要地方监管部门的前置性行政审批。与融资担保公司相比，非融资担保公司缺乏监管、业务混乱，因此，本章的研究以融资担保公司为主。

我国担保业起步较晚，第一家担保公司——中国经济技术投资担保公司（最新的公司名称为中国投融资担保有限公司）成立于1993年，于1994年3月正式投入运营。这家由财政部、国家经贸委共同发起并经国务院批准创办的全国性专业担保公司，是在1992年我国确立实行社会主义市场经济、资源配置由计划向市场转型的背景下成立的，是我国将企业作为社会经济活动的主体后，国家信用逐步从一般经济活动领域退出的试验者和见证者。

对于融资担保公司，我国采用双层监管模式，日常的监管在地方层面，中央层面主要负责宏观指导。2009 年，国务院批准建立了融资性担保业务监管部际联席会议制度。融资性担保业务监管部际联席会议（简称联席会议）由国家发展和改革委员会、工业和信息化部、财政部、商务部、中国人民银行、原国家工商行政管理总局、国务院法制办公室和原中国银监会组成，原中国银监会为牵头单位（2018 年之后中国银保监会为牵头单位）。联席会议负责拟订融资担保公司监督管理制度，协调解决融资担保公司监督管理中的重大问题，督促指导地方人民政府对融资担保公司进行监督管理和风险处置。省、自治区、直辖市人民政府确定的部门负责对本地区融资担保公司的监督管理。由于没有规定省级政府的统一监管机关，实践中出现不同省份分别将地方政府金融服务（工作）办公室、当地中小企业局或财政厅相关部门确定为该省监管机构的情况。

企查查网站（https://www.qcc.com）数据检索结果显示，截至 2022 年 4 月 15 日，我国登记状态为存续或在业的融资担保公司共有 5825 家（详见附录 9-1-2），登记状态为存续或在业的非融资担保公司 5184 家（详见附录 9-1-3）。担保公司大多数由地方金融监管机构进行监管。我国融资担保公司历年成立数量及其当前登记状态如图 9-2 所示，具体情况详见附录 9-4-4。

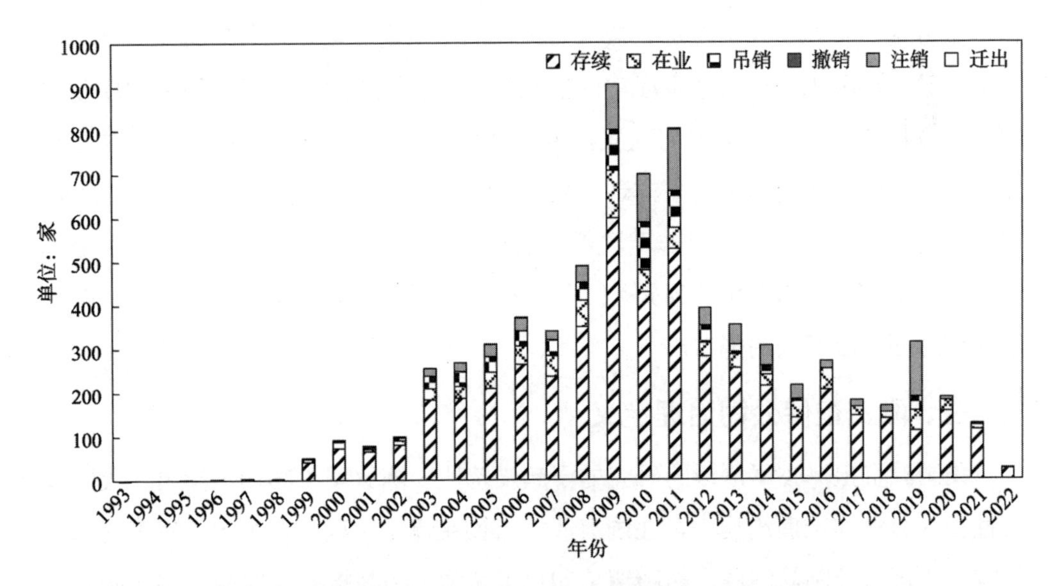

图 9-2　我国融资担保公司历年成立数量及其当前登记状态

资料来源：根据企查查网站（https://www.qcc.com）检索结果整理

二、融资担保公司治理相关法律法规梳理

自 2001 年起，我国发布过 10 余份较为重要的法律法规文件来规范融资担保公司的治理，其中主要的有《中国银监会关于印发融资性担保公司公司治理指引的通知》（银监发〔2010〕99 号）、《融资担保公司监督管理条例》（中华人民共和国国务院令第 683 号）、《中国银监会关于印发融资性担保公司信息披露指引的通知》（银监发〔2010〕100 号）。我国融资担保公司治理主要法律法规文件列表详见附录 9-3-2。

在融资担保公司内部治理方面，《中国银监会关于印发融资性担保公司公司治理指引的通知》（银监发〔2010〕99 号）规定，国有独资融资性担保公司不设股东（大）会，由国有资产监督管理机构行使股东（大）会职权；国有资产监督管理机构可以依据法律，授权公司董事会行使股东（大）会的部分职权；作为公司法定代表人的董事长不得兼任党政机关职务。《财政部关于印发中小企业融资担保机构风险管理暂行办法的通知》（财金〔2001〕77 号）规定，担保机构应自主经营，独立核算，依照规定程序对担保项目自主进行评估和作出决策；担保机构有权不接受各级行政管理机关为具体项目提供担保的指令。

在融资担保公司外部治理方面，《融资担保公司监督管理条例》（中华人民共和国国务院令第 683 号）规定，监督管理部门应当建立健全监督管理工作制度，运用大数据等现代信息技术手段实时监测风险，加强对融资担保公司的非现场监管和现场检查，并与有关部门建立监督管理协调机制和信息共享机制。《中国银保监会关于印发融资担保公司非现场监管规程的通知》（银保监发〔2020〕37 号）规定了对融资担保公司开展非现场监管的具体措施。《中国银监会关于印发融资性担保公司信息披露指引的通知》（银监发〔2010〕100 号）在信息披露的内容和管理两方面作出明确的规定。

三、融资担保公司治理定义

我国融资担保公司治理的研究处于起步阶段。陈秋明（2010）指出，我国政策性担保公司在治理结构上存在国有股权行使主体不明确、未能建立完善的治理结构、内部人控制等问题。胡鹏翔（2013）认为，华鼎担保事件的深层次问题在于政府对融资性担保公司监管不力，应该完善监管制度，强化政府对融资性担保

公司的监管。何方恩（2013）认为，融资性担保公司缺少专用征信平台和有效的信息披露机制。黄叙（2016）认为，如何降低担保代偿风险发生率，全面提升风险管理水平是担保企业需要解决的问题。

融资担保公司治理（financing guarantee company governance）是指为规范融资担保公司业务行为，增强担保公司风险防范能力，更好地解决小微企业和“三农”融资难融资贵的问题而建立的一系列正式的或非正式的、内部的或外部的治理制度安排，包括内部治理与外部治理两个方面和治理结构与治理机制两个层面。

融资担保公司内部治理是指建立以股东（大）会、董事会、监事会、高管层为主体的组织架构，并对各主体之间相互制衡的责、权、利关系作出制度安排，保障融资担保公司建立科学的决策机制、合理的激励机制和有效的约束机制。

融资担保公司外部治理是相对于内部治理而言的，主要包括外部监管、行业自律、信息披露等。外部监管方面，我国采用双层监管模式，中国银保监会牵头的融资性担保业务监管部际联席会议制定统一的监督管理制度和经营管理规则，地方人民政府负责具体监督管理。行业自律方面，中国融资担保业协会在信息披露、法律法规公示、从业人员培训、机构资信评估等方面肩负重要的职责。信息披露方面，融资担保公司应建立健全信息披露制度，完善信息披露流程，指定专人负责信息披露事务。

第三节　区域性股权市场治理

一、区域性股权市场简介

区域性股权市场（regional equity market）是近十年发展起来的新兴市场，按照《国务院办公厅关于规范发展区域性股权市场的通知》（国办发〔2017〕11号），区域性股权市场是主要服务于所在省级行政区域内中小微企业的私募股权市场，是多层次资本市场体系的重要组成部分，是地方人民政府扶持中小微企业政策措施的综合运用平台。

根据2017年公布和实施的《区域性股权市场监督管理试行办法》（中国证监会令第 132 号），区域性股权市场是为其所在省级行政区域内中小微企业证券非公开发行、转让及相关活动提供设施与服务的场所；除区域性股权市场外，地方其他各类交易场所不得组织证券发行和转让活动。

2019 年 12 月修订的《证券法》明确指出“区域性股权市场为非公开发行证券的发行、转让提供场所和设施”，从而确立了区域性股权市场的法律地位。

截至 2021 年年底，区域性股权市场共服务中小微企业 18.68 万家，服务企业累计实现各类融资 1.66 万亿元。2021 年，区域性股权市场新增中小微企业 12496 家，为 7078 家企业实现各类融资 2448 亿元（王建平和陈柏峰，2022）。

《国务院办公厅关于规范发展区域性股权市场的通知》（国办发〔2017〕11 号）明确了区域性股权市场的监管主体。区域性股权市场由所在地省级人民政府按规定实施监管，并承担相应风险处置责任。[①]中国证监会要依法依规履职尽责，加强对省级人民政府开展区域性股权市场监管工作的指导、协调和监督。省级人民政府要根据相关金融政策法规，在职责范围内制定具体实施细则和操作办法，建立健全监管机制，指定具体部门承担日常监管职责，不断提升监管能力，依法查处违法违规行为。中国证监会负责制定统一的区域性股权市场业务及监管规则，对市场规范运作情况进行监督检查，对可能出现的金融风险进行预警提示和处置督导。中国证监会要对省级人民政府的监管能力和条件进行审慎评估，加强监管培训，采取有效措施，促使地方监管能力与市场发展状况相适应。中国证监会等国务院有关部门和省级人民政府要加强监管协同，防止监管空白和监管套利，严厉打击各类违法违规行为，维护市场秩序，切实保护投资者合法权益，防范和化解金融风险，促进区域性股权市场健康稳定发展。

区域性股权市场运营机构负责组织区域性股权市场的活动，对市场参与者进行自律管理，保障市场规范稳定运行。运营机构名单由省级人民政府实施管理并予以公告，同时向中国证监会备案。《国务院办公厅关于规范发展区域性股权市场的通知》（国办发〔2017〕11 号）印发前，省、自治区、直辖市、计划单列市行政区域内已设立运营机构的，不再设立；尚未设立运营机构的，可设立 1 家；已设立 2 家及以上运营机构的，省级人民政府要积极稳妥推动整合为 1 家，中国

① 根据《区域性股权市场监督管理试行办法》（中国证监会令第 132 号），省级人民政府指定地方金融监管部门承担对区域性股权市场的日常监督管理职责，依法查处违法违规行为，组织开展风险防范、处置工作；省级人民政府根据法律、行政法规、国务院有关规定和《区域性股权市场监督管理试行办法》（中国证监会令第 132 号），制定区域性股权市场监督管理的实施细则和操作办法。

证监会要予以指导督促。《区域性股权市场监督管理试行办法》(中国证监会令第132号)也明确指出，各省、自治区、直辖市、计划单列市行政区域内设立的运营机构不得超过1家。

区域性股权市场的各项活动应遵守法律法规和中国证监会制定的业务及监管规则。在区域性股权市场发行或转让证券的，限于股票、可转换为股票的公司债券以及国务院有关部门按程序认可的其他证券，不得违规发行或转让私募债券；不得采用广告、公开劝诱等公开或变相公开方式发行证券，不得以任何形式非法集资。不得采取集中竞价、做市商等集中交易方式进行证券转让，投资者买入后卖出或卖出后买入同一证券的时间间隔不得少于5个交易日。除法律、行政法规另有规定外，单只证券持有人累计不得超过法律、行政法规规定的私募证券持有人数量上限。证券持有人名册和登记过户记录必须真实、准确、完整，不得隐匿、伪造、篡改或毁损。在区域性股权市场进行有限责任公司股权融资或转让的，不得违反《国务院办公厅关于规范发展区域性股权市场的通知》(国办发〔2017〕11号)相关规定。

区域性股权市场不得为所在省级行政区域外的企业私募证券或股权的融资、转让提供服务。对不符合上述规定的区域性股权市场，省级人民政府要按规定限期清理，妥善解决跨区域经营问题。运营机构所在地和企业所在地省级人民政府要签订协议，明确清理过程中的监管责任，防范和化解可能产生的风险。

二、区域性股权市场治理相关法律法规梳理

2017年以来，我国发布过5部较为重要的法律法规文件来规范区域性股权市场的治理，具体包括《国务院办公厅关于规范发展区域性股权市场的通知》(国办发〔2017〕11号)、《区域性股权市场监督管理试行办法》(中国证监会令第132号)、《区域性股权市场信息报送指引(试行)》(中国证监会公告〔2018〕3号)、《区域性股权市场自律管理与服务规范(试行)》(中证协发〔2018〕201号)和《关于规范发展区域性股权市场的指导意见》(清整办函〔2019〕131号)。我国区域性股权市场治理主要法律法规文件列表详见附录9-3-3。

关于区域性股权市场治理的法律法规文件主要是从外部治理视角来进行规范的，其内容核心是外部监管。《国务院办公厅关于规范发展区域性股权市场的通知》(国办发〔2017〕11号)明确区域性股权市场监管主体及其主要职责。在

上述通知发布后，中国证监会先后发布《区域性股权市场监督管理试行办法》（中国证监会令第 132 号）和《区域性股权市场信息报送指引（试行）》（中国证监会公告〔2018〕3 号）等制度文件，建立了中央地方协同监管机制和信息报送制度，明确投资者适当性标准，提出规范发展的具体要求。2018 年，中国证券业协会发布《区域性股权市场自律管理与服务规范（试行）》（中证协发〔2018〕201 号），明确了自律管理要求。我国区域性股权市场监管的“四梁八柱”基本形成，逐步进入规范发展轨道。

中国证监会清整办 2019 年 6 月 21 日发布《关于规范发展区域性股权市场的指导意见》（清整办函〔2019〕131 号）指出，《国务院办公厅关于规范发展区域性股权市场的通知》《区域性股权市场监督管理试行办法》（中国证监会公告〔2018〕3 号）印发以来，区域性股权市场逐步走上规范发展的道路，历史问题得到基本解决，基础制度不断健全，业务风险总体可控，服务支持了一大批民营企业和小微企业。同时也要看到，区域性股权市场功能发挥还不充分，仍存在一些风险隐患。为进一步促进区域性股权市场规范健康发展，提出准确把握市场发展定位、严格实施分类分层管理、做实做精股权融资业务、平稳开展交易转让业务、规范发展可转债业务、认真做好登记托管服务、积极发展合格投资者、全面落实监管责任、切实防范化解风险和营造良好发展环境共十个方面具体意见。

三、区域性股权市场治理定义

我国关于区域性股权市场研究的文献较少，而直接关于区域性股权市场治理相关的研究文献更是少之又少。国元证券和合肥工业大学联合课题组（2018）通过文献研究、数据搜集、发放调查问卷、实地走访以及与国际场外资本市场发展比较后提出，我国区域性股权市场普遍存在监管政策限制多、政策奖励缺乏针对性、交易市场准入条件高、创新产品少、融资方式单一、融资效率不高、投资者与挂牌企业需求错位、转板对接不通畅、盈利难等问题。王克勤（2020）对我国区域性股权市场发展现状、难题及对策进行了研究。王建平和陈柏峰（2022）指出，我国区域性股权市场已初具规模，市场运行机制不断完善，系统有序的市场生态初步成型，形成了以股权和私募可转债融资为抓手，以企业规范培育、登记托管、改制辅导、资本市场培训等业务为基础的综合业务体系，在多层次资本市场体系中的地位得到进一步提升，服务中小微企业、支持科技创新的包容度和覆盖面持续拓展，在拓宽中小微企业融资渠道等方面发挥了积极作用。申屹和龚波（2022）提出要优化区域性股权市场生态。

区域性股权市场治理（regional equity market governance）是指为促进区域性股权市场规范健康发展，充分发挥其定位功能，防范化解金融风险，保护投资者合法权益，而设计的一系列治理制度安排，主要通过外部治理这个维度来表现。外部监管既是区域性股权市场外部治理的主要机制，也是区域性股权市场治理的核心。

第四节　典当行治理

一、典当行简介

据2005年出台的《典当管理办法》（商务部、公安部2005年第8号令）规定，典当（pawn）是指当户将其动产、财产权利作为当物质押或者将其房地产作为当物抵押给典当行，交付一定比例费用，取得当金，并在约定期限内支付当金利息、偿还当金、赎回当物的行为。

典当行（pawnshop）是指依照《典当管理办法》（商务部、公安部2005年第8号令）设立的专门从事典当活动的企业法人，其组织形式与组织机构适用《公司法》的有关规定。典当行属于类金融机构或准金融机构。

根据《典当行管理办法》（商务部、公安部2005年第8号令）规定，典当行可以经营以下业务：动产质押典当；财产权利质押典当；房地产（外省、自治区、直辖市的房地产或者未取得商品房预售许可证的在建工程除外）抵押典当；限额内绝当物品的拍卖；鉴定评估及咨询服务；依法批准的其他典当业务。典当行不得经营的业务有：非绝当物品的销售以及旧物收购、寄售；动产抵押业务；集资、吸收存款或者变相吸收存款；发放信用贷款；未经批准的其他业务。典当行不得有以下行为：从商业银行以外的单位和个人借款；与其他典当行拆借或者变相拆借资金；超过规定限额从商业银行贷款；对外投资。此外，典当行收当国家统收、专营、专卖物品，须经有关部门批准。据此可以看出，典当行具有金融中介、商业销售、资产置换和商品保管等属性。作为行业内首家通过ISO国际质量管理体系认证的上海东方典当有限公司简介详见附录 9-2-1。

据商务部披露数据显示，如表 9-1，我国典当行业 2015—2018 年企业数量呈逐年增长态势，2019 年企业数量下滑至 8397 家。

表 9-1　我国典当行业总体情况

典当行业情况	2014 年	2015 年	2016 年	2017 年	2018 年	2019 年
企业数量（家）	7574	8050	8280	8483	8657	8397
典当总额（亿元）	3692	3671	3176	2900	2863	2860
典当余额（亿元）	1013	1025	957	964	986	923

资料来源：2019 年中国典当行业现状与发展对策分析[EB/OL]. 华经情报网（https://m.huaon.com/detail/680056.html），2021-01-12.

据企查查网站（https://www.qcc.com）数据，截至 2022 年 4 月 15 日，整理的典当行各年设立数量和目前登记状态情况详见附录 9-4-5，不同登记状态数量如图 9-3 所示。我国登记状态为存续或在业的典当行共有 8675 家，名录详见附录 9-1-4。各地方金融监督管理局披露了当地的典当行数量及具体名单，如北京市地方金融监督管理局于 2021 年 2 月 25 日披露的数据显示，北京市典当行的数量为 362 家、注册资本为 119.03 亿元。上海市地方金融监督管理局 2021 年 9 月发布的年度审计情况显示，上海市典当行数量为 230 家。

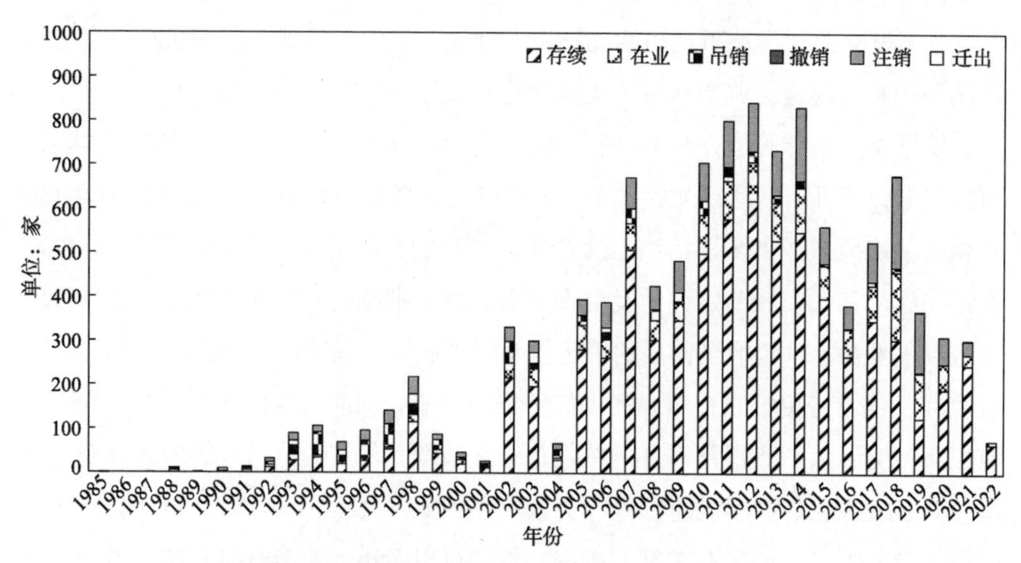

图 9-3　我国典当行历年成立数量及其当前登记状态

资料来源：根据企查查网站（https://www.qcc.com）检索结果整理

二、典当行治理相关法律法规梳理

典当作为传统融资模式之一，由中国人民银行负责监管。中国人民银行于1996年4月颁布《典当行管理暂行办法》（银发〔1996〕119号），明确了中国人民银行与公安部联合对典当业进行监管，典当行业得到了初步规范。截至2022年4月，典当行业治理相关法律法规已有10余部，涵盖内部治理、外部治理等多个方面。我国典当行治理主要法律法规文件列表详见附录9-3-4。

在典当行内部治理方面，《典当行管理暂行办法》（银发〔1996〕119号）规定，典当行招收股本金的对象限于其所在地的中小企业和个人。典当行向企业招收的股本金总额不得低于典当行全部实收货币股本金的75%，一家企业入股金额最高不得超过典当行全部实收货币股本金的10%。个人入股总额不得高于典当行全部实收货币股本金的25%，单个人入股金额最高不得超过典当行全部实收货币股本金的5%。《典当管理办法》（商务部、公安部2005年第8号令）规定申请设立典当行，应当具备下列条件：有两个以上法人股东，且法人股相对控股。

在典当行外部治理方面，《典当行业监管规定》（商流通发〔2012〕423号）规定，典当作为特殊工商行业，各级商务主管部门要从促进经济社会发展和维护社会经济秩序大局出发，准确把握典当行业在社会经济发展中的定位，增强服务意识，不断完善监管体系，依法从严行使监管职责，切实做好典当行业监管工作。《商务部办公厅关于融资租赁公司、商业保理公司和典当行管理职责调整有关事宜的通知》（商办流通函〔2018〕165号）规定，商务部已将典当行业务经营和监管规则职责划给中国银保监会。《中国银保监会办公厅关于加强典当行监督管理的通知》（银保监办发〔2020〕38号）提出，相关部门要简政放权，优化典当行业营商环境，减轻企业负担，各地方金融监管部门每年选取1/3的典当行进行年审，3年内实现年审全覆盖，减轻典当行年审负担。

三、典当行治理定义

典当行治理问题受到学者的广泛关注。廉如左（2007）梳理了相关部门对典当行及其分支机构设立、变更、终止等行为的有关要求。郭娅丽（2015）指出，典当行经营规模、地域、组织形式、风险可控性程度不同，并主张采取差别化监管思路。周黎明（2016）认为，我国对典当业的政府规制主要体现在市场准入、融资限制、利率限制及绝当品处置限制四个方面。石坚利（2016）从内部环境、风险评估、控制活动、信息与沟通、内部监督五个方面对当前典当行内部控制体系存在的问题及原因进行分析。王凡林和张瑜（2017）指出，小微典当企业需引入职业经理人，逐步向现代企业转变，建立企业内控持续优化的保障机制。罗兴平和陈新宇（2021）从法律规制的角度分析了典当行治理中存在的问题。

典当行治理（pawnshop governance）是为了切实保证典当行规范经营，防范行业风险，促进典当业健康有序发展而设计的来自典当行内部和外部的一系列治理制度安排，包括内部治理与外部治理两个方面和治理结构与治理机制两个层面。

典当行内部治理主要包括内部治理结构与治理机制。具体而言，典当企业根据《公司法》和《典当管理办法》相关规定（商务部、公安部 2005 年第 8 号令），建立良好的治理结构、内部控制和风险管理机制，增加典当制度和业务规则的透明度，强化内部制衡和监督，诚信经营，防止恶性竞争。

典当行外部治理主要包括监管部门监管、社会监督、信息披露等。监管部门监管方面，中国银保监会负责制定典当行业务经营和监管规则职责，各省级人民政府负责对辖内典当行实施监管，地方金融监管部门具体落实，省级地方金融监管部门可委托地市级、县区级地方金融监管部门负责非现场监管、现场检查、年审等部分监管工作；同时，建立专职监管员制度，专职监管员的人数、能力要与被监管对象数量相匹配。社会监督方面，建立健全社会监督机制，畅通投诉举报渠道，纳入商务执法热线，引导新闻媒体正确宣传典当企业的功能和作用，加大对典当企业经营行为的约束、监督力度。

典当行治理的特殊性在于典当行监管机构经历了多次变迁。典当行的监管机构经历了从中国人民银行到原国家经济贸易委员会，再到商务主管部门负责监督管理、公安机关负责治安管理，最后到中国银保监会的变迁过程，相应的法律法规却没能及时得到修正和完善，各方制定的文件并行存在。对典当行治理规定比较完善的有《典当管理办法》（商务部、公安部 2005 年第 8 号令），但该文件只是部门规章，法律位阶较低，约束性不够强，真正出现问题争端时依据薄弱，不能很好地维护双方当事人的合法权益。

第五节　融资租赁公司治理

一、融资租赁公司简介

融资租赁（financing leasing）是指出租人根据承租人对租赁对象的特定要求和对供货人的选择，出资向供货人购买租赁对象，并租给承租人使用，承租人则分期向出租人支付租金，在租赁期内租赁对象的所有权属于出租人所有，承租人拥有租赁对象的使用权。租期届满，租金支付完毕并且承租人根据融资租赁合同的规定履行完全部义务后，对租赁物的归属没有约定的或者约定不明的，可以协议补充；不能达成补充协议的，按照合同有关条款或者交易习惯确定，仍然不能确定的，租赁对象所有权归出租人所有。

融资租赁是与银行贷款、直接融资、信托、保险并列的五大金融方式之一，在拉动社会投资、加速技术进步、促进消费增长以及完善金融市场、优化融资结构、降低金融风险等方面具有自己的特点和优势，在国际上已发展成为仅次于资本市场、银行贷款的第三大融资方式。

融资租赁公司（financing leasing company）主要分为金融租赁公司、中外合资融资租赁公司（即外资融资租赁公司）和内资试点融资租赁公司（即内资融资租赁公司）三类。在 2018 年 4 月 20 日之前，金融租赁公司由原中国银监会监管，外资融资租赁公司和内资融资租赁公司由商务部监管，在此之后，由 2018 年 3 月新设的中国银保监会管理全部的融资租赁公司。2021 年 12 月 31 日，中国人民银行正式发布了《地方金融监督管理条例（草案征求意见稿）》，该条例按照“中央统一规则、地方实施监管，谁审批、谁监管、谁担责”的原则，将地方各类金融业态纳入统一监管框架，强化地方金融风险防范化解和处置。原先游离于金融监管之外的包括融资租赁公司在内的“7+4”类金融组织正在被全面纳入金融监管。我国融资租赁行业的监管状态可以概括为“一个开放市场，两套监管体系，三类企业准入”。

1981 年 4 月 8 日，原中国国际信托投资公司（现中国中信集团有限公司）与日本东方租赁公司合资成立中国第一家中外合资租赁公司——中国东方租赁有限公司。我国第一家现代意义的租赁公司宣布诞生，拉开了中国融资租赁行业跌宕起伏发展历程的序幕。2011 年 4 月 8 日，中国中信集团有限公司正式清算并注销了中国东方租赁有限公司。1981 年 7 月 4 日，中国第一家内资融资租赁公司——中国租赁有限公司正式成立，公司是由原中国国际信托投资公司和原国家物资总局合资成立的纯内资、国营融资租赁公司。

通过从企查查网站（https://www.qcc.com）检索我国机构名称中含有“融资租赁”的机构名录，并剔除分公司、营业部以及非企业组织等，得到我国融资租赁公司相关信息。我国融资租赁公司历年设立数量和目前登记状态情况详见附录 9-4-6，历年成立数量及其当前登记状态如图 9-4 所示。如表 9-2 所示，截至 2022 年 4 月 15 日，我国共有融资租赁公司 18216 家。其中，中外合资融资租赁公司（即外资融资租赁公司）11894 家，处于在业或存续登记状态的为 8790 家；内资融资租赁公司 6322 家，处于在业或存续登记状态的为 4159 家。融资租赁公司成立的高峰期在 2014—2019 年。我国内资和外资融资租赁公司名录详见附录 9-1-5 和附录 9-1-6。本章以天津渤海租赁有限公司为例，介绍其基本情况，详见附录 9-2-2。

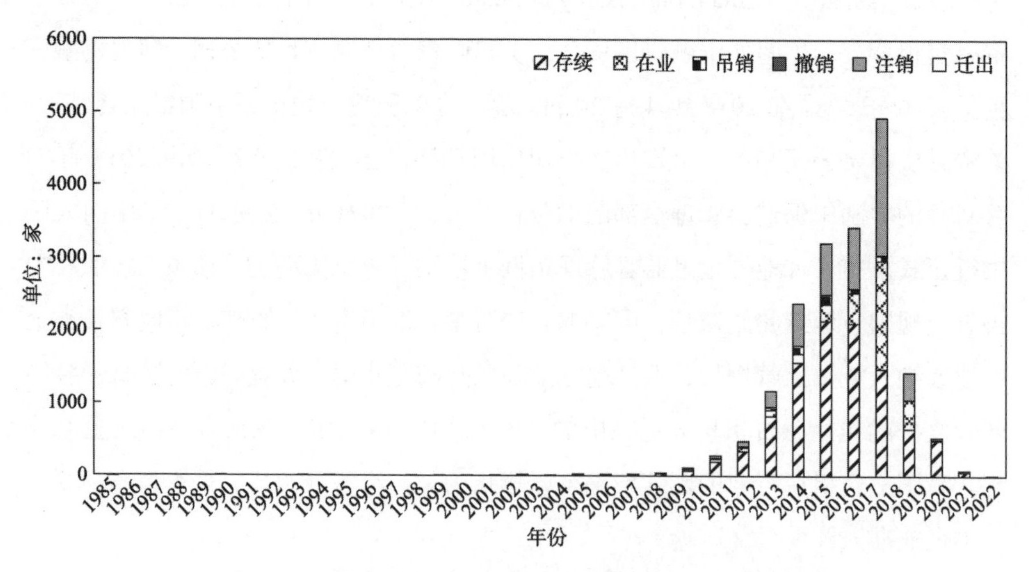

图 9-4　我国融资租赁公司历年成立数量及其当前登记状态

资料来源：根据企查查网站（https://www.qcc.com）检索结果整理

表 9-2　我国内外资融资租赁公司登记状态统计

公司类型	数量（家）	登记状态（家）					
		存续	在业	吊销	撤销	注销	迁出
内资融资租赁公司	6322	2933	1226	153	11	1991	8
外资融资租赁公司	11894	7108	1682	334	8	2748	14
合计	18216	10041	2908	487	19	4739	22

以下所称融资租赁公司均是指从事融资租赁业务的非金融租赁公司。金融租赁公司治理内容详见本手册第四章相关内容。

二、融资租赁公司治理相关法律法规梳理

从效力级别看，融资租赁公司治理相关法律法规多为地方规范性文件和地方工作文件，全国性法规较少。现行有效的中央法规为《融资租赁公司监督管理暂行办法》(银保监发〔2020〕22 号)。按照规范的具体内容不同，相关法律法规可以分为内部治理类和外部治理类两个维度。我国融资租赁公司治理主要法律法规文件列表详见附录 9-3-5。

在融资租赁公司内部治理方面,《融资租赁公司监督管理暂行办法》(银保监发〔2020〕22 号)规定，融资租赁公司应当建立关联交易管理制度，其关联交易应当遵循商业原则，独立交易、定价公允，以不优于非关联方同类交易的条件进行。

在融资租赁公司外部治理方面,《融资租赁公司监督管理暂行办法》(银保监发〔2020〕22 号)明确了监督指标，规定了中国银保监会、地方人民政府和地方金融监管部门的监管权力和责任。《关于加强我市融资租赁公司监督管理工作的指导意见》(津金监规范〔2019〕2 号)规定，融资租赁公司应当按规定使用全国融资租赁企业管理信息系统，及时填报有关数据，并对所报报表、资料的真实性、准确性和完整性负责。《上海市地方金融监督管理条例》(上海市人民代表大会常务委员会公告 34 号)明确了地方金融组织的行为底线，严禁资金端的吸收或者变相吸收存款的行为与资产端的非法受托投资、自营或受托发放贷款的行为，督促地方金融组织严守风险底线。

三、融资租赁公司治理定义

已有学者针对融资租赁公司治理问题展开研究。周凯、史燕平和李虹含

（2016）认为，应实现内外融资租赁公司的统一监管、加强事中事后监管、建立健全退出机制。李迎松（2020）指出，要将内部控制视为融资租赁公司整体经营活动的核心环节，始终保持整体性、关联性和动态性。刘金凯等（2020）指出，中国银保监会下发《融资租赁公司监督管理暂行办法》（银保监发〔2020〕22号）等文件，旨在补短板、严监管、防风险、促规范。北京市等地也相继出台了地方性融资租赁公司监管条例。

融资租赁公司治理（financing leasing company governance）是指为了规范融资租赁公司的行为，防范和化解融资租赁风险，充分发挥融资租赁公司提高资源配置效率、增强产业竞争的作用而设计的一系列来自于公司内部和外部的治理制度安排，包括内部治理与外部治理两个方面和治理结构与治理机制两个层面。

融资租赁公司内部治理是指内部治理结构与机制。融资租赁公司要建立完善以股东或股东（大）会、董事会（执行董事）、监事（会）、高管层等为主体的组织架构，明确职责分工，保证相互之间独立运行、有效制衡，形成科学高效的决策、激励和约束机制；按照全面、审慎、有效、独立原则，建立健全内部控制制度，保障公司安全稳健运行；根据组织架构、业务规模和复杂程度，建立全面风险管理体系，识别、控制和化解风险；建立关联交易管理制度，其关联交易应当遵循商业原则，独立交易、定价公允，以不优于非关联方同类交易的条件进行。

融资租赁公司外部治理主要包括外部监管、信息披露、媒体监督等。在外部监管方面，中国银保监会负责制定融资租赁公司的业务经营和监督管理规则；省级人民政府负责制定促进本地区融资租赁行业发展的政策措施，对融资租赁公司实施监督管理，处置融资租赁公司风险；省级地方金融监管部门具体负责对本地区融资租赁公司的监督管理。

第六节　商业保理公司治理

一、商业保理公司简介

商业保理（commercial factoring）业务是供应商将其基于真实交易的应收账款转让给商业保理公司，由商业保理公司向其提供保理融资、销售分户（分类）账管理、应收账款催收和非商业性坏账担保等服务（中国银保监会办公厅，2019）。

商业保理公司应主要经营商业保理业务，同时还可经营客户资信调查与评估、与商业保理相关的咨询服务（中国银保监会办公厅，2019）。

商业保理公司（commercial factoring company）是根据《公司法》、2020年发布的《中华人民共和国民法典》（中华人民共和国主席令第45号）和有关外商投资的法律、行政法规，在中国境内投资设立的专门从事保理业务的非银行法人。

2004年4月2日，我国第一家商业保理公司——天津瀛寰东润国际保理有限公司在天津经开区成立。该公司2005年经国家外汇管理局特批成为全国唯一非银行独立保理商试点单位并特别下发了《关于天津瀛寰东润国际保理有限公司办理保付代理业务有关问题的批复》（汇复〔2005〕341号），我国的商业保理发展之路由此开启。2012年以前，我国的保理行业一直以银行为主导，因此可以说2012年以前的我国保理发展史基本就是银行保理发展史。2012年6月27日，商务部发布《关于商业保理试点有关工作的通知》（商资函〔2012〕419号），上海浦东新区和天津滨海新区成为首批商业保理公司发展试点城市。此后，商业保理试点逐渐铺开，商业保理公司如雨后春笋般涌现，改变了银行保理一枝独秀的面貌。关于天津商业保理行业发展情况的介绍详见附录9-4-7。

在我国，商业保理公司属于类金融机构。我国商业保理公司的监管机构为各地的金融监督管理部门。2021年12月31日，中国人民银行发布的《地方金融监督管理条例（草案征求意见稿）》中，对地方金融监督管理部门作了说明："本条例所称地方金融监督管理部门，是指县级及以上地方人民政府设立的地方金融监督管理局（金融工作办公室）或承担相应监督管理职责的政府有关部门。"

中国服务贸易协会商业保理专业委员会于2021年8月发布的《中国商业保理行业发展报告2020》显示，我国商业保理进入规范发展新阶段。随着各地清理规范工作的深入推进和名单制的实施，多地公布了商业保理公司监管名单。2020年新注册商业保理企业数量再创新低，全国商业保理法人企业及分公司存量大幅下降，合规经营成为业内共识。根据中国服务贸易协会商业保理委员会统计，截至2020年12月31日，全国存续的商业保理法人企业及分公司共计8568家，而2019年年底的数据为10724家，2020年年底存续的企业数量较2019年年底减少了20.1%，是自2012年成立商业保理行业试点以来降幅最大的一年，并且仍有大约三四千家商业保理公司属于"待清理"状态。

截至 2022 年 4 月 15 日，企查查网站（https://www.qcc.com）检索的数据显示，登记状态为存续或在业的商业保理公司数量为 7573 家，具体名录详见附录 9-1-7。我国商业保理公司历年设立数量和目前登记状态情况详见附录 9-4-8。我国商业保理公司历年成立数量及其 2022 年登记状态详见图 9-5。商业保理公司中的代表国新商业保理有限公司简介详见附录 9-4-9。

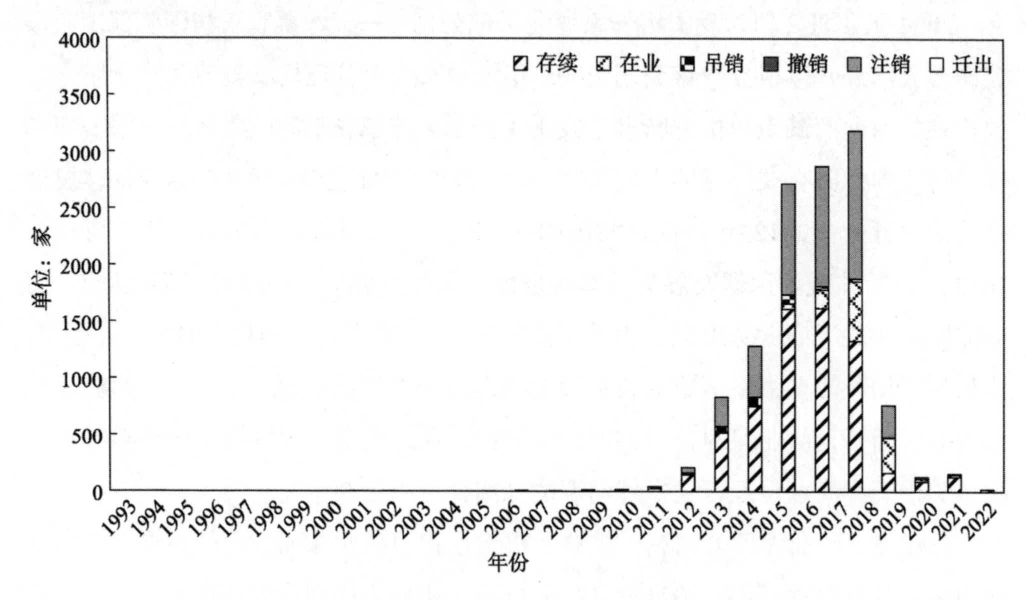

图 9-5　我国商业保理公司历年成立数量及其当前登记状态

资料来源：根据企查查网站（https://www.qcc.com）检索结果整理

随着商业保理行业的不断发展，监管部门也在不断加强对商业保理行业的监管。自 2012 年商业保理公司试点工作以来，商业保理公司的监管机构经历了由商务部到中国银保监会，再到后来的各地方金融监督管理部门的变更。各地方金融监督管理部门会根据各地的实际情况制定相应的规范，以商业保理公司的实缴注册资本为例，各地的注册门槛规定各有不同。

二、商业保理公司治理相关法律法规梳理

关于商业保理公司治理的法律法规主要针对其内部治理和外部治理两个方面进行了细致的规定。经过对法律法规的梳理发现，更多的法规集中在外部治理机制角度，对内部治理机制方面的规定则相对较少。我国商业保理公司治理主要法律法规文件列表详见附录 9-3-6。各地商业保理法规文件及其对实缴资本的要

求详见附录 9-4-10。

在商业保理公司内部治理方面,《中国银保监会办公厅关于加强商业保理企业监督管理的通知》(银保监办发〔2019〕205 号)规定,商业保理公司开展业务,应遵守法律法规,回归本源,专注主业,诚实守信,合规经营,不断提升服务实体经济质效。

在商业保理公司外部治理方面,《商务部关于商业保理试点有关工作的通知》(商资函〔2012〕419 号)规定,商业保理公司的投资者应具备开展保理业务相应的资产规模和资金实力,不得以借贷资金和他人委托资金投资,有健全的公司治理结构和完善的风险内控制度,近期没有违规处罚记录。《商务部关于商业保理试点有关工作的通知》(商资函〔2012〕419 号)还规定,开展商业保理原则上应设立独立的公司,不混业经营,不得从事吸收存款、发放贷款等金融活动,禁止专门从事或受托开展催收业务,禁止从事讨债业务。《商务部关于商业保理试点实施方案的复函》(商资函〔2012〕919 号)规定,商业保理公司开展业务时风险资产不得超过公司净资产的 10 倍;商业保理公司应在中国人民银行征信中心的应收账款质押登记公示系统办理应收账款转让登记,将应收账款权属状态予以公示;商业保理公司的设立及变更审批原则上由天津市、上海市商务委按现行审批权限负责。《商务部办公厅关于融资租赁公司、商业保理公司和典当行管理职责调整有关事宜的通知》(商办流通函〔2018〕165 号)规定,商务部将制定融资租赁公司、商业保理公司、典当行业务经营和监管规则的职责划给中国银保监会。《中国银保监会办公厅关于加强商业保理企业监督管理的通知》(银保监办发〔2019〕205 号)成为监管职责划转后主管部门出台的首份针对商业保理业务的监管文件。该文件规定,地方商业保理行业协会要积极发挥作用,加大对商业保理行业的宣传和普及力度,提升社会认知度;引导企业诚实守信、公平竞争、依法合规经营;通过培训、交流等方式,不断提高从业人员合规意识、内控和风险管理水平,促进行业健康发展。2020 年 8 月 26 日,中国银保监会普惠金融部印发《商业保理公司名单制管理工作方案》(银保监普惠金融函〔2020〕273 号),要求各地金融监管部门制定监管名单,对商业保理企业进行名单制管理。

三、商业保理公司治理定义

已有学者开始研究商业保理公司治理问题。尹小贝(2013)提出,监管机构要对商业保理公司建立完善的定期评价与退出机制，实行优存劣汰的动态管理机制。陶凌云（2014）认为，筹建第三方评价机制有利于建立商业保理公司的评估和退出制度，并提出应进一步加强行业管理，探索建立国内商业保理通则，通过成立行业协会，加强行业自律。肖小军（2017）搭建了商业保理公司从董事会、管理层到全体员工全员参与的风险管理构架。薛贵（2020）从风险管理战略、风险管理组织、风险管理制度等方面构建了商业保理公司风险管理体系。

商业保理公司治理（commercial factoring company governance）是指为了规范商业保理公司经营行为，防范化解风险，促进商业保理行业健康发展而建立的治理制度安排体系，包括内部治理与外部治理两个方面和治理结构与治理机制两个层面。

商业保理公司内部治理是指治理结构和包括内部控制制度、风险管理体系等在内的相关治理制度安排。其治理重点在于风险的控制，具体而言，商业保理公司各业务部门负责在业务前端的日常运营管理和风险管理，风险管理部门负责监控具体风险事项，内部审计委员会负责对各类业务风险识别和内部控制建设进程进行评价，使公司合规经营，从而有效防范商业保理公司可能遇到的市场风险、信用风险和操作风险。

商业保理公司外部治理主要包括外部监管、信息披露等。外部监管方面，中国银保监会负责制定商业保理企业业务经营和监管规则，各省（区、市）人民政府负责对辖内商业保理企业实施监督管理，各金融监管局具体负责统一归口监管。除新设审批和行政处罚外，各金融监管局可授权省级以下地方金融监管部门负责其他监管工作。建立专职监管员制度，专职监管员的人数、能力要与被监管对象数量相匹配。商业保理企业住所地金融监管局要牵头负责跨区域经营商业保理企业的监管，加强与分支机构所在地金融监管局的协调配合，定期共享跨区域经营的商业保理企业分支机构名单和经营信息，避免重复监管和监管真空。

商业保理公司治理的特殊性在于，商业保理公司提供以应收账款转让为前提的融资及应收账款管理等服务。应收账款转让是商业保理的核心，因此商业保理公司要针对应收账款的管理建立一套完善的风险管理机制，有效防范在经营中可能遇到的市场风险、信用风险和操作风险。同时，由于商业保理公司的主要业务中包含保理融资服务，一些商业保理公司可能会以保理融资的名义开展不合规的融资业务，因此保证商业保理公司的业务合规性是商业保理公司治理的一项重要内容。此外，商业保理公司治理的特殊性还在于其外部监管的特殊性，商业保理公司的监管机构2012年起为商务部，2018年更换为中国银保监会，2019年开始逐步转为各地金融监督管理部门。各地的金融监督管理部门可以根据各地的实际情况制定商业保理经营管理规范，这就意味着我国的商业保理公司的外部监管更加严格，并且将责任压实到地方，因地制宜加强监管，各地的商业保理行业的相关规定会各有差异。

第七节　地方资产管理公司治理

一、地方资产管理公司简介

资产管理公司根据业务类型的不同，可以分为金融资产管理公司与非金融资产管理公司；根据业务地域范围的不同，可以分为全国金融资产管理公司与地方资产管理公司。

2012年1月18日，财政部、原中国银监会印发《金融企业不良资产批量转让管理办法》（财金〔2012〕6号），明确金融企业批量转让不良资产必须转让给四大金融资产管理公司和省级资产管理公司。该办法规定，各省级人民政府原则上只可设立或授权一家资产管理或经营公司。《中国银监会关于地方资产管理公司开展金融企业不良资产批量收购处置业务资质认可条件等有关问题的通知》（银监发〔2013〕45号）对《金融企业不良资产批量转让管理办法》（财金〔2012〕6号）进行了补充，允许各省设立或授权一家地方资产管理公司，参与本省范围内金融企业不良资产收购和处置业务，并鼓励民间资本投资入股地方资产管理公司。这是法律法规上首次规范地方资产管理公司，拉开了我国地方资产管理公司成立的序幕。根据《中国银监会关于地方资产管理公司开展金融企业不良资产批量收购处置业务资质认可条件等有关问题的通知》（银监发〔2013〕45号）有关要求，各省（区、市）人民政府设立或授权的地方资产管理公司，必须经中国银保监会向金融企业公布名单后，方可开展金融企业不良资产的批量收购和处置业务。2014年7月，原中国银监会发文《关于公布江苏、浙江、安徽、广东、上海等五省市地方资产管理公司名单的通知》（银监办便函〔2014〕534号），正式公布了全国首批地方资产管理公司名单，包括江苏资产管理有限公司[①]、浙江省浙商资产管理有限公司、安徽国厚金融资产管理有限公司、广东粤财资产管理有限公司和上海国有资产经营有限公司，这五家公司获得地方资产管理公司资质。各批次资产管理公司获批情况详见附录 9-4-11。

根据中国银保监会官网（http://www.cbirc.gov.cn）[②]和其他公开资料数据，截至 2022 年 4 月 15 日，我国登记状态为存续或在业的全国性金融资产管理公司共有 5 家，登记状态为存续或在业的地方性金融资产管理公司有 59 家。

我国先后有 2 家地方资产管理公司被取消资质，分别是吉林省金融资产管理有限公司和辽宁省国有资产经营有限公司。吉林省金融资产管理有限公司作为吉林省原有的唯一一家持牌资产管理公司却出现两大股东对簿公堂的“奇闻”。该公司在 2015 年 9 月获得批准，中国银保监会在 2021 年 2 月取消了其金融不良资产批量收购处置业务资质，最终于 2020 年 3 月被最高人民法院判决解散。辽宁省国有资产经营有限公司是较早获批金融不良资产批量收购处置业务资质的地方资产管理公司之一，与北京国通资产管理有限责任公司等一起在 2014 年第二批获批，2021 年 7 月 20 日被辽宁省金融监管局取消批量收购处置金融企业不良资产业务资质。本节主要研究 59 家地方性金融资产管理公司。我国地方资产管理公司名录详见附录 9-1-8。我国主要地方资产管理公司简介详见附录 9-2-3。

地方资产管理公司（local asset management company）是相较于全国性五大资产管理公司而言的（包括 1999 年 4 月 19 日成立的中国信达资产管理股份有限公司、1999 年 10 月 27 日成立的中国东方资产管理股份有限公司、1999 年 11 月 1 日成立的中国华融资产管理股份有限公司、1999 年 11 月 2 日成立的中国长城资产管理股份有限公司和 2005 年 9 月 30 日成立的中国银河资产管理有限责任公司），不仅指其股东属性多为地方政府（如地方国资委、财政厅、财政局、地方发展改革委等），还代指其作业区域和业务范围被限定在地方。

① 该公司是经江苏省人民政府批准、中国银监会核准的全国范围内第一家省级资产管理公司，成立于 2013 年 5 月 16 日。

② 中国银保监会普惠金融部于 2022 年 3 月 24 日在中国银保监会官网公布了 59 家地方资产管理公司名单。

根据地域分类，我国地方资产管理公司分布于我国其中的31个省级行政区[①]。其中，辽宁省、福建省、广东省、山东省和浙江省5个省级行政区各拥有3家地方资产管理公司，安徽省、北京市、甘肃省、广西壮族自治区、海南省、河南省、黑龙江省、湖北省、湖南省、江苏省、江西省、内蒙古自治区、宁夏回族自治区、山西省、上海市、四川省、天津市和重庆市18个省级行政区各拥有2家地方资产管理公司，贵州省、河北省、吉林省、青海省、陕西省、西藏自治区、新疆维吾尔自治区、云南省8个省级行政区各拥有1家地方资产管理公司。

二、地方资产管理公司治理定义

地方资产管理公司在我国经济与金融发展中作用显著：一方面地方资产管理公司可以解决中小企业的资金难题，有力盘活社会不良资产，实现其应有价值，防止资产价值急剧涨跌；另一方面地方资产管理公司熟悉当地地方特色与经济发展状况，在处置不良资产时具有地方政府背景，具备较多便利条件及沟通优势，可以有效降低资源协调成本，提高资产处置效率，促进当地经济协调发展，成为维护我国金融稳定的重要力量。

地方资产管理公司治理（local financial asset management company governance）是指为了约束地方资产管理公司行为，促进地方资产管理公司健康有序发展，所构建的一套来自于公司内部和外部的以明确股东（大）会、董事会、监事会、高管层相关职责分工、权限分配、履职要求等的治理制度安排。地方资产管理公司治理同样包括内部治理与外部治理。相较于一般公司，其外部治理机制中的外部监管是其治理特殊性的重要体现。根据相关规定，中国银保监会负责制定地方资产管理公司的监管规则，各省（区、市）人民政府履行地方资产管理公司监管责任，各地方金融监管部门具体负责对本地区地方资产管理公司的日常监管，包括地方资产管理公司的设立、变更、终止、风险防范和处置等工作，并督促地方资产管理公司严格遵守相关法律法规和监管规则。

① 中国包括23个省、5个自治区、4个直辖市和2个特别行政区，总计34个省级行政区。考虑治理环境的差异性，本手册研究样本不包括香港与澳门特别行政区以及台湾省的金融机构，本手册所关注的金融机构主要是分布于内地的31个省级行政区。

根据《中国银保监会办公厅关于加强地方资产管理公司监督管理工作的通知》(银保监办发〔2019〕153号),如果地方资产管理公司违法经营或有危及公司稳健运行、可能引发金融风险行为的,各省(区、市)人民政府地方金融监管部门可采取责令限期改正、追究相关责任人责任等监管措施。如果地方资产管理公司严重违法经营的,各省(区、市)人民政府地方金融监管部门可撤销该公司参与本地区金融企业不良资产批量收购处置业务的资质,但应书面征求中国银保监会意见,达成一致意见的,省(区、市)人民政府地方金融监管部门可作出撤销决定,并在10个工作日内抄报中国银保监会,由中国银保监会予以公布。如果地方资产管理公司解散或被依法宣告破产的,应依法进行清算并注销,清算过程接受省(区、市)人民政府地方金融监管部门监督,清算结束后,清算机构应出具清算报告,编制清算期间收支报表,连同注册会计师验证报告,一并报送省(区、市)人民政府地方金融监管部门,向公司登记机关申请办理注销登记,并抄报中国银保监会,由中国银保监会予以公布。

第八节 四类地方金融组织治理

一、地方交易场所治理

(一)我国主要地方交易场所简介

根据国务院《关于清理整顿各类交易场所切实防范金融风险的决定》(国发〔2011〕38号),地方各类交易场所是指各地区为推进权益(如股权、产权等)和商品市场发展,批准设立的从事产权交易、文化艺术品交易和大宗商品中远期交易等各种类型的交易场所。交易场所是为所有市场参与者提供平等、透明交易机会,进行有序交易的平台,具有较强的社会性和公开性,需要依法规范管理,确保安全运行。

地方交易场所(local trading place)特指地方政府批准设立与监管的非标、非公众、区域性的要素交易场所。我国地方交易场所分为权益类、商品类和金融资产类三大类。交易场所作为第三方平台,具有良好的公信力,为交易双方提供登记托管、交易、交割和结算等服务。

徐小磊（2019）指出，我国首家地方交易场所是 1988 年 5 月 11 日设立的武汉市企业兼并市场事务所，这是国内第一家产权交易市场，是地方交易场所的起源。20 世纪 90 年代初期，全国范围内涌现了一批涉及国有产权交易的地方交易场所。2000 年之后，地方交易场所迎来转折。2003 年，为了解决国有资产流转的实际问题，确保国有资产的保值增值，杜绝国有资产流失，国务院国资委成立。于是，有了“国资委”成立的爆点，从 2008 年开始到 2012 年，全国性的地方交易场所快速扩张，沿着权益市场、产品市场、金融市场的路径迅速扩展。2008 年 8 月 5 日北京环境交易所揭牌，2009 年 8 月 13 日中国技术交易所揭牌，2009 年 11 月 23 日中国林权交易所揭牌，2010 年 5 月 30 日北京金融交易所揭牌，这是真正意义上国内第一家金融资产交易所。伴随着全国性的地方交易场所快速扩张，也暴露出了巨大的行业发展问题。专业知识缺乏，长期监管缺位，加上腐败和寻租，最终必然导致地方资产交易场所问题频出，比如涉嫌非法集资、非法设“对赌局”交易、“集合竞价”炒作交易和违规发行债券等。鉴于国内地方交易场所存在的管理乱象，为了整治地方交易场所设立和交易活动中的违法违规问题，政府陆续出台了一系列相关政策文件，以建立健全地方交易场所监管体系。

针对上述提到的地方交易场所各种违法违规乱象，国务院十分重视，出台了许多文件，要求各级政府做好清理整顿各类交易场所和规范市场秩序的各项工作。2011 年 11 月 11 日，国务院出台了《国务院关于清理整顿各类交易场所切实防范金融风险的决定》（国发〔2011〕38 号，也被称为“38 号文”），明确了大家比较关注的政策问题，对清理整顿工作具有重要的指导意义。2012 年 7 月 12 日，国务院办公厅发布了《关于清理整顿各类交易场所的实施意见》（国办发〔2012〕37 号，也被称为“37 号文”）。作为清理整顿配套文件，“37 号文”着眼于实践工作需要，准确界定清理整顿范围，突出重点，增强清理整顿各类交易场所工作的针对性、有效性。可以说，“38 号文”“37 号文”是最重要的两个文件，因为这两个文件明确了地方交易场所的清理整顿范围，确定了监管责任和监管红线，是其他地方交易场所相关文件的制定依据。

2012 年 1 月 10 日，《国务院关于同意建立清理整顿各类交易场所部际联席会议制度的批复》（国函〔2012〕3 号）发布，为贯彻落实“38 号文”，同意建立清理整顿各类交易场所部际联席会议制度。

2019 年 1 月 29 日，清整联办下发《关于三年攻坚战期间地方交易场所清理整顿有关问题的通知》（清整办两〔2019〕35 号，也被称为“35 号文”）。

清理整顿各类交易场所部际联席会议第三次会议提出，当时摸底的地方交易场所为 1131 家，与上一轮清理整顿后保留的交易场所相比，交易场所总量增加 311 家。[①]其中非法交易场所超过 300 家，约占交易场所总数量的 27%，其数量较多的地方分别是大连市（39 家）、河北省（29 家）、宁夏回族自治区（16 家）、北京市（14 家）和江苏省（13 家）。从类别来看，开展邮币卡、贵金属、原油交易的交易场所违规比例较高。邮币卡高达 85%（45 家违规），贵金属高达 85%（76 家违规），原油为 59%（35 家违规），其中同时开展贵金属和原油交易的高达 87%。

2021 年 7 月 18 日召开的清理整顿各类交易场所部际联席会议第四次会议提出，大宗商品类交易场所数量占据全国交易场所总量一半，其中停业的“僵尸”交易场所有 230 多家（即此前的违规业务停止后，没有新的品种和盈利模式而处于观望等待状态的交易场所）。

截至 2018 年 8 月，根据工商信息和各交易所或中心官网数据信息，全国共有 67 家地方金融资产交易所（简称金交所）和地方金融资产交易中心（简称金交中心），包含 11 家金交所、48 家一般金交中心以及 8 家互联网金交中心。根据企查查网站（https://www.qcc.com）检索的数据，截至 2022 年 3 月 31 日，我国登记状态为存续或在业的地方金融资产交易所或中心共有 46 家，名录详见附录 9-1-9。按照监管部门的要求，我国一个省级行政区只能保留一家金交所或中心，因此未来金交所或中心最终能被保留的只有 31 家。

自 2017 年区域股权市场真正被规范以来，中国证监会开始对股权交易中心实施名单备案制。截至 2022 年 5 月 25 日，全国共有 35 家股权交易中心通过了中国证监会的备案，名录详见附录 9-1-10。

按照地方交易场所的设立是否获得地方政府的批准，可将我国地方交易场所划分为名单内地方交易场所和名单外地方交易场所。徐小磊（2019）通过多方面检索和统计发现，截至 2019 年 3 月 31 日，全国共有 426 家名单内地方交易场所

---

① 作者尝试各种途径检索我国地方交易场所详细名录，但没有获取到相关信息，所以本部分的分析内容主要是利用二手数据来呈现我国地方交易场所的发展状况。

（对应402家经营主体[①]）和621家名单外地方交易场所（对应463家经营主体[②]），其中名单内地方交易场所的分布如表9-3所示，名单外地方交易场所的分布如表9-4所示。

综上分析可以预测，31家金交所或中心、35家股权交易中心和已经通过验

表9-3　我国名单内地方交易场所的分布

交易场所	序号	交易种类	数量（家）
大宗商品交易所	1	金属产品	267
	2	贵金属	245
	3	能源产品	182
	4	其他大宗产品	156
	5	农产品	151
	6	原油	76
	7	邮币卡	21
	8	二元期权（交易所）	6
	9	海洋产品	4
权益类交易所	1	产权	87
	2	金融资产权益	74
	3	股权	65
	4	文化艺术品权益	64
	5	知识产权	49
	6	其他权益类	43
	7	矿权	26
	8	排污权	12
	9	林权	11
	10	碳排放权	9
	11	二元期权	9
其他类交易所	1	聚合交易通道	4
	2	二元期权	2

资料来源：徐小磊. 我国地方交易场所的发展与治理[M]. 北京：中国金融出版社，2019.

① 402家经营主体位于我国的31个省、自治区和直辖市，其中广东省、北京市、江苏省、上海市、山东省、浙江省、陕西省、湖北省、辽宁省、福建省的经营主体数量相对较多，分别有44家、31家、30家、29家、24家、21家、16家、16家、15家和15家。

② 463家经营主体中有410家在内地，其中广东省、上海市、北京市、山东省、浙江省、江苏省、河南省、福建省、四川省、辽宁省的经营主体数量相对较多，分别有64家、55家、35家、32家、31家、20家、17家、17家、13家和12家；其余53家中有16家位于香港特别行政区，37家未能发现其所在地。

表 9-4　我国名单外地方交易场所的分布

交易场所	序号	交易种类	数量（家）
大宗商品交易所	1	其他大宗产品	107
	2	农产品	89
	3	能源产品	63
	4	金属产品	59
	5	贵金属	31
	6	原油	19
	7	邮币卡	15
	8	海洋产品	4
权益类交易所	1	金融资产权益	156
	2	股权	130
	3	产权	115
	4	知识产权	75
	5	其他权益类	71
	6	文化艺术品权益	60
	7	林权	23
	8	矿权	16
	9	排污权	12
	10	碳排放权	12

资料来源：徐小磊. 我国地方交易场所的发展与治理[M]. 北京：中国金融出版社，2019.

收的约 200 家大宗商品交易所将成为未来全国地方交易场所的主要组成部分。

（二）地方交易场所相关法律法规梳理

关于地方交易场所的法律法规主要集中在 2010 年以后出台，随着行业野蛮生长了近 10 年的时间，中国银保监会于 2020 年 9 月出台了新的监管政策《关于进一步做好金融资产类交易场所清理整顿和风险处置工作的通知》（清整联办〔2020〕14 号），监管内容主要包括市场准入、业务运营、市场退出三个方面。地方政府也出台了很多相关的法律法规，因地制宜开展地方交易场所的治理。我国地方交易场所治理主要法律法规文件列表详见附录 9-3-7。

《关于清理整顿各类交易场所切实防范金融风险的决定》（国发〔2011〕38 号）、《关于做好清理整顿各类交易场所相关工作的通知》（保监发改〔2012〕253 号）等文件规范了市场环境，缓解了市场环境的野蛮生长。《关于规范发展区域性股权市场的通知》（国办发〔2017〕11 号）、《区域性股权市场监督管理试行办法》（中国证监会令第 132 号）、《关于加强贵金属交易场所反洗钱和反恐怖融资工作的通知》（银发〔2017〕218 号）等文件对业务运营方面进行了规范，并明确了监管职责。此外，甘肃省、河南省、陕西省等地出台了监督管理的相关法律法规。

（三）地方交易场所治理定义

地方交易场所治理（local trading place governance）是指为规范地方交易场所的运行，有效发挥地方交易场所促进要素和商品有序流转和公平交易的作用，所构建的一套来自于交易场所内部和外部的治理制度安排。地方交易场所治理包括内部治理与外部治理两个方面和治理结构与治理机制两个层面，本章以山东省为例分别进行说明。

地方交易场所内部治理包括地方交易场所治理结构和内部治理机制。山东省地方金融监督管理局对交易场所的“三会一层”建设作出相关规定，也对董事、监事和高级管理人员的学历、专业能力和信用记录做了比较详细的要求。《山东省交易场所监督管理办法》（鲁金监发〔2021〕3 号）规定：交易场所采用公司制组织形式的，应按照《公司法》要求制定公司章程，建立健全“三会一层”，完善法人治理结构，界定股东（大）会、董事会、监事会和经理层的职责分工，健全内控机制，保障治理机制规范有效运行。交易场所开展权益类交易或者介于现货与期货之间的大宗商品交易业务的，其董事、监事、高级管理人员应当具备履行职责所需的专业能力和良好诚信记录。交易场所董事、监事、高级管理人员，应当具备履行职责所需的专业知识、从业经验和必要的经营管理能力，且近 3 年内没有犯罪记录和不良信用记录。交易场所半数以上的董事和监事应当具有大专以上学历，从事金融或交易场所工作 3 年以上；半数以上的高级管理人员应当具有大学以上学历，从事金融或交易场所工作 3 年以上。

在地方交易场所外部治理中，外部监管和信息披露是其重要治理机制。根据《地方金融监督管理条例（草案征求意见稿）》规定，地方各类交易场所由省级人民政府批准设立，并由省级人民政府或其授权的部门负责日常监管。山东省地方金融监督管理局也对交易场所的外部治理提出了比较具体的要求。《山东省交易场所监督管理办法》（鲁金监发〔2021〕3 号）规定：监管部门应建立健全现场检查和非现场检查制度，定期、不定期地对交易场所的业务活动、财务状况、经营情况及风险状况等进行监督检查。该办法还制定了交易场所信息报送制度，规定交易场所应该在每月、每季度、每半年、每年度报送信息数据、工作报告、财务审计报告和合规经营报告等信息。股东（大）会、董事会、监事会等会议召开后 30 日内，报送会议重要决议。此外，该办法还规定实施主监管员制度，市级地方金融监管部门应当建立主监管员制度，明确交易场所主监管员负责交易场所合规经营、风险防范的一线监管工作，主监管员有关信息报省级地方金融监管部门。

地方交易场所具有较强的社会性和公开性，因此要强化监管，严守依法合规底线，坚持服务实体经济是各类交易场所经营的目的。对各类交易场所违法违规活动予以清理整顿不仅是维护市场秩序、保护投资者合法权益的必然要求，也是整治金融乱象、防控金融风险的一项重要工作。

（四）概念深入：股权交易中心治理

1. 股权交易中心简介

股权交易中心（equity trading center）是区域性股权交易市场的运营机构，负责组织区域性股权交易市场的活动，对市场参与者进行自律管理，属于类金融机构，是地方交易场所中权益类交易场所的重要组成部分。根据 2017 年 1 月 20 日国务院办公厅印发的《关于规范发展区域性股权市场的通知》（国办发〔2017〕11 号）规定，各省、自治区、直辖市、计划单列市行政区域内设立的运营机构不得超过 1 家。根据中国证监会官网（http://www.csrc.gov.cn）和其他公开资料数据，截至 2022 年 5 月 25 日，中国证监会批准通过并监管的股权交易中心共计 35 家。另外有 3 家已成立但未经备案的股权交易中心，分别为成都股权托管中心、西藏股权托管中心以及西安企业资本服务中心。本章以上海股权托管交易中心为例，对上海股权托管交易中心进行介绍，详见附录 9-2-4。35 家股权交易中心中有 5 家隶属于计划单列市（分别为大连市、宁波市、厦门市、深圳市和青岛市），这意味着辽宁省、浙江省、福建省、广东省和山东省分别拥有 2 家股权交易中心。省一级的行政区中，仅西藏自治区一个地方在区域性股权交易市场方面尚为空白。根据公开信息，西藏自治区有名为“西藏股权托管中心有限公司”的企业成立于 2014 年 6 月，为成都托管中心有限公司的全资子公司，其与母公司均未通过审批。2020 年 11 月 30 日，云南省正式成立云南省股权交易中心有限公司，2022 年 1 月入选中国证监会发布的全国 35 家区域性股权市场运营机构备案公示名单。

中国证监会官网（http://www.csrc.gov.cn）披露数据以及 Wind 数据库数据显示，截至 2022 年 5 月 25 日，35 家股权交易中心共有挂牌[①]企业 109382 家，具体各股权交易中心挂牌企业数量情况详见附录 9-4-12。从具体交易中心来看，上海股权托管交易中心共挂牌 10653 家企业、江苏股权交易中心共挂牌 10044 家企业以及浙江股权交易中心共挂牌 9487 家企业，这三个交易中心挂牌企业数量位列前三。广东省有广东股权交易中心和深圳前海股权交易中心两个交易中心，浙江省有浙江省股权交易中心和宁波股权交易中心两个交易中心。从挂牌企业所在地区来看，我国广东省（15762 家）、浙江省（11418 家）、江苏省（10044 家）的企业数量排名前三。我国股权交易中心挂牌企业名录详见附录 9-1-11。

2. 股权交易中心治理相关法律法规梳理

关于股权交易中心的法律法规主要针对其内部治理和外部治理两个方面进行了细致的规定。经过对法律法规的梳理发现，法律法规对股权交易中心的风险防范关注较多，表现为对股权交易中心内部治理的制度及外部监管出台的文件数量多、规定细致，而对内部治理结构的相关规定较少。我国股权交易中心治理主要法律法规文件列表详见附录 9-3-8。

在股权交易中心内部治理方面，《关于清理整顿各类交易场所切实防范金融风险的决定》（国办发〔2011〕38 号）对属于地方管辖的从事产权交易、文化艺术品交易和大宗商品中远期交易等各种类型的交易场所进行清理整顿，明确新四板的“7 不得”行为。《区域性股权市场自律管理与服务规范（试行）》（中证协发〔2018〕201 号）指出，股权交易中心应当建立健全业务操作制度、内部控制制度、风险管理制度和合规管理制度，以及建立并落实对上述制度有效性评估机制和内部责任追究机制。

在股权交易中心外部治理方面，《国务院办公厅关于规范发展区域性股权市场的通知》（国办发〔2017〕11 号）第三点对其准入、退出作出了规定。《国务院办公厅关于规范发展区域性股权市场的通知》（国办发〔2017〕11 号）及《区域

① 需要说明的是，挂牌不是上市，二者在场所、公司资质、监管和功能方面存在明显的区别。具体来说，挂牌发生在场外市场，而上市发生在场内市场；挂牌对于公司的资质要求相对较低，而上市则要求较高；挂牌后公司受到的监管相对较少，而公司上市后则受到严格监管；挂牌一般不能实现直接融资，而上市可以实现直接融资。

性股权市场监督管理试行办法》（中国证监会令第 132 号）概括介绍了股权交易中心的监管体系，我国股权交易中心采取的是双层监管模式，以地方管理、地方监督的模式为主，同时以中国证监会在宏观上制定政策制度、业务规范、实施指导为主。《区域性股权市场信息报送指引（试行）》（中国证监会公告〔2018〕3号）中对股权交易中心的信息报送工作及披露工作做了系统详尽规定，以促进区域性股权交易市场稳定健康发展。

3. 股权交易中心治理定义

专门研究股权交易中心治理的文献总体较少。李宏伟（2020）指出，在地方政府主导区域性股权交易市场发展的大背景下，股权交易中心自身的治理往往受到政府较多的干预，同时依赖控股股东的资源和优势，所以很多股权交易中心由地方政府赋予其某种行政级别或是参照国有企事业单位模式进行管理，从而造成政策上的垄断、管理上的效率低下。

股权交易中心治理（equity trading center governance）是指为了规范区域性股权交易中心行为，保护投资者合法权益，防范区域性股权交易市场风险，促进区域性股权交易市场健康发展而建立的一系列正式或非正式、内部或外部的治理制度安排，包括内部治理与外部治理两个方面和治理结构与治理机制两个层面。

股权交易中心内部治理主要是指股权交易中心的治理结构与治理机制。具体而言，股权交易中心建立健全业务操作制度、内部控制制度、风险管理制度和合规管理制度，建立并落实对上述制度有效性的评估机制和内部责任追究机制。证券公司可以参股、控股区域性股权市场运营机构。证券公司入股区域性股权市场运营机构，应当采取必要措施与区域性股权市场运营机构保持业务独立，不得利用股东身份牟取不正当利益。

股权交易中心外部治理是相对内部治理而言的，主要包括外部监管、行业自律、信息披露、投资者投诉等。外部监管方面，国务院办公厅、中国证监会、中国证券业协会等部门出台了一系列关于区域性股权市场及股权交易中心监督管理的规定，对股权交易中心行为起到约束作用。省级人民政府对区域性股权市场运营机构实施监督管理，向社会公告运营机构名单，并报中国证监会备案。行业自律方面，依法设立的区域性股权市场运营机构可以加入中国证券业协会成为特别会员，接受自律管理和服务。中国证券业协会将区域性股权市场运营机构从业人员的诚信信息纳入自律管理。信息披露方面，区域性股权市场运营机构向所在地省级人民政府金融监管部门和中国证监会派出机构报送区域性股权市场有关信息和资料；建立信息披露网络平台，供信息披露义务人按照规定披露信息。投资者投诉方面，区域性股权市场运营机构畅通投诉渠道，妥善处理投资者投诉，保护投资者合法权益。

股权交易市场治理存在特殊性：其一，股权交易中心的外部监管采用双层监管模式，以地方管理、地方监督模式为主，中国证监会在宏观上制定政策制度、业务规范、实施指导；其二，多数地方政府既是股权交易中心的大股东，又是股权交易中心的外部监管机构。

二、农民专业合作社治理

（一）农民专业合作社简介

据 2017 年修订的《农民专业合作社法》（中华人民共和国主席令第 83 号），农民专业合作社（specialized farmers' cooperative），简称农民合作社，是指在农村家庭承包经营基础上，农产品的生产经营者或者农业生产经营服务的提供者、利用者，自愿联合、民主管理的互助性经济组织。农业专业合作社包括生产、供销、信用和消费合作社等，农民专业合作社以其成员为主要服务对象，提供农业生产资料的购买，农产品的销售、加工、运输、贮藏以及与农业生产经营有关的技术、信息直至网上交易等服务，是农民经济合作组织[①]的重要组成，属于类金融机构。

中华人民共和国成立后，中国共产党七届二中全会提出要大力发展合作社经济的指导方针。1950 年 7 月 5 日至 27 日在北京召开了全国合作社工作者代表会议，经代表大会讨论通过了《中华全国合作社联合总社章程（草案）》，选举产生了全国合作社临时领导机构——中华全国合作社联合总社，统一管理全国的供销、消费、手工业合作社。会议期间，还起草了《中华人民共和国合作社法（草案）》。1978 年改革开放后，随着家庭承包经营制度的全面推行，众多分散的小农户成为农业生产经营的基本单位，千家万户的小生产与千变万化的大市场之间的

① 农民经济合作组织除了农民专业合作社之外，还有农民专业协会、乡镇集体经济组织、农村股份合作制企业、供销合作社、信用合作社等。

矛盾日益突出。为应对市场经济大潮的冲击，我国农业经营体制不断创新，农民合作经济组织大量涌现。《农民专业合作社法》（中华人民共和国主席令第57号）于2006年10月31日正式颁布，2007年7月1日正式实施。此前没有一部法律法规对农民合作经济组织的身份进行明确规定。此后，我国的农民合作社第一次以合法的身份正式登上历史舞台，标志着我国农民合作社进入了依法发展的新阶段。2008年，党的十七届三中全会通过的《中共中央关于推进农村改革发展若干重大问题的决定》（中发〔2008〕16号）提出，要按照服务农民、进退自由、权利平等、管理民主的要求，扶持农民专业合作社加快发展，使之成为引领农民参与国内外市场竞争的现代农业经营组织。

根据2017年修订的《农村资金互助社管理暂行规定》（中华人民共和国主席令第57号）规定，农民专业合作社以其成员为主要服务对象，开展以下一种或者多种业务：（1）农业生产资料的购买、使用；（2）农产品的生产、销售、加工、运输、贮藏及其他相关服务；（3）农村民间工艺及制品、休闲农业和乡村旅游资源的开发经营等；（4）与农业生产经营有关的技术、信息、设施建设运营等服务。

根据智研数据库（http://www.abaogao.com）数据，从总体数量上来看，2001年全国有2073家，至2006年年底有1.14万家合作社，然后经历了一段时间的快速增长，2018年达到214.7万家，之后增速放缓，2020年底为221.8万家，15年增长了近200倍。各年成立主体数、退出主体数和在营主体数详见附录9-4-13。

根据企查查网站（https://www.qcc.com）检索的数据，截至2022年4月15日，我国登记状态为存续、在业或正常的主要农民专业合作社共有451489家，名录详见附录9-1-12。根据《国家农民合作社示范社评定及监测办法》有关规定，农业农村部会同全国农民合作社发展部际联席会议成员单位开展了国家农民合作社示范社评定，并于2021年5月公布了名单，我国共有农民专业合作社示范社1760家，名录详见附录9-1-13。

从阶段趋势来看，全国合作社的数量增长呈现先快速上升然后逐步趋缓的态势。2007—2013年，农民专业合作社处于野蛮生长期，2007年、2008年合作社登记数量超1万家，2009—2012年合作社登记数量超10万家，2013年合作社登记数量超30万家。2013年，原国家工商行政管理总局、农业部颁布《农业部关于进一步做好农民专业合作社登记与相关管理工作的意见》（农经发〔2014〕7

号），农民专业合作社成立数量进入调整阶段。该意见表示：各级登记机关应加强对农民专业合作社申办者的宣传引导，按照法律法规对农民专业合作社所有成员予以备案。2017 年新注册登记农民专业合作社数量进入下降通道，2019 年新增注册农民专业合作社数量相较最高峰 2013 年下降了 45.86%。我国农民专业合作社注销数量在 2019 年、2020 年连续两年超过 10 万家。

从空间分布情况来看，农民专业合作社省际差异较大。截至 2020 年年底，在营农民专业合作社数量最多的省份是山东省，数量在 2020 年超过了 23 万家，占全国比重超过 10.52%。除此之外，进入“十万俱乐部”的省份有：河南省（193226 家）、河北省（113452 家）、湖南省（113027 家）、安徽省（109132 家）、四川省（104554 家）、湖北省（103983 家）。天津市（11447 家）、上海市（10460 家）、北京市（7529 家）三个直辖市的农民专业合作社数量最低，三者合计占全国比重仅为 1.33%。

（二）农民专业合作社治理相关法律法规梳理

我国农民专业合作社治理相关法律法规文件涵盖内部和外部治理两部分，其中较为重要的有 10 余部。我国农民专业合作社治理主要法律法规文件列表详见附录 9-3-9。

在农民专业合作社内部治理方面，《农民专业合作社法》明确了农民专业合作社的定义、服务对象、遵循的原则、设立与登记、成员权利与义务、组织结构设置、财务管理方法、合并、分立、解散和清算、扶持政策和法律责任。《关于开展农民专业合作社示范社建设行动的意见》（农经发〔2009〕10 号）通过开展农民专业合作社示范社建设，树立一批可学可比的典型，发挥示范引路作用，引导农民专业合作社完善运行机制，增强内部活力和发展后劲，是推动农民专业合作社规范化、高水平发展的有效措施。

在农民专业合作社外部治理方面，《关于做好农民专业合作社金融服务工作的意见》（银监发〔2009〕13 号）指出，要把农民专业合作社全部纳入农村信用评定范围，各农村合作金融机构要按照“先评级——后授信——再用信”的程序，把农民专业合作社全部纳入信用评定范围。同时要加强对农民专业合作社金融服务的风险控制，要抓紧建立健全科学的激励约束机制，加强对农民专业合作社贷款风险的全程跟踪与管理，严格按照规定做好贷款“三查”工作。《农民专业合作社法》规定，县级以上人民政府应当建立农民专业合作社工作的综合协调机制，统筹指导、协调、推动农民专业合作社的建设和发展。县级以上人民政府农业主管部门、其他有关部门和组织应当依据各自职责，对农民专业合作社的建设和发展给予指导、扶持和服务。

（三）农民专业合作社治理定义

近年来学者开始关注农民专业合作社治理的优化并提出改进建议。黄胜忠、林坚和徐旭初（2008）认为，在成员异质性较高的条件下，合作社的治理问题会更加突出。苑鹏（2008）建议加大宣传相关法律制度力度，加强和完善政府督管，以及针对大型龙头企业加入合作社要严加审核。颜华和冯婷（2015）认为，保障普通农户的利益实现，重点在于构建契约、服务、返利与分红四位一体的利益联结机制等。张莉琼等（2017）认为，监督与内部决策机制的建立是农民专业合作社治理的内在基础。郭铖、胡联和何安华（2019）指出，要完善农民专业合作社的内部治理需要建立合理的激励与利益分配机制。任士杰（2019）发现，监督机制和经营运作机制的不完善和民主决策机制的不合理是当前农机专业合作社内部治理和发展中存在的薄弱环节。

农民专业合作社治理（specialized farmers' cooperative governance）是为了规范农民专业合作社的组织和行为，鼓励、支持、引导农民专业合作社的发展，保护农民专业合作社及其成员的合法权益，而构建的一套有关成员大会[①]、成员代表大会[②]、理事会、监事会、经理人员等利益相关者之间权利分配与制衡的治理制度安排，是农民合作经济组织治理的重要内容。这些安排决定了合作社由谁来实施控制、如何控制、风险和收益如何分配等有关合作社生存和发展的一系列重大问题。农民专业合作社治理包括内部治理与外部治理两个方面和治理结构与治理机制两个层面。

① 农民专业合作社成员大会由全体成员组成，是农民专业合作社的权力机构；农民专业合作社成员大会每年至少召开 1 次，会议的召集由章程规定；农民专业合作社召开成员大会，出席人数应当达到成员总数 2/3 以上。

② 农民专业合作社成员超过 150 人的，可以按照章程规定设立成员代表大会；成员代表大会按照章程规定可以行使成员大会的部分或者全部职权；依法设立成员代表大会的，成员代表人数一般为成员总人数的 10%，最低人数为 51 人。

农民专业合作社内部治理是指治理结构和内部治理机制。具体而言，理事长、理事、经理和财务会计人员不得兼任监事，理事长、理事、经理不得兼任业务性质相同的其他农民专业合作社的理事长、理事、监事、经理，执行与农民专业合作社业务有关公务的人员不得担任农民专业合作社的理事长、理事、监事、经理或者财务会计人员。

农民专业合作社外部治理包括外部监管、信用评定、信息披露等。具体而言，根据《地方金融监督管理条例（草案征求意见稿）》有关规定，开展信用互助的农民专业合作社和其他实质开展农村信用互助业务的各类组织纳入地方金融监督管理部门统一监管；各农村合作金融机构按照“先评级——后授信——再用信”的程序，把农民专业合作社全部纳入信用评定范围；农民专业合作社于每年 1 月 1 日至 6 月 30 日，通过企业信用信息公示系统向工商行政管理部门报送上一年度年度报告，并向社会公示。

农民专业合作社治理的特殊性主要体现在其需要解决的委托代理问题上：一是解决经营者和社员之间的委托代理问题，既要赋予经营者充分的经营自主权，又要防止经营者滥用手中的权力，从而保证社员利益最大化；二是在社员异质的条件下，协调社员之间的关系，保护普通社员的利益不被核心社员侵犯。

三、投资公司治理

（一）我国主要投资公司

广义的投资公司（investment company）是指汇集众多资金并依据投资目标进行合理组合的一种企业组织，既包括信托公司、财务公司、证券公司、基金管理公司、商业银行、资产管理公司、保险公司等金融机构，也包括非金融行业的公司。本章主要是指非金融行业的从事投资业务的公司。按照投资公司法人形态不同，可以将其划分为有限制投资公司和股份制投资公司两大类。有限制投资公司包括中国投资责任有限公司、深圳市前海建设投资控股集团有限公司、青岛纷享投资管理（集团）有限公司等。股份制投资公司包括中央企业乡村产业投资基金股份有限公司、国信证券股份有限公司、上海民营投资集团股份有限公司等。

根据企查查网站（https://www.qcc.com）的检索数据，截至 2022 年 4 月 15 日，我国登记在案的投资公司 563632 家，存续或在业的投资公司共有 563623 家，包括股份有限公司4612家、有限责任公司559011家，名录详见附录9-1-14。本章以中央汇金投资责任有限公司为例进行了介绍，详见附录9-2-5。

目前，全国有多个省、自治区和直辖市出台了关于地方金融的地方性法规，《山东省地方金融条例》（山东省人民代表大会常务委员会公告第129号）、《河北省地方金融监督管理条例》（河北省第十二届人民代表大会常务委员会公告第127号）、《四川省地方金融监督管理条例》（四川省第十三届人民代表大会常务委员会公告第30号）、《天津市地方金融监督管理条例》（天津市人民代表大会常务委员会公告第25号）、《上海市地方金融监督管理条例》（上海市人民代表大会常务委员会公告第34号）、《浙江省地方金融条例》（浙江省第十三届人民代表大会常务委员会公告第26号）等均未将投资公司划为类金融机构范围，即投资公司不属于类金融机构。但也有文件提及加强对投资公司的监管。例如《天津市地方金融监督管理条例》指出，市地方金融监督管理部门应当加强对本市投资公司、开展信用互助的农民专业合作社、社会众筹机构、民间借贷、新型农村合作金融组织等的引导和规范，统筹加强对权益类交易场所的监管。《广西壮族自治区地方金融监督管理条例》指出，地方金融监督管理部门应当加强对投资公司、开展信用互助的农民专业合作社、社会众筹机构等的引导和规范，统筹加强对权益类交易场所的监督管理。《湖北省地方金融条例》指出，区域性投资公司、开展信用互助的农民专业合作社、社会众筹机构、地方各类交易场所参照适用本条例。《陕西省地方金融条例》指出，地方各类交易场所、开展信用互助的农民专业合作社、投资公司、社会众筹机构四类机构的监督管理、风险防范、处置和处罚，参照本条例有关规定执行。

2021年12月31日，中国人民银行正式发布了《地方金融监督管理条例（草案征求意见稿）》。该条例按照“中央统一规则、地方实施监管，谁审批、谁监管、谁担责”的原则，将地方各类金融业态纳入统一监管框架，强化地方金融风险防范化解和处置。根据中央部署，地方金融监督管理局的监管范围是“7+4”，明确适用7类地方金融组织，分别为小贷公司、融资担保公司、区域性股权市场、典当行、融资租赁公司、商业保理公司和地方资产管理公司。同时《地方金融监督管理条例（草案征求意见稿）》还明确，地方各类交易场所、开展信用互助的农民专业合作社、投资公司和社会众筹机构4类地方金融组织的风险防范、处置和处罚也要参考该条例执行。由此，地方金融组织的投资公司作为类金融机构的一类，受地方金融监督管理局监管。所以，本章将投资公司界定为类金融机构。

（二）投资公司治理定义

投资公司治理（investment company governance）是指为了规范投资公司经营活动，降低投资公司经营的风险，保护利益相关者利益，所构建的一套来自于公司内部和外部的以明确股东（大）会、董事会、监事会、高级管理人员相关职责分工、权限分配和履职要求的治理制度安排。投资公司治理目标设置必须兼顾利益相关者的利益。由于投资公司的脆弱性，投资公司治理必须比一般公司更加审慎，更加强调来自内部和外部的双重监督，投资公司治理的目标需要比一般公司治理更强调稳健经营。

在投资公司内部治理方面，投资公司本质是工商企业，其治理结构与治理机制可以参考一般的公司治理理论和实践。但由于投资公司自身有区别于一般公司的特殊性，甚至具备若干金融公司的特征，其治理仍存在一定的特殊性。具体而言，与一般公司相比，投资公司内部治理首先强调各治理机关的相互制衡，防止董事会或高级管理人员的道德风险，其次强调董事会、监事会和高级管理人员组成人员的专业胜任素质（杜相干，2012）。

在投资公司外部治理方面，《地方金融监督管理条例（草案征求意见稿）》指出，投资公司不得违反国家金融管理规定，以许诺还本付息或给予其他投资回报等方式向不特定对象募集资金，不得公开传播募集资金信息，不得以任何形式从事须经批准的金融业务。地方市场监督管理部门会同地方金融监督管理部门严格对新设投资公司的商事登记管理。投资公司的外部公司治理不能仅仅依靠市场约束或政府监管，这两种方式各有优劣，必须根据各国治理环境合理安排（杜相干，2012）。

我国的投资公司已形成了基本的公司治理体系，但是，我国投资公司治理的核心问题并不在于构建一个完善的公司治理体系与机制，而是要构建一个能够让其真正发挥作用的文化基石。从这一点来看，我国的投资公司治理需进一步完善。

四、社会众筹机构治理

（一）我国主要社会众筹机构

根据《国务院关于加快构建大众创业万众创新支撑平台的指导意见》（国发

〔2015〕53 号），众筹就是汇众资促发展，通过互联网平台向社会募集资金，更灵活高效满足产品开发、企业成长和个人创业的融资需求，有效增加传统金融体系服务小微企业和创业者的新功能，拓展创业创新投融资新渠道。简单来说，众筹（crowdfunding），即大众筹资或群众筹资。众筹活动由发起方、支持方和平台构成。平台（platform）将产品或服务供应者（卖方）和消费者（买方）联系在一起，撮合他们通过平台直接互动和交易（郑称德等，2016）。众筹活动中的平台是将发起者（融资者）与支持者（出资者）联系在一起，使他们通过平台直接进行众筹活动。社会众筹机构（social crowdfunding institution）一般是指提供众筹服务的机构，属于地方性金融组织，由地方金融监督管理部门负责具体监管。

依据众筹回报方式的不同可将我国广义的社会众筹机构划分为四类。（1）非公开股权类众筹机构，包括广东人人创网络科技有限公司（简称人人创）、北京众筹客网络技术有限公司（简称众筹客）、深圳创五板网络科技有限公司（简称第五创）、上海爱就投科技集团股份有限公司（简称爱就投）、深圳市众投邦股份有限公司和众投天地科技（北京）有限公司等（简称众投邦）等。（2）奖励类众筹机构（也称产品类或服务类众筹），包括厦门捕翼网络科技有限公司（简称开始吧）、小米科技有限责任公司（简称小米众筹）、苏宁众筹（北京）投资管理有限公司（简称苏宁众筹）、阿里巴巴集团控股有限公司（简称造点新货）、深圳点筹互联网农业控股有限公司（简称点筹网）和北京摩点会想科技有限公司（简称摩点网）等。（3）公益类众筹机构，包括北京纵情向前科技有限公司（简称水滴筹）、深圳市腾讯计算机系统有限公司（腾讯乐捐）、多拿米网络科技（北京）有限公司（简称米公益）和北京轻松筹网络科技有限公司（简称轻松筹）等。（4）混合类众筹机构，包括北京京东叁佰陆拾度电子商务有限公司（简称京东众筹）、北京网信众筹网络科技有限公司（简称众筹网）和北京多彩投网络科技有限公司（简称多彩投）等。

需要说明的是，仅组织资金捐赠，不以任何方式获取回报的，不属于《地方金融监督管理条例（草案征求意见稿）》所称的社会众筹机构。因此，狭义的社会众筹机构主要是指非公开股权类众筹机构、奖励类众筹机构和混合类众筹机构。本节的社会众筹机构主要是指狭义的社会众筹机构。

根据企查查网站（https://www.qcc.com）检索的数据，截至 2022 年 4 月 15

日，我国登记状态为存续或在业的社会众筹机构共有 191 家，名录详见附录 9-1-15。我国代表性众筹平台名录详见附录 9-1-16。我国主要社会众筹机构简介详见附录 9-2-6。我国社会众筹机构历年设立数量和目前登记状态情况详见附录 9-4-14，图 9-6。

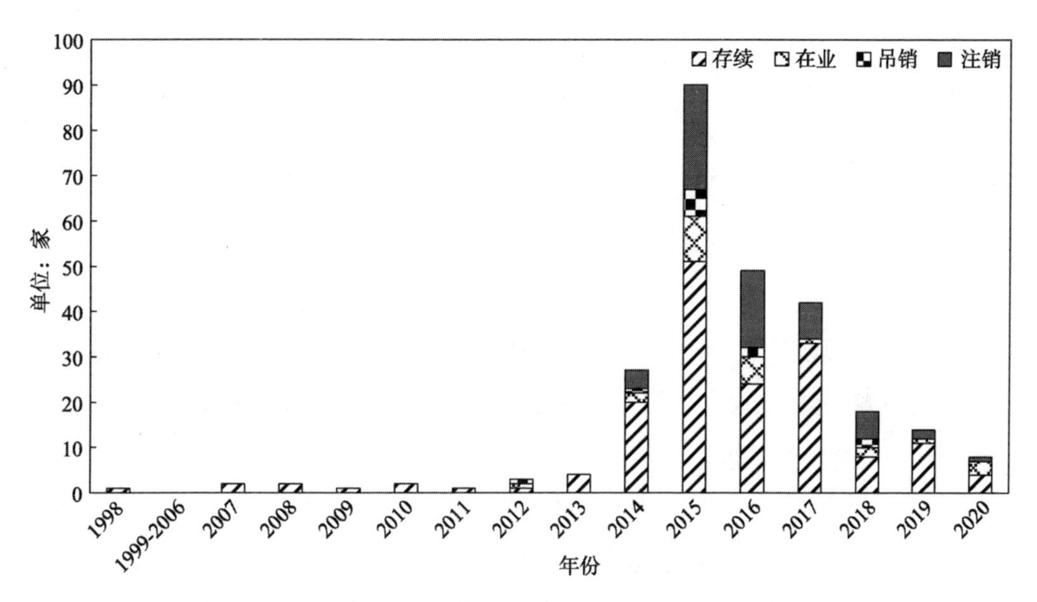

图 9-6　我国社会众筹机构历年成立数量及其当前登记状态

资料来源：根据企查查网站（https://www.qcc.com）检索结果整理

（二）社会众筹机构治理相关法律法规梳理

与社会众筹机构治理直接相关的法律法规文件较少。2016 年，中国证监会、中央宣传部、中央维稳办、国家发展改革委、工业和信息化部、公安部、财政部、住房城乡建设部、中国人民银行、原国家工商行政管理总局、国务院法制办、国家网信办、国家信访局、最高人民法院、最高人民检察院印发了《股权众筹风险专项整治工作实施方案》，该文件指出，股权众筹融资具有公开、小额、大众的特征，涉及社会公共利益和经济金融安全，必须依法监管。整治重点：（1）互联网股权融资平台（以下简称平台）以“股权众筹”等名义从事股权融资业务；（2）平台以“股权众筹”名义募集私募股权投资基金；（3）平台上的融资者未经批准，擅自公开或者变相公开发行股票；（4）平台通过虚构或夸大平台实力、融资项目信息和回报等方法，进行虚假宣传，误导投资者；（5）平台上的融资者欺诈发行股票等金融产品；（6）平台及其工作人员挪用或占用投资者资金；（7）平台和房地产开发企业、房地产中介机构以“股权众筹”名义从事非法集资活动；（8）证券公司、基金公司和期货公司等持牌金融机构与互联网企业合作，违法违规开展业务。

2019 年 7 月实施的《天津市地方金融监督管理条例》（天津市人民代表大会常务委员会公告第 25 号）提出，市地方金融监督管理部门应当加强对本市投资公司、开展信用互助的农民专业合作社、社会众筹机构、民间借贷、新型农村合作金融组织等的引导和规范，统筹加强对权益类交易场所的监管。

（三）社会众筹机构治理定义

社会众筹机构主要通过搭建社会众筹平台，使融资者直接通过互联网平台面向广大投资者以实物或者股权回报的形式寻求融资，投资者以较小的额度提供资金支持（袁毅和陈亮，2018）。社会众筹机构治理（social crowdfunding institution governance）是指为了规范众筹机构行为，促进众筹机构健康有序发展而建立的一系列正式或非正式、内部或外部的治理制度安排，不仅包括社会众筹机构自身传统意义上的一般公司治理，还包括平台治理。平台治理（platform governance）是指平台拥有者通过制定市场规则与公共政策，管理平台用户行为和各种问题，在提高平台市场间接网络效应的同时解决间接网络效应导致的负面效应，促进平台商业生态系统的健康发展。本章的众筹平台治理是广义平台治理的一种具体类型。

在社会众筹机构外部治理方面，2017 年 7 月 21 日国务院印发的《强化实施创新驱动发展战略进一步推进大众创业万众创新深入发展的意见》（国发〔2017〕37 号）表明国务院推进“双创”发展，支持众筹支撑平台的发展。社会众筹机构能够有效缓解实体经济融资需求无法从正规金融机构得到满足这一困境，因此其发展一开始得到了国家政策的大力支持。2021 年 12 月 31 日，中国人民银行发布《地方金融监督管理条例（草案征求意见稿）》，社会众筹机构被纳入统一管理框架。该文件指出，面向不特定对象公开开展股权融资等业务并承诺回报的社会众筹机构，地方金融监督管理部门应当负责清理，限期退出。这意味着对社会众筹机构的监管力度逐渐向对传统金融机构的监管力度靠拢。

合法性是平台型企业生存和发展的保障。制度压力是主导合法性获取与选择的决定因素，因此平台型企业依托“嵌入制度——顺从制度——构建制度”的路径动态获取各类合法性资源（彭正银和吴晓娟，2019）。逐步合法化是社会众筹机构治理的一个重要方向。

第九节　其他类金融机构治理

一、第三方财富管理公司治理

（一）第三方财富管理公司简介

财富管理（wealth management）业务起源于欧洲，发展壮大于北美市场，从海外经验来看，财富管理是对单个客户资产负债表的管理，强调的是“私人定制”和“综合服务”，表现为资金端与资产端的“一对多”。资金端与资产端是构成财富管理市场的关键要素。资金端主要是指财富管理客户，其既包括零售客户，也包括机构客户。按国际惯例，零售客户根据个人可投资资产规模可分为大众富裕人群（可投资资产规模为 10 万～100 万美元），高净值人群（可投资资产规模超过 100 万美元），超高净值人群（可投资资产规模超过 5000 万美元）三个类别。资产端主要是指客户“财富”的去向，其既包括金融资产，也包括非金融资产；既包括有形资产，也包括无形资产；既涉及客户的资产，也涉及客户的负债。财富管理的对象是客户的整张资产负债表。

当前我国财富管理市场的参与机构可以划分为资产管理属性机构和财富管理属性机构两大类。资产管理属性机构主要包括银行、信托公司、证券公司或其资管子公司、基金管理公司及其子公司、保险公司及保险资管机构和期货公司及其子公司。财富管理属性机构主要包括传统第三方理财机构（即第三方财富管理公司）和互联网财富管理平台机构（即互联网财富管理平台公司）。其中，互联网财富管理平台机构主要包括上海陆金所信息科技股份有限公司（简称陆金所）、京东科技控股股份有限公司（简称京东金融）、度小满科技（北京）有限公司（简称度小满理财）等。本章将研究对象限定为第三方财富管理公司，不包括互联网财富管理平台公司[①]。

① 主要考虑这部分公司治理属于平台治理范畴。

第三方财富管理公司（third party wealth management company）是指独立于银行、保险、证券等金融机构之外，客观调研、评价各种金融产品，依据客户需求，为客户匹配与之相适应的财务规划，为客户提供理财综合服务的专业财富机构，又称第三方财富管理机构、第三方理财机构、第三方理财公司等，是无金融牌照的类金融机构。第三方财富管理公司业务主要包括四大类：金融产品代销、持牌资产管理、咨询业务（税务筹划、海外资产配置、子女教育、移民等）和普惠信用（融资租赁、农商贷等）。其中代销业务为主要业务。第三方财富管理公司所发售的理财产品往往涉及银行理财产品、信托产品、基金产品、保险产品、债券产品、私募产品等，具有非标准化资产的特点，类似混业经营，所集资金的投资范围也十分广泛，包括债券类市场、货币类市场、信贷类市场等，具有综合性，处在监管的真空地带。

我国第三方财富管理公司曾经历一轮快速上升期。我国较早设立的第三方财富管理公司有 1960 年 5 月 1 日成立的华仪财富资产管理有限公司、1993 年 7 月 31 日成立的运通星（中国）财富管理有限公司、1996 年 12 月 12 日成立的承宣财富（北京）投资管理有限公司、1997 年 2 月 28 日成立的中业财富投资管理（北京）有限公司（已注销）、1997 年 6 月 19 日成立的北京润辉资产管理有限公司（原名“北京亚胜财富资产管理有限公司”）等。2010 年以来信托产品、2014 年以来私募产品规模快速提升，上游金融产品主动寻找下游客户资金。在居民理财需求持续提升、监管处于宽松周期、金融产品供给丰富，叠加传统金融机构尚未充分发力财富管理业务发展的行业背景下，第三方财富管理公司承担了连接资金端与资产端的信息中介功能，作为高效的销售通道获得快速成长的时间窗口，具备明显的先发优势。如图 9-7 和附录 9-4-15 所示，2013—2016 年堪称我国第三方财富管理公司的黄金发展期，尤其是在 2016 年，我国新成立的第三方财富管理公司数达到了 2065 家。根据海银财富招股说明书援引灼识投资咨询数据，截至 2019 年 12 月 31 日，我国第三方财富管理规模为 4891 亿美元，2015—2019 年复合年增长率为 30.9%。

根据企查查网站（https://www.qcc.com）检索的数据，截至 2022 年 4 月 15 日，我国登记在案的第三方财富管理公司共计 6614 家，其中存续及在业的第三方财富管理公司有 4056 家。我国第三方财富管理公司名录详见附录 9-1-17。

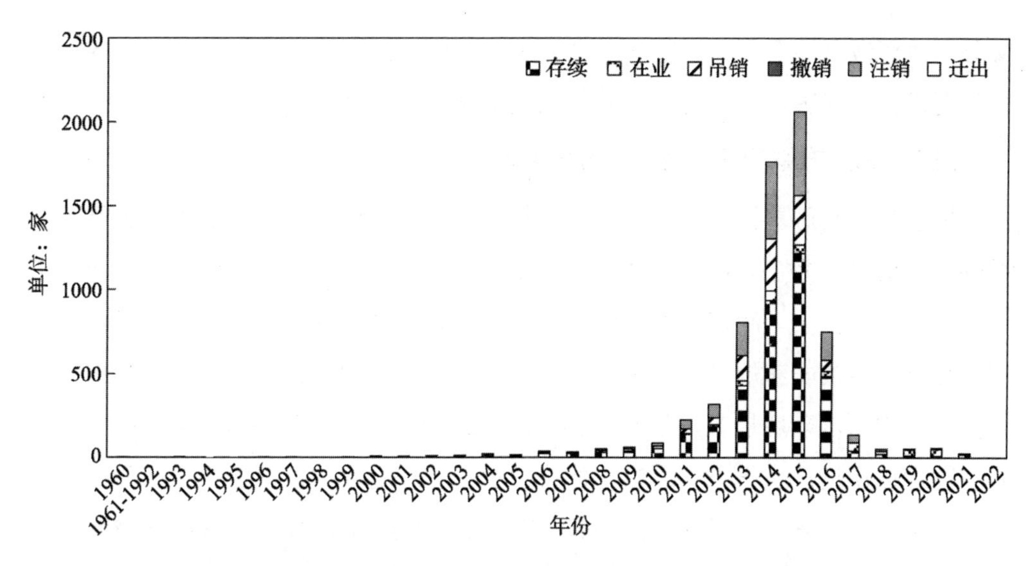

图 9-7　我国第三方财富管理公司历年成立数量及其当前登记状态

资料来源：根据企查查网站（https://www.qcc.com）检索结果整理

（二）第三方财富管理公司治理相关法律法规梳理

目前第三方财富管理公司作为类金融机构，其监管主体不明确，直接相关的专门性法律法规亟待完善。在北大法宝网站（https://www.pkulaw.com）全文检索“第三方财富管理”“第三方理财”“财富管理公司”等关键词所得到的相关法律法规较少，并且发现对第三方财富管理公司的政策导向并不统一。我国第三方财富管理公司治理主要法律法规文件列表详见附录 9-3-10。

《国务院办公厅关于加强影子银行监管有关问题的通知》（国办发〔2013〕107 号）将第三方理财机构界定为不持有金融牌照、完全无监管的信用中介机构（影子银行）。《关于融资性担保机构违规关联担保有关风险的提示函》（融资担保办函〔2014〕42 号）指出，对辖区内融资性担保机构违规关联担保及从事民间融资担保的风险情况进行一次全面排查，融资性担保公司的实际控制人、股东、员工及关联方设立或控制财富管理公司、投资公司及 P2P 平台等理财类关联公司的情况被列为重点关注内容。《商业银行销售银行理财产品与代销理财产品的规范标准和销售流程》（银协发〔2015〕52 号）对商业银行代销其他机构产品制定了基本规范，尤其对第三方理财机构的准入标准作出了具体规定。《私募投资基金募集行为管理办法》（中基协发〔2016〕7 号）强调了私募基金募集机构的说明义务、销售适当性责任、信息披露义务等，以期能够摒除市场上杂乱无序的第三方理财机构，促进现有市场私募募集格局的优化。

（三）第三方财富管理公司治理定义

关于第三方财富管理公司治理的直接相关研究总体较少，主要集中于行业发展的外部监管方面。李银伟（2013）提出，应建立行业自律性监管组织，成立第三方理财行业协会，制定行业准则，进一步明确信息披露主体、确立信息披露标准，完善信息披露违规责任追究机制。宗磊（2015）提出，第三方财富管理公司要完善信用制度以增加客户信心。蒋丽丽（2020）提出，要提高违法成本，建立和完善惩戒制度。房德东（2021）建议对第三方理财机构从业人员进行管控，并提出要完善我国第三方理财监管的法制体系，加强诚信体系及信息披露制度建设，积极发挥政府在监管过程中的职能。

第三方财富管理公司治理（third party wealth management company governance）是指为规范第三方财富管理公司业务行为，维护财富管理客户合法权益，降低财富管理行业风险，维护相关利益者利益，而对其代销产品、风险控制、收益分配等制定和实施的一系列内部或外部治理制度安排，包括内部治理与外部治理两个方面和治理结构与治理机制两个层面。

第三方财富管理公司内部治理主要包括构建合理高效的组织架构、选择恰当的业务模式、培养高素质的人才队伍、建立严谨有效的风控制度等，以增强公司的独立性、稳健性，为客户提供更加优质的服务。

在第三方财富管理公司外部治理方面，目前无明确的监管机构和专门性法律法规，行业自律组织也处于缺失状态。未来要尽快完善市场准入、信息披露、违规惩戒与处罚等相关法律法规，明确监管机构和成立自律组织，以降低行业风险，促进第三方理财市场稳健有序发展。

二、拍卖企业治理

（一）拍卖企业简介

原国内贸易部于 1994 年 10 月 11 日出台的《拍卖管理办法》（国内贸易部部长令第 1 号）文件指出，拍卖市场是指经国内贸易部或地市级以上人民政府批准设立的拍卖中心、拍卖公司、拍卖行等从事拍卖活动的实体。而在随后出台的文件中，多数使用了“拍卖人”或者“拍卖企业”概念，法律研究领域多使用“拍卖人”这一概念，一般学术研究中多应用“拍卖行”这一概念，实际上其所指代的是我国的拍卖企业或者拍卖人。为了保持概念的严谨性，本章使用“拍卖企业”这一概念，但在梳理和分析相关法律法规文件内容时继续遵照原文的用词。

我国《拍卖法》规定，拍卖当事人包括拍卖人、委托人、竞买人和买受人，其中拍卖人是指依照《拍卖法》和《公司法》设立的从事拍卖活动的企业法人。拍卖企业必须经所在地的省、自治区、直辖市人民政府负责管理拍卖业的部门审核批准并取得从事拍卖业务的许可。拍卖企业可以在设区的市设立。按照《拍卖法》，企业申请取得从事拍卖业务的许可，应当具备下列条件：（1）有 100 万元人民币以上的注册资本；（2）有自己的名称、组织机构、住所和章程；（3）有与从事拍卖业务相适应的拍卖师和其他工作人员；（4）有符合本法和其他有关法律规定的拍卖业务规则；（5）符合国务院有关拍卖业发展的规定；（6）法律、行政法规规定的其他条件。拍卖企业经营文物拍卖的，应当有 1000 万元人民币以上的注册资本，有具有文物拍卖专业知识的人员。

根据《拍卖管理办法（2019 年修正）》规定，拍卖企业是指依法在中国境内设立的从事经营性拍卖活动的有限责任公司或者股份有限公司。按照《拍卖管理办法（2019 年修正）》规定，企业申请取得从事拍卖业务的许可，应当具备下列条件：（1）有 100 万元人民币以上的注册资本；（2）有自己的名称、组织机构和章程；（3）有固定的办公场所；（4）有至少 1 名拍卖师；（5）有符合有关法律、行政法规及本办法规定的拍卖业务规则；（6）符合商务主管部门有关拍卖行业发展规划。拍卖企业分公司申请取得从事拍卖业务的许可，应当符合下列条件：（1）符合拍卖业发展规划；（2）有固定的办公场所；（3）经营拍卖业务 3 年以上，最近两年连续盈利，其上年拍卖成交额超过 5000 万元人民币；或者上年拍卖成交额超过 2 亿元人民币。

1986 年，国营广州拍卖行正式成立，中断三十多年的中国拍卖业进入恢复、试点阶段。但当时地处改革前沿的深圳市尚无一家拍卖行，1991 年 6 月 26 日，经深圳市人民政府批准，深圳最早的拍卖行——深圳市动产拍卖行（曾用名深圳市拍卖行，现深圳市拍卖行有限公司）成立。根据企查查网站（https://www.qcc.com）检索的数据，截至 2022 年 5 月 25 日，我国登记状态为存续或在业的拍卖企业共有 11863 家，我国拍卖企业名录详见附录 9-1-18。如图 9-8 和附录 9-4-16 所示，2018 年以来我国拍卖企业设立家数相对较多。

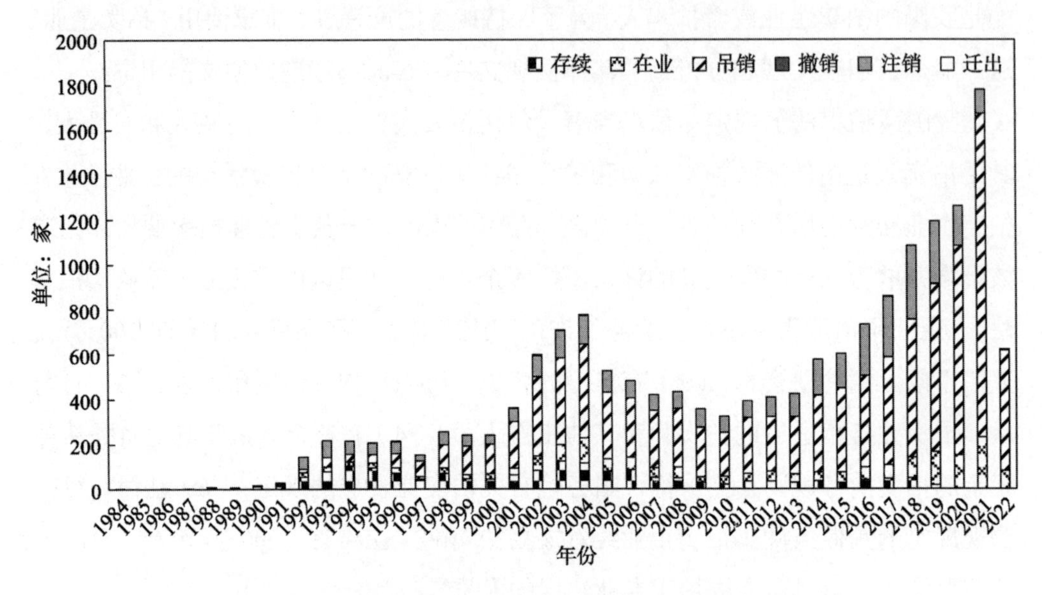

图 9-8　我国拍卖企业历年成立数量及其当前登记状态

资料来源：根据企查查网站（https://www.qcc.com）检索结果整理

（二）拍卖企业治理相关法律法规梳理

与其他类金融机构相类似，我国出台了一些关于拍卖企业治理相关的法律法规文件，详见附录 9-3-11。

为了规范拍卖行为，维护拍卖秩序，保护拍卖活动各方当事人的合法权益，我国于 1996 年 7 月 5 日出台了《中华人民共和国拍卖法》，结束了拍卖业无法可依的局面，并于 2004 年和 2015 年先后两次进行修正。按照该法的规定，国务院负责管理拍卖业的部门对全国拍卖业实施监督管理；省、自治区、直辖市的人民政府和设区的市的人民政府负责管理拍卖业的部门对本行政区域内的拍卖业实施监督管理。

为完善社会主义市场体系和交易规则，规范拍卖活动，加强对各类拍卖市场的管理，原国内贸易部于 1994 年 10 月 11 日出台了《拍卖管理办法》(国内贸易部部长令第 1 号)。2004 年 12 月 2 日，商务部颁布《拍卖管理办法》(商务部令 2004 年第 24 号)。该办法 2015 年根据《关于修改部分规章和规范性文件的决定》

（商务部令 2015 年第 2 号）被修正，2019 年根据《商务部关于废止和修改部分规章的决定》（商务部令 2019 年第 1 号）被修改。

原国家工商行政管理总局于 2001 年 2 月 15 日出台了《拍卖监督管理暂行办法》（国家工商行政管理局令第 101 号），该办法指出，设立拍卖企业应当按照《拍卖法》《公司法》等法律法规的规定，经有关部门审核许可、工商行政管理机关登记注册。该办法 2013 年和 2017 年先后被修订，2020 年 10 月 23 日根据国家市场监督管理总局《关于修改部分规章的决定》（国家市场监督管理总局令第 31 号）被修改。

商务部办公厅于 2006 年 5 月 30 日下发《关于拍卖企业不得直接从事变卖业务的意见》（商办建函〔2006〕47 号），该意见指出，拍卖与变卖作为两种不同的出卖财物的商业行为，在出卖程序、方式、标的范围等方面存在相当大的差别，尤其是拍卖的公开性和竞争性，使拍卖严格区别于变卖，目前还不宜允许拍卖企业直接从事变卖活动。

为进一步加强拍卖行业管理工作，贯彻落实《商务部关于“十二五”期间促进拍卖业发展的指导意见》（商流通发〔2011〕480 号），促进拍卖行业健康持续发展，商务部于 2012 年 11 月 8 日至 9 日在广州市召开全国拍卖行业工作会议，商务部办公厅下发《关于召开全国拍卖行业工作会议的通知》（商办流通函〔2012〕1114 号）。

我国商务部高度重视拍卖行业信息报送管理工作，并于 2007 年 6 月 8 日出台《商务部办公厅关于加强拍卖业信息报送和统计工作的通知》（商办建函〔2007〕68 号）。商务部办公厅 2010 年 4 月 6 日出台《关于进一步做好拍卖行业信息报送工作的通知》（商办建函〔2010〕382 号）指出，在有关行业协会和拍卖企业的共同努力下，拍卖业信息月报制度已初步建立。2010 年 11 月 4 日，商务部办公厅出台《拍卖行业信息报送管理办法》（商办建函〔2010〕1497 号）。为进一步提高拍卖行业信息化管理水平，准确掌握拍卖企业经营发展情况，依法做好行业监督管理工作，商务部对全国拍卖行业管理信息系统进行了升级改造，进一步完善了拍卖企业经营数据报送、行业数据统计查询、企业设立与变更和行业服务等功能，商务部办公厅印发《关于启用新版全国拍卖行业管理信息系统有关事项的通知》，自 2015 年 2 月 10 日起，启用新版全国拍卖行业管理信息系统。

近年来，我国拍卖行业稳步发展，其价格发现、公平交易等作用进一步显现，已逐步成为商品流通的重要渠道，在国民经济中发挥日益重要的作用。但随着我国经济发展进入新常态，拍卖行业在新形势下也出现了一些新情况和新问题，网络拍卖发展迅速，行业监管不到位，不规范行为时有发生。为进一步促进拍卖行业适应新常态，推进供给侧结构性改革，实现健康、有序发展，更好地为经济社会发展和提高人民生活水平服务，商务部出台《关于规范和促进拍卖行业发展的意见》（商流通发〔2017〕50号）。

（三）拍卖企业治理定义

拍卖企业治理（auction enterprise governance）是指为了有效发挥拍卖企业在市场中的作用、保障拍卖企业的健康发展、保护拍卖活动当事人的合法权益而设计的一系列来自于拍卖企业内部和外部的治理制度安排的总称。拍卖企业治理包括拍卖企业内部治理与外部治理两个方面和治理结构与治理机制两个层面。

相对于一般企业，拍卖企业的内部治理和外部治理具有一定的特殊性。例如，关于拍卖企业的内部治理，《拍卖法》对拍卖企业或拍卖人的权利义务作了明确规定：拍卖人有权要求委托人说明拍卖标的的来源和瑕疵；拍卖人对委托人交付拍卖的物品负有保管义务；拍卖人接受委托后，未经委托人同意，不得委托其他拍卖人拍卖；委托人、买受人要求对其身份保密的，拍卖人应当为其保密；拍卖人及其工作人员不得以竞买人的身份参与自己组织的拍卖活动，并不得委托他人代为竞买；拍卖人不得在自己组织的拍卖活动中拍卖自己的物品或者财产权利。关于拍卖企业的外部治理，《拍卖管理办法（2019修正）》指出：商务部是拍卖行业主管部门，对全国拍卖业实施监督管理；省、自治区、直辖市人民政府（即省级）和设区的市人民政府（即市级）商务主管部门对本行政区域内的拍卖业实施监督管理；未经许可从事经营性拍卖活动的企业，应依照国家有关规定予以取缔。

本章附录[①]

金融机构名录附录

附录9-1-1：我国小额贷款公司名录

附录9-1-2：我国融资担保公司名录

① 可通过公众号“治理大百科”阅读本章附录具体内容。

附录 9-1-3：我国非融资担保公司名录

附录 9-1-4：我国典当行名录

附录 9-1-5：我国内资融资租赁公司名录

附录 9-1-6：我国外资融资租赁公司名录

附录 9-1-7：我国商业保理公司名录

附录 9-1-8：我国地方资产管理公司名录

附录 9-1-9：我国地方金融资产交易所或中心名录

附录 9-1-10：我国股权交易中心名录

附录 9-1-11：我国股权交易中心挂牌企业名录

附录 9-1-12：我国主要农民专业合作社名录

附录 9-1-13：我国农民专业合作社示范社名录

附录 9-1-14：我国投资公司名录

附录 9-1-15：我国社会众筹机构名录

附录 9-1-16：我国代表性众筹平台名录

附录 9-1-17：我国第三方财富管理公司名录

附录 9-1-18：我国拍卖企业名录

金融机构简介附录

附录 9-2-1：上海东方典当有限公司简介

附录 9-2-2：天津渤海租赁有限公司简介

附录 9-2-3：我国主要地方资产管理公司简介

附录 9-2-4：上海股权托管交易中心简介

附录 9-2-5：中央汇金投资责任有限公司简介

附录 9-2-6：我国主要社会众筹机构简介

法律法规列表附录

附录 9-3-1：我国小额贷款公司治理主要法律法规文件列表

附录 9-3-2：我国融资担保公司治理主要法律法规文件列表

附录 9-3-3：我国区域性股权市场治理主要法律法规文件列表

附录 9-3-4：我国典当行治理主要法律法规文件列表

附录 9-3-5：我国融资租赁公司治理主要法律法规文件列表

附录 9-3-6：我国商业保理公司治理主要法律法规文件列表

附录 9-3-7：我国地方交易场所治理主要法律法规文件列表

附录 9-3-8：我国股权交易中心治理主要法律法规文件列表

附录 9-3-9：我国农民专业合作社治理主要法律法规文件列表

附录 9-3-10：我国第三方财富管理公司治理主要法律法规文件列表

附录 9-3-11：我国拍卖企业治理主要法律法规文件列表

其他相关内容附录

附录 9-4-1：地方金融组织治理研究文献目录

附录 9-4-2：我国小额贷款公司历年设立数量和目前登记状态情况

附录 9-4-3：2010-2022 年全国各地小额贷款公司数量与贷款余额统计

附录 9-4-4：我国融资担保公司历年设立数量和目前登记状态情况

附录 9-4-5：我国典当行历年设立数量和目前登记状态情况

附录 9-4-6：我国融资租赁公司历年设立数量和目前登记状态情况

附录 9-4-7：天津商业保理行业发展回顾

附录 9-4-8：我国商业保理公司历年设立数量和目前登记状态情况

附录 9-4-9：国新商业保理有限公司简介

附录 9-4-10：各地商业保理法规文件及其对实缴资本的要求

附录 9-4-11：地方资产管理公司获批情况

附录 9-4-12：我国各股权交易中心挂牌企业数量

附录 9-4-13：我国农民专业合作社登记与注销数量

附录 9-4-14：我国社会众筹机构历年设立数量和目前登记状态情况

附录 9-4-15：我国第三方财富管理公司历年设立数量和目前登记状态情况

附录 9-4-16：我国拍卖企业历年设立数量和目前登记状态情况

第十章
境外金融机构治理

根据《金融机构编码规范》（JR/T0124-2014），境外金融机构也是我国金融市场的重要参与主体之一。该文件将境外中央银行类金融机构作为境外金融机构的唯一类型。本章认为境外金融机构还应包括我国境外金融机构即“走出去”的金融机构，因此本章同时关注了境外中央银行类金融机构治理和我国境外金融机构治理。

第一节　境外中央银行类金融机构治理

一、境外中央银行类金融机构简介

境外中央银行类金融机构包括境外中央银行、货币当局、其他官方储备管理机构、国际金融机构和主权财富基金。

国际金融机构包括国际清算银行（简介详见附录 10-2-3）、国际货币基金组织（简介详见附录 10-2-4）、世界银行集团（简介详见附录 10-2-5）和区域性国际金融机构等。

全世界规模较大的主权财富基金有挪威政府养老基金（欧洲—挪威）、中国投资有限责任公司（亚洲—中国）、阿布扎比投资局（中东—阿联酋）、科威特投资局（中东—科威特）、GIC 私人有限公司（亚洲—新加坡）、公共投资基金（中东—沙特阿拉伯）、淡马锡控股（亚洲—新加坡）、卡塔尔投资局（中东—卡塔尔）和全国社会保障基金理事会（亚洲—中国），我国内地主权财富基金中国投资有限责任公司和全国社会保障基金理事会简介详见附录 10-2-1 和附录 10-2-2。

境外中央银行类金融机构治理主要集中于准入等外部治理方面，治理体系相对简单。本章以境外中央银行类金融机构治理中的国际金融机构治理为例，同时考虑非区域性国际金融机构治理相对明确，因此重点分析了与我国紧密联系的两个区域性国际金融机构治理。

二、亚洲基础设施投资银行治理

（一）亚洲基础设施投资银行简介

2013 年 10 月，习近平出访印度尼西亚时提出了筹建亚洲基础设施投资银行（简称亚投行）的重大倡议。2015 年 12 月 25 日，《亚洲基础设施投资银行协定》达到规定的生效条件，亚洲基础设施投资银行（Asian Infrastructure Investment Bank，AIIB）正式成立。2016 年 1 月 16 日至 17 日，开业仪式暨理事会、董事会成立大会在北京成功举行，历时 27 个月的亚洲基础设施投资银行筹建历程顺利完成，亚洲基础设施投资银行正式开业运营。

以下是对亚洲基础设施投资银行宗旨、经营理念、成员、治理结构、股本金与投票权分配、投票表决方式、董事会、行长等方面的介绍。

（1）亚洲基础设施投资银行宗旨。通过在基础设施及其他生产性领域的投资，促进亚洲经济可持续发展、创造财富并改善基础设施互联互通；与其他多边和双边开发机构紧密合作，推进区域合作和伙伴关系，应对发展挑战。

（2）亚洲基础设施投资银行经营理念：简洁、廉洁、清洁。

（3）亚洲基础设施投资银行成员。亚洲基础设施投资银行成员资格向国际复兴开发银行和亚洲开发银行成员开放。亚洲基础设施投资银行创始成员有 57 个。截至 2021 年 12 月，亚洲基础设施投资银行共吸收了 47 个新成员，成员总数已达到 104 个，包括 87 个正式成员和 17 个尚未核准《亚洲基础设施投资银行协定》的意向新成员。

（4）亚洲基础设施投资银行治理结构。设立理事会、董事会、管理层三层管理架构；设行长 1 名，从域内产生，任期 5 年，可连选连任一次；目前设立副行长 5 名。

（5）亚洲基础设施投资银行股本金与投票权分配。法定股本 1000 亿美元，初始实缴股本比例为20%，分5次缴清，每次20%。域内外成员出资比例为75:25，以GDP（按照60%市场汇率法和40%购买力平价法加权平均计算）为基本依据进行分配。截至2021年12月，中国股份占比为30.7744%，投票权占比为26.5693%，为亚洲基础设施投资银行第一大股东。此外，中国还于2016年6月在亚洲基础设施投资银行发起成立项目准备特别基金，用于支持低收入成员做好项目准备。亚洲基础设施投资银行的投票权包括基本投票权、股份投票权和创始成员国投票权三个部分；而这三种不同的投票权通过加总，所得出的总数即为每个成员的总投票权大小。

（6）亚洲基础设施投资银行投票表决方式。在满足法定人数要求，即投票理事超过半数且所代表投票权不低于2/3总投票权的基础上，根据不同事项，投票表决方式分为三种：一是"简单多数"，即取得理事总投票权超过半数的赞成票；二是"特别多数"，即取得理事人数超过半数且所代表投票权超过半数的赞成票；三是"超级多数"，即取得2/3以上理事人数且所代表投票权超过3/4的赞成票。

（7）亚洲基础设施投资银行董事会。董事会主要的权利包括对亚洲基础设施投资银行业务政策的制定权、财务政策的决策权（该决策需不低于总投票数的3/4）、向行长下放权力事项的决定权（该决策需不低于总投票数的3/4）、业务范围的决策权、日常业务运行与内部管理的监督权、本年度预算财务与战略计划的批准权和建立相应监督机制的决定权。董事的产生需要按照亚洲区域内成员国和亚洲区域外成员国，分别进行选拔各自的董事代表，并要求代表亚洲区域内成员国的董事人数必须占到多数。每个董事会成员的任职期限是2年，到期之后他们仍然可以选择继续连任，但在担任董事会成员期间，董事会成员不得在理事会中从事任何工作岗位，确保理事会成员和董事会成员工作的相互独立性。理事会有权对董事会的成员来源和数量进行适时更改。

（8）亚洲基础设施投资银行行长。行长的主要职责是处理日常经营事务；行长要求必须从亚洲区域内的成员国中产生，以5年为一个周期，任期到期之后可以连选连任，但每位行长只能有一次连任的机会；同时，行长不能在权利机构理事会或执行机构董事会中兼任其他任何岗位的具体工作。

（二）亚洲基础设施投资银行治理定义

葛华勇（2013）关注了国际金融机构治理的现状与变革，提出要进一步提高我国在国际金融规则和标准制定中的参与度和话语权。

亚洲基础设施投资银行治理（Asian Infrastructure Investment Bank Governance）是指为了践行“通过在基础设施及其他生产性领域的投资，促进亚洲经济可持续发展、创造财富并改善基础设施互联互通；与其他多边和双边开发机构紧密合作，推进区域合作和伙伴关系，应对发展挑战”两大宗旨，充分保障各成员的权益，而设计的治理制度安排。亚洲基础设施投资银行治理包括由理事会、董事会、管理层等构成的内部治理结构以及内外部治理机制。《亚洲基础设施投资银行协定》是成立亚洲基础设施投资银行及其投入运营后所遵循的根本大法，其治理作用类似于一般公司的章程。

三、新开发银行治理

（一）新开发银行简介

2013 年 3 月，金砖国家领导人南非德班会晤讨论成立新开发银行（New Development Bank，NDB）。2014 年 7 月，金砖国家领导人巴西福塔莱萨会晤宣布将成立新开发银行。2015 年 7 月，在金砖国家领导人莫斯科会晤期间新开发银行正式成立，同年 7 月 21 日新开发银行在上海正式开业。

新开发银行总部和区域中心（办公室）：总部位于中国上海；首个区域中心（办公室）设在南非约翰内斯堡，其他区域中心（办公室）的建设顺序依次为巴西、俄罗斯和印度。截至 2021 年 11 月底，设在南非、巴西、俄罗斯的区域中心（办公室）均已开业，印度区域中心（办公室）正在筹建中。

以下是对新开发银行宗旨、主要业务、成员国、治理结构、股本金与投票权分配、投票表决方式、董事会、行长等方面的介绍。

（1）新开发银行宗旨。支持金砖国家及其他新兴经济体和发展中国家的基础设施和可持续发展项目，作为现有多边和区域金融机构的补充，促进全球增长与发展。

（2）新开发银行主要业务。通过贷款（主权或非主权）、担保、股权投资及其他金融工具为公共或私营部门项目提供支持；为支持的项目提供技术援助；在职能范围内与国际金融机构、商业银行或其他合适的实体为项目提供联合融资、担保或联合担保等。

（3）新开发银行成员国。创始成员国为金砖五国，即中国、巴西、俄罗斯、印度和南非。成员国资格向联合国成员开放，加入的时间和条件由理事会以特别多数确定。2019 年 11 月，金砖国家领导人巴西利亚会晤就支持新开发银行进行扩员达成共识。2021 年 9 月 2 日，新开发银行宣布吸收孟加拉国、阿联酋和乌拉圭三个新成员。

（4）新开发银行治理结构。新开发银行实行三级治理结构，即理事会、董事会和以行长为首的管理层。一切权利归理事会，董事会根据理事会授权负责银行的一般业务经营，行长在董事会的指导下开展银行的日常业务。

（5）新开发银行股本金与投票权分配。法定股本金 1000 亿美元，初始认缴股本金 500 亿美元，在 5 个创始成员国间平均分配，每个金砖国家认缴 100 亿美元，实缴比例为 20%。新成员根据协议及相关政策认缴相应股本金。各成员国的投票权占比等于其认缴股本占比（即不设“基本票”）。

（6）新开发银行投票表决方式。除特别规定外，金砖国家新开发银行所有事项由总投票权的“简单多数”决定，重要事项须经“有效多数”同意，特别重大的事项须经“特别多数”同意。其中，简单多数指获超过投票权总数 50%的赞成票；有效多数指获总投票权的 2/3 赞成票；特别多数指获 4 个创始国赞成，同时获总投票权的 2/3 赞成票。

（7）新开发银行董事会。董事会负责统筹新开发银行的总体运行，董事负责在行长的提议下批准新开发银行的基本组织设置，董事会以“非常驻”机构运作。每名创始成员分别委派一名董事和一名副董事，即金砖国家区内董事共有 5 名，而金砖国家之外的国家被划分为另一个选区，董事会总人数不超过 10 人。

（8）新开发银行行长。行长在董事会的指导下开展银行的日常业务，行长由理事会从创始成员国中轮流选举产生，从其他创始成员国至少分别产生 1 名副行长。行长和副行长在任职期间完全对银行负责，而不对其他当局负责。

开业以来，新开发银行持续稳健运营、不断开拓创新。第一，贷款规模稳步提升。截至 2021 年 11 月底，新开发银行批准贷款金额约 300 亿美元，其中中国项目贷款金额约 75 亿美元，占比 25%。第二，本币投融资业务不断拓展。新开发银行批准本币贷款约 62 亿美元，占比约 20%；已发行 180 亿元人民币债，并计划在所有成员国发行本币债。第三，顺利完成首批扩员。孟加拉国、阿联酋和乌拉圭已正式宣布加入新开发银行。第四，迅速反应积极支持成员国抗击疫情。积极参与抗疫国际合作，建立了100亿美元的抗疫紧急援助基金，已批准紧急贷款90亿美元，支持成员国抗击疫情和实现疫后经济恢复。第五，保持较高国际信用评级。保持惠誉国际、标准普尔给予的AA+信用评级，并获联合国大会观察员身份。

（二）金砖国家新开发银行治理定义

金砖国家新开发银行治理（New Development Bank Governance）是指为了践行“支持金砖国家及其他新兴经济体和发展中国家的基础设施和可持续发展项目，作为现有多边和区域金融机构的补充，促进全球增长与发展”的宗旨，充分保障各成员的权益，而设计的治理制度安排。金砖国家新开发银行包括由理事会、董事会和以行长为首的管理层等构成的内部治理结构以及内外部治理机制。《成立新开发银行的协议》是金砖国家新开发银行重要的治理文件。

第二节　我国境外金融机构治理

一、我国境外金融机构简介

按照1990年发布实行的《境外金融机构管理办法》（中国人民银行令第1号），境外金融机构是指境内金融机构（中国境内银行和非银行金融机构的统称）、境内非金融机构、境外中资金融机构、境外非金融机构（境外非金融性中资公司、企业及其他组织的统称）在境外设立或者收购的从事存款、贷款、票据贴现、结算、信托投资、金融租赁、担保、保险、证券经营等金融业务的机构。中国银保监会国际部在2021年出版的《中资银行“走出去”机构名录》中详细披露了我国银行业境外金融机构情况，截至2020年12月31日，23家中资银行在69个国家和地区设立了279家分支机构[①]。中国银保监会国际部在2021年出版的《保险业“引进来”和“走出去”机构名录》中详细披露了我国保险业境外金融机构情况，截至2020年12月31日，17家中资保险机构在15个国家和地区设立了61家分支机构[②]。金融业的国际化还体现在“引进来”方面，中国银保监会国际部

① 中国银保监会国际部. 中资银行“走出去”机构名录[M]. 北京：中国金融出版社，2021.

② 中国银保监会国际部. 保险业“引进来”和“走出去”机构名录[M]. 北京：中国金融出版社，2021.

在 2021 年出版的《中资银行“引进来”机构名录》中详细披露了银行业境外金融机构引入的情况，截至 2020 年 12 月 31 日，外资银行在境内共设立了 41 家外资法人银行、116 家外国及港澳台银行分行和 144 家代表处，营业性机构总数 946 家，外资银行总资产达 3.78 万亿元人民币[①]。中国银保监会国际部在 2021 年出版的《保险业“引进来”和“走出去”机构名录》中详细披露了保险业境外金融机构引入的情况，截至 2020 年 12 月 31 日，境外保险机构在境内共设立了 66 家外资保险机构、85 家代表处和 17 家保险专业中介机构，外资保险公司总资产达 1.71 万亿元。需要强调的是，“引进来”的金融机构属于本手册第三章、第四章、第五章、第六章等的分析范畴。

根据相关机构公开披露的年度报告和其官网公开披露的信息，截至 2022 年 5 月 25 日，中国工商银行境外机构共有 59 家，中国工商银行境外机构名录详见附录 10-1-1；中国银行境外机构共有 79 家，中国银行境外机构名录详见附录 10-1-2；中国出口信用保险公司境外机构共有 7 家，中国出口信用保险公司境外机构名录详见附录 10-1-3。

随着中国跨境贸易和对外投资显著增长，人民币跨国境使用稳步推进，资本市场双向开放程度不断提升，为中国企业及金融机构国际化提供了历史性机遇。中欧国际交易所股份有限公司（简称中欧所）于 2015 年 3 月由上海证券交易所、德意志交易所集团和中国金融期货交易所股份有限公司共同出资设立，出资比例分别为 40%、40%和 20%，总部设在德国金融中心法兰克福。中欧所于 2015 年 11 月正式运行，是我国境外金融机构的重要组成部分。中欧所是国际市场上首家专注于中国和人民币相关金融产品的离岸交易平台，主要目标是面向全球投资者开发并推广以中国相关资产为标的的金融工具。2018 年 10 月 24 日，海尔智家（股票代码：06690D）正式在德国法兰克福上市交易，其开盘价为 1.06 欧元，成为 D 股市场首只股票。海尔智家股份有限公司面向国际投资者共发售 3.0475 亿股 D 股[②]，总募集资金为 2.78 亿欧元（约人民币 22.12 亿元）。

---

① 中国银保监会国际部．银行业“引进来”机构名录[M]．北京：中国金融出版社，2021.

② A 股是用人民币标价人民币买卖的股票，B 股是用人民币标价外币买卖的股票，C 股是在交易所转让的非流通股（民间用法，目前已经没有），H 股是注册地在中国境内的公司到我国香港特别行政区发行的股票，N 股是注册地在中国境内的公司到美国发行的股票，S 股是注册地在中国境内的公司到新加坡发行的股票，D 股是注册地在中国境内的公司到中欧所发行的股票。

二、我国境外金融机构治理相关法律法规梳理

为了加强境外金融机构的管理，保障金融事业的健康发展，《境外金融机构管理办法》（中国人民银行令第 1 号）于 1990 年 3 月 12 日经国务院批准，并于 1990 年 4 月 13 日发布实行。设立或者收购境外金融机构的审批管理机关为中国人民银行。

1995 年 8 月 14 日，中国人民银行印发了《关于加强对境外中资金融机构管理的通知》（银发〔1995〕232 号文），对境外中资金融机构的报批程序、报告制度和日常监管等问题作了具体规定。

1995 年 12 月 1 日印发的《中国人民保险（集团）公司海外机构管理暂行规定》（保发〔1995〕198 号）就海外机构设置的报批程序、报告制度和日常监管等作出了明确的规定。

为进一步加强对境外中资金融机构的监管，1996 年 10 月 23 日，中国人民银行印发《关于进一步加强境外中资金融机构管理的通知》（银发〔1996〕354 号），该文件指出，中国人民银行将进一步加强对境外中资金融机构现场检查和非现场的监督管理。各境外中资金融机构的境内投资单位（也被称为总管理机构）应克服“重设立轻监管”的思想，采取有效措施，切实加强对境外金融机构的管理。总管理机构要根据境外金融机构发展的现状，设立专门部门并配备充足人员力量或指定专职部门、专职岗位负责对境外金融机构的日常管理工作。总管理机构应进一步理顺内部有关部门对境外金融机构管理工作中的相互关系，制定明确的管理制度，包括：明确内部有关部门对境外金融机构的管理权限、责任，总管理机构对境外金融机构的业务授权、流动性、资产负债比例、信贷风险评级、外汇及衍生产品交易等重要业务的具体规定。

中国人民保险（集团）公司为了加强对海外机构的统一管理，印发了《关于清理整顿部分分公司在海外所设机构的通知》（保发〔1996〕285 号）。该通知明确要求，凡是在海外设机构或参股的分公司，应于 1996 年 12 月 30 日前将机构撤销或将股权转让。1996 年 12 月 3 日，中国人民保险（集团）公司印发《〈关于转发中国人民银行关于进一步加强境外中资金融机构管理的通知〉及我公司〈海外机构“九五”发展规划的函〉的通知》（保发〔1996〕312 号）。1996 年 12 月 16 日，中国人民保险（集团）公司印发《关于分公司不得在境外设立机构的通知》

（保发〔1996〕324号），该文件明确规定，任何分公司不享有境外自主投资和机构设置权，已在境外设机构的分公司必须严格按《关于清理整顿部分分公司在海外所设机构的通知》（保发〔1996〕285号）的通知要求清理各自的机构，对不执行规定的分公司将追究主要领导人的责任。

2006年7月31日，原中国保监会发布《非保险机构投资境外保险类企业管理办法》（中国保监会2006年第6号令）规定，中国保监会根据国务院授权对非保险机构投资境外保险类企业的活动实施监督管理。中国保监会应当对非保险企业投资境外保险类企业的申请进行审查，并自受理申请之日起20日内作出批准或者不批准的决定。

为了加强管理保险公司设立境外保险类机构的活动，防范风险，保障被保险人的利益，原中国保监会于2006年7月31日还发布了《保险公司设立境外保险类机构管理办法》（中国保监会2006年第7号令）指出，境外保险类机构是指保险公司的境外分支机构、境外保险公司和保险中介机构；中国保监会依法对保险公司设立境外保险类机构的活动实施监督管理，保险公司在境外设立代表机构、联络机构或者办事处等非营业性机构的，也适用本办法。该办法还规定，保险公司应当对其设立的境外保险类机构进行有效的风险管理，并督促该类机构按照所在国法律和监管部门的相关规定，建立健全风险管理制度。保险公司设立的境外保险类机构按照所在地保险监管机构要求编制偿付能力报告的，保险公司应当抄送中国保监会。保险公司应当在其设立的境外保险类机构每一会计年度结束后5个月内，将该境外保险类机构上一年度的财务报表报送中国保监会。该办法根据2015年10月19日的《关于修改〈保险公司设立境外保险类机构管理办法〉等八部规章的决定》（中国保监会令2015年第3号）进行了修订。

为促进银行业金融机构境外业务健康发展，防范境外业务风险，更好地服务实体经济，原中国银监会于2016年3月24日发布《关于进一步加强银行业金融机构境外运营风险管理的通知》（银监发〔2016〕5号）。

为了规范证券公司、证券投资基金管理公司在境外设立、收购子公司或者参股经营机构的行为，中国证监会2018年9月25日出台了《证券公司和证券投资基金管理公司境外设立、收购、参股经营机构管理办法》（中国证监会令第150号）。该文件指出，证券公司、证券投资基金管理公司在境外设立、收购子公司或者参股经营机构，应当对境外市场状况、法律法规、监管环境等进行必要的调查研究，综合考虑自身财务状况、公司治理情况、内部控制和风险管理水平、对子公司的管理和控制能力、发展规划等因素，全面评估论证，合理审慎决策。境外子公司、参股经营机构依照属地监管原则由境外监督管理机构监管，中国证监会与境外监督管理机构建立跨境监督管理合作机制，加强监管信息交流和执法合作，督促证券公司、证券投资基金管理公司依法履行对境外子公司、参股经营机构的管理职责。证券公司、证券投资基金管理公司设立境外子公司的，应当全资设立，中国证监会认可的除外。该文件根据《中国证券监督管理委员会关于修改、废止部分证券期货规章的决定（2021）》（中国证监会令第179号）而被修正。

2019年1月9日，为推动在境外设有经营性机构的中资商业银行进一步优化集团合规管理体系，健全跨境合规管理机制，提高跨境合规管理有效性，实现境外机构安全稳健运行，中国银保监会办公厅出台《关于加强中资商业银行境外机构合规管理长效机制建设的指导意见》（银保监办发〔2019〕13号）。该意见提出，中资商业银行应当牢固树立合规创造价值、合规保障发展的理念，对标合规监管标准，引入同业最佳实践，推动内部合规管理制度、流程及执行落地的全方位、深层次优化变革，打造集团统一、全面有效的跨境合规管理体系，有效维护境外金融资产安全，提升核心竞争力。该意见还明确指出，境外设有经营性机构的政策性银行、境外设有保险类分支机构的中资保险机构参照本指导意见执行。

三、我国境外金融机构治理定义

我国境外金融机构治理（china’s overseas financial institution governance）是指为了更好促进我国境外金融机构的发展，防范金融风险而对该类机构所作出的来自机构内部和外部的一系列重要制度安排。参考一般公司治理或境内金融机构治理，境外金融机构治理体系包括境外金融机构内部治理和境外金融机构外部治理。

按照境外金融机构形成主体不同，可以将我国境外金融机构治理分为境内金融机构的境外金融机构治理、境内非金融机构的境外金融机构治理、境外中资金融机构的金融机构治理和境外中资非金融机构的境外金融机构治理。按照境外金融机构法人资格不同，可以将我国境外金融机构治理分为我国境外法人金融机构治理和我国境外金融机构分支机构治理。按照境外金融机构所属行业不同，可以将我国境外金融机构治理分为我国银行业境外金融机构治理、我国保险业境外金融机构治理、我国证券业境外金融机构治理和其他行业境外金融机构治理。

相对于境内金融机构治理，境外金融机构治理的特殊性主要体现在两个方面。（1）治理环境上，境外金融机构治理实践所依托的法律法规和社会文化环境都与境内金融机构存在明显的区别，因此承担了更高的治理风险。（2）治理合规上，境外金融机构治理结构与治理机制除了满足经营所在地的治理法律法规要求之外，还要受到来自我国监管机构的监管，境外金融机构外部治理相对于境内金融机构治理内容更丰富。

本章附录[①]

金融机构名录附录

附录 10-1-1：中国工商银行境外机构名录

附录 10-1-2：中国银行境外机构名录

附录 10-1-3：中国出口信用保险公司境外机构名录

金融机构简介附录

附录 10-2-1：中国投资有限责任公司简介

附录 10-2-2：全国社会保障基金理事会简介

附录 10-2-3：国际清算银行简介

附录 10-2-4：国际货币基金组织简介

附录 10-2-5：世界银行集团简介

法律法规列表附录

附录 10-3-1：我国境外金融机构治理主要法律法规文件列表

其他相关内容附录

附录 10-4-1：我国金融机构走出去进展情况

① 可通过公众号“治理大百科”阅读本章附录具体内容。

主要参考文献

[1] 曹廷求，张光利，位华，李维安. 银行治理、治理机制与治理风险——首届银行治理研讨会综述[J]. 经济研究，2010(9)：149-154.

[2] 曹远征. 大国大金融——中国金融体制改革 40 年[M]. 广州：广东经济出版社有限公司，2018.

[3] 陈共炎. 股权结构对证券公司治理机制的影响[J]. 经济理论与经济管理，2004(3)：45-50.

[4] 陈佳贵，李扬，王国刚. 中国特色社会主义经济发展道路丛书：中国金融体制发展道路[M]. 北京：经济管理出版社，2013.

[5] 陈立宇. 贷款公司模式是落后地区发展普惠金融的更好选择[J]. 中国金融，2010(16)：86-87.

[6] 陈四清. 完善金融治理体系提升金融治理能力[J]. 中国金融，2020(1)：14-16.

[7] 陈四清. 完善全球金融治理[J]. 中国金融，2018(15)：10-12.

[8] 陈雨露，马勇. 大金融论纲[M]. 北京：中国人民大学出版社，2013.

[9] 董迎秋，金铭卉，崔亚南，刘婷，郝臣. 保险业公司治理风险的分析与防范——基于保险业公司治理框架视角[J]. 保险理论与实践，2018(12)：1-12.

[10] 董迎秋，王瑞涵. 构建战略型董事会是保险业公司治理建设的重要方向[J]. 保险理论与实践，2020(1)：17-24.

[11] 冯军. 证券投资基金管理公司的双重委托代理关系及内部治理研究[J]. 当代经济科学，2006(3)：119-121.

[12] 高玉臣. 强化财务公司全面风险管理[J]. 中国金融，2021(16)：92-93.

[13] 葛华勇. 国际金融组织治理：现状与变革[M]. 北京：中国金融出版社，2013.

[14] 郭树清. 完善公司治理是金融企业改革的重中之重[J]. 中国农村金融，2020(14)：6-9.

[15] 郭树清：开创银保监会工作新局面[J]. 银行家，2019(1)：12.

[16] 郝臣，崔光耀，李浩波，王励翔. 中国上市金融机构公司治理的有效性——基于 2008~2015 年 $CCGI^{NK}$ 的实证分析[J]. 金融论坛，2016(3)：64-71.

[17] 郝臣，付金薇，王励翔. 我国金融控股公司治理优化研究[J]. 西南金融，2018(10)：58-65.

[18] 郝臣，付金薇. 全面提升我国保险业治理能力[J]. 审计观察，2018(2)：80-83.

[19] 郝臣，李慧聪，崔光耀. 治理的微观、中观与宏观——基于中国保险业的研究[M]. 天津：南开大学出版社，2017.

[20] 郝臣，李慧聪，罗胜. 保险公司治理研究：进展、框架与展望[J]. 保险研究，2011(11)：119-127.

[21] 郝臣，李维安，王旭. 中国上市金融机构是否有效治理——风险承担视角[J]. 现代财经(天津财经大学学报)，2015(11)：12-21.

[22] 郝臣，李艺华，崔光耀，刘琦，王萍. 从金融机构治理到金融治理——基于中国金融业的案例分析[R]. 研究报告，2020.

[23] 郝臣，李艺华，崔光耀，刘琦，王萍. 金融治理概念之辨析与应用——基于习近平总书

记 2013-2019 年 567 份相关文件的研究[J]. 公司治理评论，2019(1)：69-89.
[24] 郝臣，李艺华，董迎秋. 我国保险公司治理风险的识别与防范——基于监管函和行政处罚决定书的统计分析[J]. 保险理论与实践，2019(2)：93-112.
[25] 郝臣，李艺华. 习近平总书记关于治理的重要论述研究——基于 2013-2019 年 594 份文件的分析[J]. 理论与现代化，2020(2)：5-14.
[26] 郝臣，李元祯. 治理的发展与展望[J]. 审计观察，2021(2)：25-29.
[27] 郝臣，李元祯，刘振杰，徐建，王励翔，孟乾坤. 全面提升我国疫情治理能力的若干建议[J]. 审计观察，2020(3)：18-22.
[28] 郝臣，刘琦. 我国中小型保险机构治理质量研究——基于 2016—2019 年公开数据的治理评价[J]. 保险研究，2020(10)：79-97.
[29] 郝臣，钱璟，付金薇，崔光耀. 我国保险业治理的发展与优化研究[J]. 西南金融，2018(1)：41-50.
[30] 郝臣. 保险公司治理[M]. 北京：清华大学出版社，2021.
[31] 郝臣. 保险公司治理的优化[J]. 中国金融，2017(16)：80-81.
[32] 郝臣. 保险公司治理对绩效影响实证研究——基于公司治理评价视角[M]. 北京：科学出版社，2016.
[33] 郝臣. 反思基金公司的危机化生存[J]. 资本市场，2009(11)：48-51.
[34] 郝臣. 我国中小型保险机构治理研究[M]. 天津：南开大学出版社，2022.
[35] 郝臣. 中国金融治理：体系构成与能力提升[R]. 研究报告，2020.
[36] 何杰. 独立董事治理结构与中国契约型基金的绩效[J]. 南开管理评论，2005(2)：41-48.
[37] 胡伏秋. 构建中国特色财务公司治理架构[J]. 中国金融，2021(21)：48-50.
[38] 黄宪，范薇. 金融发展的动力何在?——基于金融业和实业互动视角的不同模式比较[J]. 世界经济研究，2016(10)：20-31.
[39] 金融资产管理公司改革和发展课题组，李超，邵伏军. 我国金融资产管理公司的改革和发展[J]. 金融研究，2006(4)：31-39.
[40] 兰日旭. 中国金融业发展研究[M]. 武汉：华中科技大学出版社，2020.
[41] 李国安. 全球金融治理困境及其破解[M]. 北京：北京大学出版社，2021.
[42] 李维安，曹廷求. 保险公司治理：理论模式与我国的改革[J]. 保险研究，2005(4)：4-8.
[43] 李维安，曹廷求. 商业银行公司治理：理论模式与我国的选择[J]. 南开学报，2003(1)：42-50.
[44] 李维安，郝臣，崔光耀，郑敏娜，孟乾坤. 公司治理研究 40 年：脉络与展望[J]. 外国经济与管理，2019(12)：161-185.
[45] 李维安，郝臣. 公司治理手册[M]. 北京：清华大学出版社，2015.
[46] 李维安，郝臣. 金融机构治理及一般框架研究[J]. 农村金融研究，2009(4)：4-13.
[47] 李维安，刘振杰. 农村信用社的公司治理[J]. 中国金融，2016(18)：56-58.
[48] 李维安，王励翔，孟乾坤. 上市金融机构治理风险的防范[J]. 中国银行业，2019(7)：75-77.
[49] 李维安，王励翔. 优化金融企业控股股东和董事会关系. [J]. 中国金融，2020(15)：32-34.
[50] 李维安. 公司治理[M]. 天津：南开大学出版社，2001.
[51] 李维安. 公司治理学[M]. 北京：高等教育出版社，2005.

[52] 李维安. 金融机构治理的着力点：治理风险[J]. 南开管理评论，2005(5)：3.
[53] 李维安. 推进全面深化改革的关键：树立现代治理理念[N]. 光明日报，2013-11-29.
[54] 李维安，郝臣，等. 国有控股金融机构治理研究[M]. 北京：科学出版社，2018.
[55] 李学峰，张舰. 基金公司治理结构是否影响基金绩效[J]. 证券市场导报，2008(2)：56-62.
[56] 刘鹤. 必须实现高质量发展[N]. 人民日报，2021-11-24(006).
[57] 刘鸿儒. 变革：中国金融体制发展六十年[M]. 北京：中国金融出版社，2009.
[58] 鲁桐. 金融控股集团公司治理的关键[J]. 中国金融，2017(16)：22-23.
[59] 钱颖一. 企业的治理结构改革和融资结构改革[J]. 经济研究，1995(1)：20-29.
[60] 青木昌彦，银温泉. 关于中国公司治理改革的几点思考[J]. 经济社会体制比较，1994(6)：32-34.
[61] 尚达曼. 未来全球金融治理[M]. 北京：中信出版社，2020.
[62] 申屹，龚波. 优化区域性股权市场生态[J]. 中国金融，2022(3)：59-61.
[63] 宋军. 我国金融治理体系改革探析[M]. 北京：中国金融出版社，2016.
[64] 宋增基，陈全，张宗益. 上市银行董事会治理与银行绩效[J]. 金融论坛，2007(5)：35-40.
[65] 王博，刘永余，刘澜飚. 我国融资租赁业风险与监管研究[J]. 金融监管研究，2015(3)：99-109.
[66] 王国刚. 运作机理：控股公司与金融控股公司[M]. 北京：人民出版社，2006.
[67] 魏革军. 金融治理若干问题的思考[J]. 中国金融，2020(9)：21-23.
[68] 吴定富. 中国保险业发展改革报告（1979-2003）[M]. 北京：中国经济出版社，2004.
[69] 吴敬琏. 建立有效的公司治理结构[J]. 天津社会科学，1996(1)：16-18.
[70] 吴敬琏. 现代公司与企业改革[M]. 天津：天津人民出版社，1994.
[71] 吴敬琏等. 大中型企业改革：建立现代企业制度[M]. 天津：天津人民出版社，1993.
[72] 吴晓灵. 金融综合经营趋势——中国金融控股公司模式选择[J]. 科学决策，2004(9)：6-10.
[73] 吴晓灵. 中国金融体制改革 30 年回顾与展望[M]. 北京：人民出版社，2008.
[74] 吴晓求. 全球金融变革中的中国金融与资本市场[M]. 北京：中国人民大学出版社，2010.
[75] 习近平. 正确认识和把握我国发展重大理论和实践问题[J]. 求是，2022(10)：4-9.
[76] 夏斌. 金融控股公司研究[M]. 北京：中国金融出版社，2001.
[77] 谢平. 金融控股公司的发展与监管[M]. 北京：中信出版社，2004.
[78] 谢增毅. 我国证券交易所的组织结构与公司治理：现状与未来[J]. 财贸经济，2006(6)：17-22.
[79] 徐小磊. 我国地方交易场所的发展与治理[M]. 北京：中国金融出版社，2019.
[80] 杨军华. 转型与发展：中国金融资产管理公司竞争力分析[M]. 北京：中国金融出版社，2012.
[81] 张礼卿，谭小芬. 全球金融治理报告[M]. 北京：人民出版社，2016.
[82] 中国银保监会党委. 持之以恒防范化解重大金融风险[J]. 求是，2022(10)：30-35.
[83] 周道炯. 现代金融监管体制研究[M]. 北京：中国金融出版社，2000.
[84] 周道许. 现代金融机构公司治理简论[M]. 北京：中国金融出版社，2007.
[85] 周小川. 系统性的体制转变[M]. 北京：中国金融出版社，2008.
[86] 周延礼. 保险业改革发展新思考. [M]. 北京：新华出版社，2020.

[87] Andrei Shleifer, Robert W. Vishny. A Survey of Corporate Governance[J]. The Journal of Finance, 1997, 52(2): 737-783.

[88] James Rosenau. Governance in the 21st Century[J]. Global Governance, 1995, 1(1): 13-43.

[89] Michael C. Jensen. Value Maximization, Stakeholder Theory, and the Corporate Objective Function[J]. Journal of Applied Corporate Finance, 2001, 14(3): 8-21.

[90] Oliver E. Williamson. Corporate Governance[J]. The Yale Law Journal, 1984, 93(7): 1197-1230.

[91] Oliver E. Williamson. Markets and Hierarchies: Analysis and Antitrust Implications [M]. New York: Free Press, 1975.

[92] Oliver E. Williamson. On the Governance of the Modern Corporation [J]. Hofstra Law Review, 1979, 8(1): 63-78.

[93] Richard Spiller. Ownership and Performance: Stock and Mutual Life Insurance Companies [J]. Journal of Risk and Insurance, 1972, 39(1): 17-25.

[94] Robert Ian Tricker. Corporate Governance: Practices, Procedures and Powers in British Companies and Their Boards of Directors[M]. Farnham: Gower Pub. Co, 1984.

[95] Ronald K. Mitchell, Bradley R. Agle and Donna J. Wood. Toward A Theory of Stakeholder Identification and Salience: Defining the Principle of Who and What Really Counts[J]. Academy of Management Review, 1997, 22(4): 853-858.

[96] The Governance of Public Health Departments in Scotland[J]. The British Medical Journal, 1902, 1(2148): 535-536.

[97] The World Bank. Governance and Development[R]. The World Bank Report, 1992.

[98] The World Bank. Governance: The World Bank's Experience[R]. The World Bank Report, 1994.

[99] The World Bank. Managing Development: The Governance Dimension[R]. The World Bank Report, 1991.

[100] The World Bank. Sub-Saharan Africa: From Crisis to Sustainable Growth[R]. The World Bank Report, 1989.

附图：我国金融机构治理谱系图（精要版）

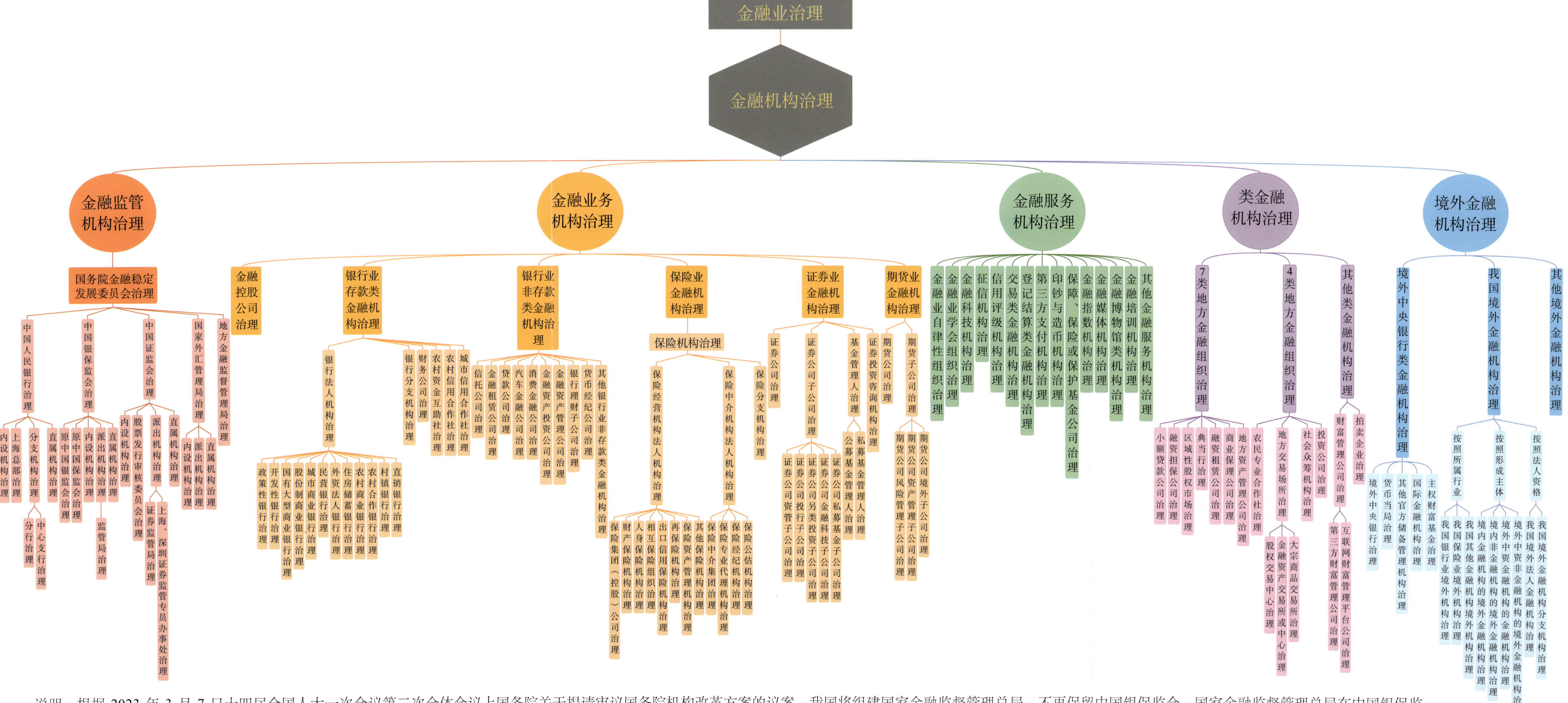

说明：根据 2023 年 3 月 7 日十四届全国人大一次会议第二次全体会议上国务院关于提请审议国务院机构改革方案的议案，我国将组建国家金融监督管理总局，不再保留中国银保监会。国家金融监督管理总局在中国银保监会基础上组建，作为国务院直属机构，将中国人民银行对金融控股公司等金融集团的日常监管职责、有关金融消费者保护职责以及中国证监会的投资者保护职责划入，统一负责除证券业之外的金融业监管。因此，国家金融监督管理总局治理将是我国金融监管机构治理的重要组成部分。考虑本手册印刷出版之际相关机构还未正式挂牌，因此谱系图和正文中均没有涉及国家金融监督管理总局及其治理的相关内容。